当 代 史 学 文 库

中国近代文化概论

龚书铎◎主编

An Introduction
to Chinese
Modern Culture

北京师范大学出版集团
BEIJING NORMAL UNIVERSITY PUBLISHING GROUP
北京师范大学出版社

前 言

在这本小书即将出版时，有必要就有关的问题作点说明。

首先遇到的问题是，“文化”是什么？长期以来众说纷纭，理解各异，单是定义就有二三百种之多。不过定义虽多，人们习惯把它分为两类，即广义文化和狭义文化，或大文化和小文化。不论存在着多少种意见，对于从事文化史教学和研究的人来说，只能是采取一种意见，否则就无法进行工作。虽然未必为别人所赞同，但是既然意见不一，那就只好按各自的理解去进行研究和撰述。基于这种考虑，我们是按狭义文化来撰写的。具体来说，是观念形态的文化，是与政治和经济相对应的文化。狭义文化较之无所不包的广义文化，所涉的内容要少得多，范围要窄得多，然而也还是很丰富、繁杂的，研究起来也不容易。

研究和撰述文化史，遇到的另一个问题是，按整体综合的体例来撰写，还是按具体领域分门别类来撰写。文化不能离开诸如哲学、史学、文学、艺术、教育、宗教、习俗等具体领域，离开这些具体领域来谈论文化，文化将成为看不见、摸不着、玄之又玄的东西。但是，文化也不仅仅是各个具体领域的简单组合，它要受社会政治和经济的制约，又影响于社会政治和经济。而各个具体领域也不是孤立、各不相干的，它们之间存在着相互影响和渗透。在近代，还由于西方文化的传入，中西文化在矛盾的过程中又发生吸纳、融会。这种种情况，不是单纯的具体领域分门别类地阐述所能涵括得了的，需要有综合性的论述才能予以较为全面地揭示。照此说来，只有具体领域的阐述，没有综合的论述，或只有宏观的综论，没有具体领域的阐述，似乎都有不足或偏颇。因此，本书包括综论和分述两部分，试图较全面地论述中国近代文化发展演变的历史。

本书系国家教育部博士点基金“七五”规划的一个研究项目，课题名称原为《中国近代文化史(1840—1919)》。考虑到系统地写史目前条件还不很成熟，我们的能力也有限，因而采取了专题撰述的体例。全书共分十四章。前四章是综论性的，论述了中国近代文化的特征、发展变化、中西文化的论争，以及“西学中源”说和“中体西用”论问题。后十章是对具体文化领域的分别阐述，包括社会思潮、儒学、史学、新兴社会科学、文学艺术、教育、自然科学技术、宗教、社会习俗及文化事业和团体等方面。这样的体例，称为“概论”或许较为接近。本书可供文化史研究者阅读参考，也可作为大专院校中国近代文化史课教材。

书中各章的论述，有的是我们长期研究的心得体会，有的则吸收了学术界的研究成果。学术界在中国近代文化一些具体领域的研究成果，对我们撰写这本小书很有助益。没有这些研究成果，这本小书是难以编成的。

参加本书撰写的，主要是北京师范大学历史系中国近代文化史研究室的同志，各章分工执笔情况如下：

第一、第二、第六章：龚书铎；

第三、第四、第五、第七、第八、第九、第十章：史革新；

第十一、第十四章：郑师渠；

第十二章：马克烽；

第十三章：孙燕京、史革新。

全书由龚书铎修改定稿，史革新协助了修改工作。

由于我们水平有限，书中缺点、错误之处自不可免，希望得到批评指正。

龚书铎

1996 年 6 月

目　录

第一章　近代社会与文化特点

从1840年鸦片战争到1919年五四运动，是中国社会动荡变化的80年，也是中国人民奋发图强的80年。西方资本主义列强的入侵，造成了中国社会的大变动，改变了传统社会固有的格局。无论是李鸿章慨叹的“三千年一大变局”，还是曾纪泽所说的“五千年来未有之创局”，都反映了这种外来冲击对中国社会所造成的巨大震动。从此，中国由一个独立的主权国家逐步陷入半殖民地的深渊，自给自足的封建自然经济日渐趋于解体，并一步步纳入世界资本主义体系之中。同时，中国人民也开始了反帝反封建、救亡图存的斗争和追求独立、民主、富强的艰辛历程。与社会经济、政治剧烈变革同步，中国固有文化也发生了由旧向新、由古向今的转换，由传统步入近代。一定的文化是一定的政治和经济在观念形态上的反映。在半殖民地半封建社会的中国近代文化，也具有它自己的特点。

一、近代经济的多种成分和发展的不平衡，影响了近代文化的多样性和区域性

在中国近代社会里，存在着多种经济成分，包括外国资本、官僚资本、民族资本、地主经济和小农经济等。而资本主义很微弱，一直未能成为社会生产的主要形式。据有的专家估算，1920年左右，我国的农业总产值约为165.2亿元，工业(包括矿业)总产值约为53.83亿元，共219.03亿元。如将农业中的资本主义生产略去，近代工业的总产值约10.66亿元，只占当时工农业总产值的4.87%。就是说，到20世纪20

年代初，我国资本主义发展的水平还只有 5%左右。[①] 社会经济的基础部分仍然是小农经济。而且近代经济在发展过程中，表现出明显的不平衡性，微弱的资本主义经济主要集中在东南沿海和沿江的大城市，广大农村占支配地位的是小农经济。毛泽东对中国近代经济的特点曾经作过精辟的论断，他说："微弱的资本主义经济和严重的半封建经济同时存在，近代式的若干工商业都市和停滞着的广大农村同时存在，几百万产业工人和几万万旧制度统治下的农民和手工业工人同时存在……若干的铁路、航路、汽车路和普遍的独轮车路、只能用脚走的路和用脚还不好走的路同时存在。"[②]这种经济形态的特点，不能不影响着近代中国文化的发展变化。

第一，由于多种经济成分的存在，不可避免地在文化上反映出了复杂性。既有资本主义文化，又有封建主义文化；既有殖民主义文化，又有爱国主义文化；既有西方近代文化，又有中国传统文化；既有新文化，又有旧文化；等等。各种文化既有互相矛盾冲突，也有互相制约、影响，甚至有互相结合或融会的。但是，不论其如何错综复杂，从社会经济的发展趋势看，资本主义新文化是反映了这种发展趋向的。

第二，近代经济发展的不平衡性，使近代文化具有明显的区域性特征。在东南沿海和沿江资本主义工商业比较集中的地区，出现了一批具有近代性的都市。这些地区，人们的生活方式和价值观念都发生了许多重要的变化，社会风气也日渐开放。因此，出现了第一个"睁眼看世界"的林则徐，出现了洪秀全、康有为、梁启超、严复、孙中山等一批先进的人物。他们当中不少人成为中国近代文化的开创者或奠基人。然而，在广大内地、农村，经济基础没有发生什么变化，仍然是受封建经济的支配。相应地，人们的生活方式和价值观念也没有发生什么变化，依旧是笃信"圣经贤传"，笃信封建纲常名教是天经地义、万古不易的。由于

---

① 吴承明：《中国资本主义的发展述略》，《中华学术论文集》，333 页，北京，中华书局，1981。

② 《中国革命战争的战略问题》，《毛泽东选集》第 1 卷，88 页，北京，人民出版社，1991。

缺乏近代经济基础，这些地区接受西学、新学的过程十分缓慢，举步维艰。随着沿海地区近代经济的发展，这些地区与内地的差距越来越大，文化发展的不平衡性和差异也越来越明显。例如，清末留学高潮中，甘肃全省留日学生只有一名，而新疆、青海、宁夏几乎近于零。沿海与内地相比较，相去悬殊。

第三，资本主义经济成分的微弱，封建地主经济成分的强大与占主体地位，造成了近代新文化缺乏坚实牢固的经济基础。近代文化的主体承担者不是西方意义上的第三等级，而是与封建社会休戚与共、息息相关的传统士大夫中的一些开明之士。他们在西方文化的冲击和影响下，开始了由传统向近代的转变。由于近代民族危机的加深，忧患意识和爱国主义精神的感召，使他们在一定程度上能够认同西学、学习西学，并试图以之作为变革社会、振兴中国的一剂良药。然而，由于近代社会的局限，资本主义经济发展的微弱，使得他们缺乏完全摆脱封建士大夫传统思想意识和习气的土壤，没有能够完成从传统士大夫向资产阶级知识分子的彻底转变。实际上，他们一直在新与旧之间徘徊。在变革的进程中，他们大都积极参与，并以其杰出的才能成为时代的弄潮儿，推动中国近代历史的前进。但是，一旦变革出现挫折，现实与理想发生背离，他们便退缩、消沉、颓丧，从对传统的批评又回到对传统的眷恋。康有为、严复、章太炎、刘师培等晚年思想的保守倒退，便是近代经济在文化上折射的力证。

二、近代文化的发展变化始终同政治变革、救亡图存密切结合

近代中国80年，是中国人民受尽屈辱、灾难深重的80年。鸦片战争、英法联军、中法战争、甲午战争、八国联军，每一次战争都以清政府失败并签订丧权辱国的不平等条约而告终，每一次战争都使中国一步步陷入半殖民地的历史深渊。同时，每一次战争也使国人产生震惊和民族危机感，爱国主义的精神日益增强，“救亡图存”之声成为时代的最强音。要救亡图存，就必须反对帝国主义的侵略和推翻清政府的腐朽统治。反帝反封建斗争，争取独立、民主、富强，始终是中国近代历史的主题。近代中国出现的一切问题，无不与这一主题息息相关。近代文化的发展变化也不例外，同样受到政治变革、救亡图存的影响。无论是魏源的“师夷长技以制夷”，还是郑观应的“商战”；无论是康有为的君主立宪，还是孙中山的民主共和；也无论是“实业救国”，还是“教育救国”、“科学救国”，都是围绕着救亡图存展开的。

“理论在一个国家的实现程度，决定于理论满足于这个国家的需要程度。”在中国近代文化史上，无论中西古今，都必须在时代和社会的需要面前接受检验、抉择。在五四运动以前的几十年中，对中国思想文化影响很大的有两个理论：一是进化论，二是民约论。进化论以生存竞争的理论适应了救亡图存、反对帝国主义侵略的需要；民约论以天赋人权的观念适应了要求民权平等、反对封建专制主义的需要。

甲午战争，中国败于日本，朝野震动，举国哗然。民族生死存亡的危机感，弥漫华夏。有识之士大都认识到这一点。梁启超说：“唤起吾国四千年之大梦，实自甲午一役始也。”[①]又说：“甲午丧师，举国震动，年少气盛之士，疾首扼腕言‘维新变法’。”[②]正是在这种情势下，严复“大受刺激，自是专致力于翻译著述”。[③] 他翻译《天演论》，强调“物竞天择，适者生存”的优胜劣败法则，正是适应当时救亡图存、奋发图强的需要。甲午战争后，进化论为人们所接受和崇信，成为一种重要的社会思潮。这种现象持续了二十余年，直到五四运动前后，在中文报刊上，“物竞天择，适者生存”等进化论的词句为时人所习见，各种介绍进化论的书籍竞相出版。胡适《四十自述》中的一段话，比较形象地描述了当时接受进化论的社会心态。他说：“《天演论》出版之后，不上几年，竟做了中学生的读物了。读这书的人，很少能了解赫胥黎在科学史上和思想史上的贡献。他们能了解的只是那‘优胜劣败’的公式在国际政治上的意义。在中国屡次战败以后，在庚子辛丑大耻辱之后，这个‘优胜劣败，适者生存’的公式确是一种当头棒喝，给了无数人一种绝大的刺激。

---

① 梁启超：《戊戌政变记》，见《饮冰室合集》专集之一，113 页，北京，中华书局，1989。

② 梁启超：《清代学术概论》，71 页，北京，中华书局，1954。

③ 严璩：《侯官严先生年谱》，见《严复集》第 5 册，1548 页，北京，中华书局，1986。

几年之中，这种思想像野火一样，延烧着许多少年的心和血。‘天演’、‘物竞’、‘淘汰’、‘天择’等术语，都渐渐成了报纸文章的熟语，渐渐成了一般爱国志士的‘口头禅’。还有许多人爱用这种名词做自己儿女的名字。陈炯明不是号竞存吗？我有两个同学，一个叫孙竞存，一个叫做杨天择。我自己的名字，也是这种风气底下的纪念品。我在学堂里的名字是胡洪骍。有一天的早晨，我请我二哥代我想一个表字，二哥一面洗脸，一面说：就用‘物竞天择，适者生存’的‘适’字好不好？我很高兴，就用‘胡适’二字。”人们对进化论如此沉迷，根本原因在于当时严酷的现实。于是外来的进化论原则便同传统的保国、保种产生了认同和共鸣。戊戌维新既是一次救亡图存的政治运动，也是一次文化革新运动。从这个意义上说，救亡诱发了启蒙，救亡推动了启蒙。在当时的社会环境下，不可能脱离严峻的现实而孤立地建构近代文化。近代文化只能在近代社会现实的土壤中产生和发展。

同样，“天赋人权”论在甲午战争后的传播也适应了现实社会的需要。戊戌维新运动时期，民权平等为维新志士所提倡。梁启超认为：“三代以后，君权日益尊，民权日益衰，为中国致弱之根原。”[①]因此，他得出结论：中国“能兴民权者，断无可亡之理”。[②] 也就是说，只有兴民权才能救中国。辛亥革命时期，民权平等的思想更为流行。卢梭的《民约论》全译出版，刘师培以《民约论》的思想与人合编了《中国民约精义》一书。革命党人认为民权是最要紧的，“世界万国，以有民权而兴，无民权而亡者，踵相接，背相望”。中国“之所以能脱之、倾之、去之、除之、复之者，在种吾民革命之种子，养吾民独立之精神，而可一言以蔽之曰：民权而已。”[③]他们还提倡男女平权，认为“女权愈振之国，其国愈文明；女权愈衰之国，其国愈衰弱”。[④] 革命党人也是把民权看做

① 《西学书目表后序》，见《饮冰室合集》文集之一，128页。

② 《学堂日记梁批》，见《翼教丛编》卷五，5～11页，光绪二十四年(1898)武昌重刻本。

③ 《二十世纪之中国》，见《辛亥革命前十年间时论选集》第1卷，上册，69、70页，北京，生活·读书·新知三联书店，1960。

④ 《论中国女学不兴之害》，见《辛亥革命前十年间时论选集》第1卷，下册，924页。

是振兴中华的关键。民权论的流行，同样是适应了为反对清政府腐朽专制统治造成中国衰败的需要。

政治变革、救亡图存也影响了文化的各个领域，从哲学、教育、史学、文艺，到体育卫生、社会风俗习惯等，涉及的领域相当广泛。单以文艺中的诗歌为例，就可以具体说明。从林则徐的“苟利国家生死以，岂因祸福避趋之”，到谭嗣同的“四万万人齐下泪，天涯何处是神州”；从丘逢甲的“四百万人同一哭，去年今日割台湾”，到秋瑾的“拼将十万头颅血，敢把乾坤力挽回”，无不表达了作者对民族危机日益加深的忧虑，对河山破碎的无限悲愤和救国救民的豪情壮志。黄遵宪是近代诗坛的一面旗帜，他的诗作更是表现了民族正气、爱国情感和救亡意识。

近代政治变革、救亡图存的运动推动了文化的革新运动，而文化的革新反过来又为政治变革、救亡图存服务。从近代文化中贯穿的强烈的爱国主义精神，可以看出近代政治的发展推动了近代文化的发展，二者密切地结合在一起。但是，它也产生一些消极作用。近代 80 年政治事变和运动频繁交替，思想文化变化很快，当时的维新思想家或革命家都要求文化为政治斗争服务，但出现了过分的功利主义，存在简单化的偏向，对文化本身的价值和特点重视不够。正因为把文化简单地看成政治的附庸，忽视了文化的独立性，从而影响了它的成就。例如，晚清小说创作很多，好的作品却很少；戏剧也是这样，失去了生命力。

三、近代文化在西方文化和中国传统文化互相冲突及会通融合的过程中形成

近代中国文化同欧洲资产阶级文化的发展道路不一样。欧洲的资产阶级文化是在资本主义发生和发展的基础上兴起的。从 14 世纪意大利文艺复兴开始，15—16 世纪进一步发展，17 世纪兴起科学运动，18 世纪法国开展了启蒙运动，之后德国又出现了以康德、黑格尔、费尔巴哈等为代表的古典哲学。欧洲的资产阶级文化就是这样发展起来的。中国近代文化的发生和发展则与此不同。鸦片战争以前，中国没有像欧洲那样的经济基础、政治力量以及思想文化条件。就以思想文化的情况而言，18 世纪正当康熙后期至乾隆年间，清朝统治者加强文化专制主义，

大兴文字狱，利用修《四库全书》禁毁、删改书籍。同时引导知识分子埋头于科举八股和烦琐考据，使人们严重脱离实际，思想锢蔽僵化。这种状况，与蓬勃发展的法国启蒙运动形成了鲜明的对照。中国文化没有在自己的社会内在发展中走向近代，而是在西方文化的冲击下引起了变化，是在西方文化和中国传统文化矛盾冲突的过程中，又互相会通融合，形成了资产阶级新文化。

西方文化传播进来后，与中国传统文化发生了矛盾冲突。造成这种情况的原因是复杂的。一方面在鸦片战争以后的数十年间，西方列强对中国进行了侵略，掠夺中国财富，压迫、剥削、杀害中国人民，激起了中国人对西方侵略势力和外来事物的仇恨。而西方文化正是和西方列强的鸦片、炮舰等一起涌入中国的，其中的某些方面又是用来作为侵略的组成部分，因而使饱受西方列强欺凌的中国人在谴责外来侵略的同时，也排拒了西方文化。另一方面是由于这两种文化的模式和形态截然不同，在价值标准、思维方式、行为方式、生活习俗乃至心理感情等方面都存在着重大的差异。长期生活在封闭的社会环境中，并深受封建伦理纲常熏陶的人，对西方文化是难以接受的。中国传统文化与西方文化发生抵触，是很自然的事。这是任何两种异质文化相遇都可能会出现的情况。还要看到，近代输入的西方文化并不都是精华，而是泥沙俱下、鱼龙混杂，夹杂着大量腐朽性的糟粕，诸如弱肉强食的侵略理论、白种人至上的种族论、欧洲中心论，以及西方腐朽没落的生活方式，等等，传入中国有害无益，遭到中国人的抵拒是理所当然的。

在西方文化和中国传统文化接触的过程中，不断发生矛盾和冲突，有时表现得很尖锐。这种矛盾冲突带有普遍性，不仅表现在统治阶层中，而且还在统治阶级和被统治阶级之间，以及下层民众中反映出来。譬如人所熟知的，1867 年关于在同文馆招收科甲正途人员学习天文算学，就在清廷王公大臣中引起一场大争论。大学士倭仁等守旧分子“以道学鸣高”，反对科甲正途人员“师事夷人”学习天文算学，认为这样一来必将“正气为之不伸，邪氛因而弥炽”，高唱“以忠信为甲胄，礼义为干橹”[①]，就反映了士大夫阶层中在对待西方文化问题上持保守立场的人的观点。两种文化的冲突在农民起义内部或与统治阶级之间也有反映。太平天国是受西方文化影响的，接受了基督教文化，宣传上帝面前人人平等，大家都是上帝的子女，男的都是兄弟，女的都是姊妹的思想。这种思想触犯了封建伦理道德，把君臣、父子、夫妇等尊卑贵贱秩序颠倒了。这当然与伦理纲常为核心的封建文化不相容，也是封建统治者所不能允许的。曾国藩组织湘军镇压太平天国农民起义，发布《讨粤匪檄》。檄文中攻击太平天国是“举中国数千年礼义人伦、诗书典则，一旦扫地荡尽，此岂独我大清之变，乃开辟以来名教之奇变，我孔子、孟子之所痛哭于九原！凡读书识字者，又乌可袖手安坐，不思一为之所也。”[②]他以此来号召和吸引地主阶级当中受儒家思想教育的人集结在他的旗帜下，反对太平天国，卫护封建文化。这说明太平天国这场农民起义反映了西方文化与传统文化的矛盾冲突。当然，后来曾国藩也有变化，成为洋务派，接受了某些西方文化。

中国近代历史上曾经发生过许多“教案”，反教会斗争一直不断。外国传教士到中国设立教堂，其中有些人横行霸道，充当间谍，到处搜集情报，干涉中国内政。中国人民反对利用教会进行侵略的斗争是爱国的，无可指责的。但这类斗争在某种程度上也带有中西文化冲突的色彩。西方的基督教文化同中国传统文化的差异在这里突出地表现出来。在信仰上，前者主张敬拜上帝，后者主张敬孔祭祖，两者是不相容的。湖南士绅周汉在19世纪90年代曾经创作了40多种反基督教的宣传品，流传甚广，为长江教案的发生起到很大鼓动作用。张之洞称：“湘鄂两省，赞周(周汉)之歌谣者，十人而九。”[③]周汉所写的反洋教宣传品，除了揭露外国教会教士的不法行为、危害中国的罪行外，大量的则是从信仰、道德、习俗的角度抨击基督教的“异端邪说”，如《谨遵圣谕辟邪全

---

① 《洋务运动》，见《中国近代史资料丛刊》第2册，33页，上海，上海人民出版社，1961。

② 《曾国藩全集·诗文》，232页，长沙，岳麓书社，1986。

③ 《张文襄公全集》卷一三七，电牍16，4页，北平文华斋民国十七年(1928)本。

图》、《儒释道三教弟子公议防驱鬼教歌》、《鬼教该死》等，都大肆渲染了中国传统儒学与洋教在信仰上的水火不容，折射出两种异质文化在观念形态上的对立与冲突。因此，从文化史角度看，“教案”除具有人民群众反对外来教会侵略、压迫的性质外，还包含着不同文化心理、感情、习俗的冲突。这里既有民间老百姓，也有绅士和官僚。在当时的情况下，他们都具有相同的传统文化心理：尽量防守自己的传统，不要受外来文化影响。从戊戌维新运动到五四新文化运动，中西文化的冲突规模更大，范围更广泛，影响也更深刻。

中西文化间有矛盾冲突，同时也有会通融合。所谓会通融合是指异质文化间的相互渗透、相互吸引及一种文化对另一种文化因素的吸收、消化。任何文化如果置于封闭的环境中，不与他种文化接触、交流，自在自足，孤芳自赏，其结局必然是在一个封闭的系统里耗尽活力，自生自灭。只有通过不同的文化的交流，吸收人类一切优秀的文化，才能富有活力，永葆青春。英国民族学家里弗斯说：“各族的联系及其文化融合，是发动各种导致人类进步的力量的主要推动力。”[①]中西文化的会通融合贯穿在整个近代，1895年中日战争后就更加明显了。那时，一些最有影响的政治家、思想家都提出这样的主张。最初是林则徐、魏源提出的“师夷长技”的口号。在他们看来，传统文化是毫无疑问的，所缺乏的是西方列强的坚船利炮。后来，冯桂芬在《校邠庐抗议》中主张“采西学”、“制洋器”，提出“以中国之伦常名教为原本，辅以诸国富强之术”的宗旨。这些都是近代早期表示认同西方文化的具有代表性的观点，反映出中西文化会通融合的趋向。到洋务运动时，在这种观点的基础上，形成了“中学为体，西学为用”的思想原则。其意为，中国的传统文化是本体，不能变动，在这基础上吸收西方文化中可以利用的部分，即技艺。“中体西用”论用中学来包容西学，尽管是片面对待中西文化，在中西文化融合过程中属于较低的层次，但它毕竟适应了中国当时的发展趋

① 引自[苏]C. A. 托卡列夫：《外国民族学史》，167页，北京，中国社会科学出版社，1983。

向。“西学为用”反映出当时的中国人对于西方文化的认同只局限于自然科学和技术的表面阶段，然而没有这一阶段，也就无法向前发展。“西学为用”引进西方自然科学和技术的潮流，对社会缓慢地产生影响。虽然缓慢，但对传统文化特别是伦理纲常却构成冲击。到中日甲午战争后，国人的思想又前进一步，不再是原封不动地保持传统文化，而是扩大了吸收西方文化的范围，对西方的进化论、民权思想和政治制度表现出浓厚的兴趣。康有为的君主立宪政治理想，孙中山的民主共和国方案，便是此期国人最具代表性的思想主张。在此时，哲学、社会科学、文学、艺术等领域都大量吸收西方文化的因素，发生重大变化，以致在甲午战争后中国出现了新的文化运动，即资产阶级文化运动，到1919年五四运动前夕达到高潮。

从个人的情况来看，如洪秀全、康有为、梁启超、严复、谭嗣同、孙中山等人的思想，都表现出对中西文化不同程度的会通融合。而且，他们也都主张会通融合中西文化。康有为在戊戌变法时提出：“泯中西之界限，化新旧之门户。”[①]严复则指出：“必将阔视远想，统新故而视其通，苞中外而计其全，而后得之。”[②]后来，孙中山也强调：“发扬吾固有之文化，且吸收世界之文化而光大之，以期与诸民族并驱于世界。”他在概括自己的学说时指出：“余之谋中国革命，其所持主义，有因袭吾国固有之思想者，有规抚欧洲之学说事迹者，有吾所独见而创获者。”[③]孙中山关于融合中西文化的思想达到了一个新的境界。他对西方文化的吸收有选择而不盲从，对传统文化的继承也是如此，最终是自己的创造。他的三民主义学说是在融会中西文化的基础上以自己的独见而创立的，是这个时期中西文化融合的典范。

四、科学与民主是近代文化的核心内容

在古代，中国传统文化的内容相对来说比较单一，基本上是以儒学

① 汤志钧编：《康有为政论集》上册，295页，北京，中华书局，1981。

② 王栻主编：《严复集》第3册，560页，北京，中华书局，1986。

③ 《中国革命史》，见《孙中山全集》第7卷，60页，北京，中华书局，1981。

或儒、释、道为其主要内容。到了近代，这种情况发生了变化。随着儒学地位的衰落和西方文化的传播，形成了近代文化的新内容。由于近代文化形成的历史条件、社会背景、发展源流不同于古代文化，因此，近代文化的内容同样不同于古代文化。经过中西文化的冲突融合，传统儒学衰落，旧的文化体系解体，出现了一系列新的文化因素和文化部门。声光化电、民主自由、新式礼仪习俗等，纷纷展示在人们面前。那么，近代文化的核心内容究竟是什么？用一句话来概括，即科学和民主。

科学和民主虽然是五四新文化运动提出的口号，实际是对近代文化基本内容的概括。陈独秀在新文化运动伊始即指出："国人而欲脱蒙昧时代，羞为浅化之民也，则急起直追，当以科学与人权并重。"[①]后来，"人权"改提为"民主"。他坚定地相信："西洋人因为拥护德、赛两先生，闹了多少事，流了多少血，德、赛两先生才渐渐从黑暗中把他们救出，引到光明世界。我们现在认定只有这两位先生，可以救治中国政治上、道德上、学术上、思想上一切的黑暗。"[②]这里所说的科学和民主，都是从广义上讲的。科学既指自然科学，又包括认识事物的科学法则、科学思想和科学精神。民主的含义同样广泛，既包括近代民主制度、民主精神，又包括在政治、经济、思想文化等方面的解放和变革。这两个方面，基本上涵盖了近代中国文化发展的基本内容。

五四新文化运动之前，科学和民主的口号虽然没有明确提出，但先进的中国人都在为此孜孜探索。关于科学，在鸦片战争后，林则徐、魏源等人提出"师夷长技"，学习西方的坚船利炮。到洋务运动时，国人进一步认识到还要学习声光化电等近代科学技术。在"中体西用"的旗号下，西方的自然科学和经济技术最先被吸收进来，成为近代文化的基本内容之一。甲午战争后，严复在《天演论》序言中提出学习科学的方法论，直至主张学习社会科学各方面的知识，反对愚昧迷信的思想等，深

---

① 陈独秀：《敬告青年》，见《陈独秀文章选编》(上)，78页，北京，生活·读书·新知三联书店，1984。

② 陈独秀：《〈新青年〉罪案之答辩书》，见《陈独秀文章选编》(上)，318页。

化了人们对科学的认识。人们不再把科学只看作具体的科技知识，而且还包括科学法则、科学思想、科学精神等深层次的内容。所有这些，都为五四新文化运动提出“科学”的口号做了长期的准备。

民主在近代中国，首先表现为一种新的政治要求，即对西方近代民主制度的向往。鸦片战争后，魏源在《海国图志》中就介绍了西方的议会制度。19 世纪 60 年代以后，介绍议会政治、民主政治的著作渐渐多了起来。不过，此时的赞同者选择的是君民共主政治。他们认为，民主权偏于下，君主权偏于上，君民共主权得其中。所谓君民共主实指君民不隔，是一种次民主政治。1895 年后，康有为、梁启超领导维新运动，要改变清王朝的君主专制制度，实行君主立宪。这场变法运动虽然因遭到封建统治者的血腥镇压而失败，但在政治上、思想文化上有力地冲击了封建守旧势力和传统文化，为近代的政治变革造了舆论，推进了近代民主化进程。在戊戌维新时期，维新派不仅希图进行政治制度的变革，而且在思想上宣传民权平等，在知识界中有着重大影响。资产阶级文化的民权平等，同封建文化的纲常名教不相容。张之洞就竭力反对民权说，他在《劝学篇》中鼓吹“君臣之义，与天无极”，扬言“民权之说一倡，愚民必喜，乱民必作，纪纲不行，大乱四起”，“无一益而有百害”。从反面可以看出民权平等思想对封建伦理纲常的冲击。辛亥革命时期，孙中山提出民主共和国的方案，皇帝不要了，比康梁更进了一步。正因为民主思想的传播、发展，才有五四时期“民主”口号的提出。如果没有长时期的思想启蒙，对封建文化的荡涤，那么也不会产生五四新文化运动。

五、近代文化既丰富多样，又肤浅粗糙，没有形成完整的体系

相对来说，鸦片战争以前的文化比较单一，变化也不大。封建文化的中心是儒学，从两汉到明清，不论汉学、宋学、古文经学、今文经学、程朱理学、陆王心学，都未逾越儒学的范围。宋明理学的解经，乾嘉考据的注经，都没有离开儒家经典。

近代以后，文化类型除原有的传统文化外，有资本主义文化，还有帝国主义文化。帝国主义文化同封建主义文化一样，对今天仍有影响，那种殖民文化心理还在泛起。由此也可以看到，文化有顽强的传承性。不同形态的文化并存，是近代文化与古代文化相区别的一个特征，也是其内部结构丰富复杂的一种表现。

除了多种文化类型并存外，近代文化的丰富性还反映在它各个领域、部门的变化。这种变化，既表现为一些传统文化领域到此时的衰落，又表现为许多新的文化领域的出现，使近代文化呈现出丰富多彩、新旧并陈的复杂状态。

儒学发展到近代，虽然几经内部调整，从汉宋之争到汉宋合流，以经世致用取代考据之风，但是终因其不合时宜而迅速衰落下去。随着辛亥革命推翻清王朝，儒学独尊学坛的地位终于被打破，新兴的近代学术纷纷登上历史舞台，填充儒学衰退后留下的学术阵地。中日甲午战争后严复翻译《天演论》，介绍进化论，给国人带来新的世界观、方法论，使哲学发生了新变革。用进化论代替传统的变易思想，这是哲学领域一次具有革命性的变革。与此同时，严复还翻译了《群学肄言》、《原富》、《群己权界论》、《穆勒名学》等西方学术名著，对近代社会学、经济学、政治学、逻辑学作了介绍，为这些近代新学术在中国的确立作出了贡献。民权学说的兴起有力地冲击了传统的纲常名教观念，这在政治思想领域是新的课题。到五四运动时，中国思想界除有封建思想外，还流行民主主义、无政府主义、改良主义、社会主义、实用主义、新村主义、国粹主义等，各种思想流派纷纷登台表演，出现了远比先秦时期百家争鸣更复杂的局面。新的文艺思潮在清末也传入中国，更新了传统的文艺领域。大量外国小说被翻译介绍，话剧、电影、音乐、舞蹈、油画、漫画、体育，以及西方的建筑艺术等，先后传入流行，大大扩展了传统文艺的领域。20世纪初期，教育方面也进行了全面变革，制订新学制，普遍建立新式学堂，废除科举制度，停办旧式书院。以上所述，仅是举出若干明显变化的事例，远非是近代文化丰富多彩的全貌。鲁迅曾对近代中国社会新旧并陈的复杂状态作过这样的描述，指出："中国社会上的状态，简直是将几十世纪缩在一时：自油松片以至电灯，自独轮车以至飞机，自镖枪以至机关炮，自不许'妄谈法理'以至护法，自'食肉寝皮’的吃人思想以至人道主义，自迎尸拜蛇以至美育代宗教，都摩肩挨背的存在。……四面八方几乎都是二三重以至多重的事物，每重又各各自相矛盾。”[①]鲁迅所述同样也是对近代文化特征的概括。

近代文化的丰富性，不仅表现在新的文化部门的兴起，同时也体现在对传统领域用新的观点、方法进行研究，加以改造。如史学这样古老的传统部门，在20世纪初也发生变化。梁启超鼓吹“史学革命”，他认为二十四史是帝王的家谱，史学应该“叙述人群进化的现象而求得公理公例”，提出建立“新史学”的主张。夏曾佑编撰的《中国古代史》，就是以这种思想为指导，一反过去史书的写法。蔡元培有很深厚的传统文化基础，清末曾到德国留学，受西方哲学、伦理学的影响，对中国从先秦至明清的伦理思想作了系统的研究，出版了第一部用新观点、方法撰写的《中国伦理史》。王国维受到康德、叔本华等人的哲学和美学的影响，最先引进了西方美学，并用来研究中国古代文学。他的《红楼梦评论》和《人间词话》都突破了传统，开拓了新路，成为文学研究中的里程碑。在学术研究中，王国维的成就也很大，宋元戏曲、甲骨金文、古史考释对学术界都产生了深远的影响。他的传统文化素养很深，又接受了西方的方法，这使他的研究成果超过了前人。

从整体上说，近代文化比古代文化丰富复杂，但又存在着肤浅、粗糙的一面。西方的近代文化经历了两三个世纪的发展历程，形成了比较完整而成熟的体系。而中国近代文化则不同，仅仅经过了80年的时间，驰越了西方社会几百年的历史进程。由于历史进程的快速多变，国人对外来文化的接受、吸收、消化以及对近代文化的创建，均缺乏充分的内在准备条件，不可避免地使近代文化带有种种不足。

以近代的启蒙思想为例，从林则徐、魏源的“师夷制夷”主张、龚自珍的“更法”思想，到早期维新思想家的种种议论，大都以“经世致用”为指导，以传统学术中的“变易”观为哲学基础，提出的改革主张大多流于

① 鲁迅：《热风·五十四》，见《鲁迅全集》第1卷，344～345页，北京，人民文学出版社，1982。

就事论事的水平上，缺乏近代社会科学作理论依托，因此，从思想整体上看显得十分肤浅。康有为把进化论糅进今文经学之中，提出“托古改制”的思想理论模式。这固然比前人前进了一大步，但他的理论仍然没有摆脱传统经学的窠臼，且论证牵强附会，多有不实之处，不免流于肤浅、粗糙的弊病。再看近代的西学传播。在中日甲午战争以前的半个多世纪中，西学传播仅局限在自然科学方面，而对西方社会科学的引进却寥寥无几，呈现出畸轻畸重的状况，缺乏知识的完整性和系统性。甲午战争后，国人思想大进，如饥似渴地追求西学，于是出现了“学问饥荒”和 20 世纪初的译书热潮。由于种种原因，当时出版的西书固然不乏精当者，但是内容浅陋、质量低下者比比皆是，总体水平不高。梁启超在《清代学术概论》中对此作过这样的评价：“新思想之输入，如火如荼矣。然皆所谓‘梁启超式’的输入，无组织，无选择，本末不具，派别不明，唯以多为贵，而社会亦欢迎之。盖如久处灾区之民，草根木皮，冻雀腐鼠，罔不甘之，朵颐大嚼，其能消化与否不问，能无召病与否更不问也，而亦实无卫生良品足以为代。”[①]从这里可以看到清末人们追求新知识的渴望，也反映出新文化本身的肤浅。所以，一直到五四运动前，中国的资产阶级新文化也没有形成一个完整的体系。

质言之，近代经济对文化的影响，中西文化的冲突融合，民主与科学的内容，与政治斗争的紧密联系，以及丰富而肤浅的构成，这便是中国近代文化的一些重要特征。与古代文化相比，近代文化呈现出更多的复杂性、变化性和过渡性。

这里有一个问题需要提出：近代文化在中国文化史上居于什么样的地位？对于这个问题，人们的意见并不一致，大体有这样两种说法：一种是对近代文化评价较低，认为中国近代备受外来势力的欺凌，国势一落千丈，政治、经济、外交等方面全面衰退，无成就可言。文化亦不例外，近代文化既无汉唐时期所具有的领先于世界的文化成就，又没有涌现出闻名中外的文化巨匠，体系支离，内容浅薄。与辉煌灿烂的古代文

① 梁启超：《清代学术概论》，71 页。

化相比，近代文化是明显地倒退了。另一种是对近代文化的盲目拔高，认为它体系完整，成果辉煌，其水平远远超过古代文化。在持这两种观点的人当中，以前者为数较多。据实看来，这两种评价都有一定的根据，但又都存在着一定的片面性。前者过分地强调了近代文化缺陷和不足的一面，忽视了从中国文化古往今来的承传联系的角度进行全面性的考察；后者则夸大了近代文化的成就，也不是实事求是之论。

中国近代文化是在既批判地继承了固有的文化传统，又吸收了西方文化的基础上形成、发展起来的。相对于古代文化而言，整个近代文化体系都发生了重大的变化。这种变化，是前进的、活跃的、生气勃勃的。这 80 年文化的变化，在中国文化发展史上无疑是处于承前启后的地位。对前而言，它继承和发展了传统文化，又改变了长期以来封建主义文化腐朽、呆滞、沉闷的局面，建立了进步的、丰富多样的、活泼的新文化。对后而言，它为五四运动以后新文化的发展准备了条件，打下了基础。尽管这时期的新文化并不成熟，没有完整的体系，甚至是幼稚的、粗糙的，但没有它，就不会有后来的新文化，也不可能有马克思主义在中国的传播。中国近代文化是连接古代文化与现代文化的桥梁，对于它既不应该简单地贬低，也不可以随意地夸大。

第二章　近代文化发展历程和结构变化

一、近代文化的发展历程

在中国古代历史的发展过程中，由于很早形成了统一的中央集权国家和严密的宗法制度，封建制度具有特别的稳固性。与此相适应，在文化领域里占据统治地位的是儒学。在漫长的封建社会里，儒学既是文化的指导思想，又是文化构成的骨干；而它的核心则是封建的伦理纲常。封建的伦理纲常如“日月经天，江河行地”，是“万古不易之常经”，是“万事之根本，百川之源头”。这种以纲常伦理为核心的文化体系，具有凝聚性、稳定性，对于外来文化，或是抵拒排斥，或是吸收消融。因此，虽有几次较大的文化输入，但始终没有突破、改变固有的文化体系和结构，而只是儒学文化体系自身的演变发展。

鸦片战争以后，情况发生了变化。西方资本主义国家用大炮打开了中国的大门，随之而来的是西方文化的传播。衰落的清封建王朝没有力量抵挡西方的“坚船利炮”。同样，在文化上，儒学文化体系也无力守住阵脚而败下阵来，西方文化逐渐在中国传播开来。当然，这不能简单地归之于是西方传教士和中国有识之士传播的结果，利玛窦、徐光启等人并没有能够使西方文化在中国发生重大影响。这是因为人们的愿望和活动，“丝毫不能改变这样一个事实：历史进程是受内在的一般规律支配的”。[①] 西方文化之所以能在中国传播，并在社会生活中产生越来越大的影响，根源在于近代中国已经不是完全的封建社会，而是有了资本主义经济和资产阶级，有了资产阶级的政治运动。正是在这个基础上，中国才产生了资本主义的新文化，西方文化才能被吸收并变成中国的新文化。

中国近代文化兴起和发展的历程与欧洲不同。欧洲是在 14 世纪后“以封建制度普遍解体和城市兴起为基础”发生了文艺复兴，它以理性、人文主义和科学击破了教会的精神独裁，掀起了“人类以往从来没有经历过的一次最伟大的、进步的变革”，[②] 为资产阶级文化的发展奠定了基础。然而中国并没有在封建社会末期产生这样一次运动，从而萌发出近代文化，而是在逐步沦为半殖民地半封建社会的情况下，把近代文化从西方移植过来。当西方文化传入时，中国还是被儒学文化体系所支配，对于传统文化中的封建糟粕，并没有经批判、剔除，而是在原有的基础上吸收了西方文化。中国近代文化就是在这样的社会历史条件下形成的。这种不同于欧洲的发展道路，决定了中国近代文化所具有的特殊性。

中国近代文化是指从 1840 年鸦片战争到 1919 年五四运动期间伴随着半殖民地半封建社会而形成和发展起来的文化形态。任何一种文化的发展变化都表现为一定的阶段性，不同的阶段则具有不同的特性。中国近代文化也是如此。近代文化的发展变化大致可以划分为两个大的阶段：

第一阶段从 1840 年鸦片战争后到 1895 年中日甲午战争，“中学为体，西学为用”体现了这个阶段文化的基本特征。从近代文化演变的进程来看，也可以说是资产阶级新文化的萌发阶段，或者说准备阶段。

第二阶段从 1895 年中日甲午战争后到 1919 年五四运动前。这是资

① 《马克思恩格斯选集》第 4 卷，247 页，北京，人民出版社，1995。
② 同上书，261 页。

产阶级新文化形成发展的阶段。

文化的发展变化决定于社会经济、政治的发展变化，但它又是一个与政治并存的领域，具有相对的独立性。因此，对中国近代文化发展历程及其阶段性的考察，不能离开近代社会经济、政治的条件，而应当把握它本身的发展趋向。

鸦片战争引起了中国社会的转折，也引起了中国文化的转折。“满族王朝的声威一遇到英国的枪炮就扫地以尽，天朝帝国万世长存的迷信破了产，野蛮的、闭关自守的、与文明世界隔绝的状态被打破。”①这是中国“三千年一大变局”，但却是“变之骤至，圣人所不能防”的。士大夫们在剧变面前表现了惊惶、忧虑。有些人从“天朝大国”的盲目虚骄的幻梦中逐渐清醒起来，面对现实，反躬自省，鼓起勇气承认中国有不如西洋的地方，甚而摒弃士大夫所尊奉的“春秋攘夷之说”，主张“师夷”，要“夺彼所长，益吾之短”。显然，“师夷长技”的开始是由于外患与内忧所迫，是出于在变局面前要使清王朝能继续统治下去的考虑。人们从所见到的和实际的需要出发，首先是从西方文化中学习“坚船利炮”——兵器。言者如此，行者亦如斯，洋务事业最先办起来的是军事工业。这就把西方文化局限在实利的和应用技术的范围内，还没有能引起文化的更多的重大变革。

随着时间的推移，由主要是学习军事技术进而吸取西洋的器数之学，用机器以殖财养民。当时人们已认识到，兵法、造船、制器以及农渔牧矿诸务，“皆导源于汽学、光学、电学、化学”。也就是说，近代生产及其技术的发展，都是以自然科学的发展为根本，要求强求富就不能只局限于军事技术，也不能只是着眼于造船制器，而必须从自然科学入手。江南制造总局附设翻译馆，翻译了一百几十部自然科学方面的书籍；而李善兰、徐寿父子、华蘅芳等人则在自然科学的研究上做出了杰出的成绩。19 世纪六七十年代至 90 年代中期，中国文化的突出变化是在自然科学和技术方面。

---

①　《马克思恩格斯选集》第 1 卷，691 页。

从着眼于军事技术和制器上升到对科学的认识，无疑是前进了。但它仍然没有摆脱经验科学的局限，事实上则是把西方的自然科学和中国的纲常伦理结合起来。还在1861年冯桂芬撰《校邠庐抗议》主张“采西学”、“制洋器”时，就提出了一条基本宗旨，即“以中国之伦常名教为原本，辅以诸国富强之术”。其意显然，即是中国文化的伦常名教是根本，西方文化的科学技术为辅助，用中国的纲常伦理来包含西方的科学技术。这与19世纪中叶日本的洋学家所主张的“东洋道德，西洋艺术”如出一辙。这种汲取西方文化的观点，虽有对形势变化的认识，所谓“设令炎帝轩辕复生乎今世，其不能不从事于舟车、枪炮、机器者，自然之势也”；也有对务虚名、尚空谈的批判，而趋向于崇实学、实践，但从理论上来考察，则是源于中国传统文化中的道器、体用、本末观。

在主张采西学的士大夫的心目中，中国文化和西方文化有根本的差别，而这种差别从本源上就存在，所谓“中国之洪荒，以圣人制度文物辟之；外国之洪荒，以火轮舟车、机器、电报辟之”。这就是说，中国文化的本质是圣人的道，而西方文化的本质是器物技艺。薛福成把它归结为道与器，他说：“尝谓自有天地以来，所以弥纶于不蔽者，道与器二者而已。……中国所尚者道为重，而西方所精者器为多。”因此，“欲求驭外之术，唯有力图自治，修明前圣制度，勿使有名无实；而于外人所长，亦勿设藩篱以自隘。斯乃道器兼备，不难合四海为一家。盖中国人民之众，物产之丰，才力聪明，礼义纲常之盛，甲于地球诸国，既为天地精灵所聚，则诸国之络绎而来合者，亦理之固然。”①这些言论，是薛福成在代李鸿章答彭孝廉的信中所说的。李鸿章阅后大加赞赏，评为“精凿不磨之作”。李鸿章是这个时期很有影响的洋务派人物，可见这种中西文化道器观是具有代表性的，足以反映出当时的基调。薛福成这封信写于光绪二年(1876)，越三年，即光绪五年，他撰《筹洋刍议》这部名著时，主张“取西人器数之学，以卫吾尧舜禹汤文武周孔之道，俾西人不敢蔑视中华。吾知尧舜禹汤文武周孔复生，未始不有事乎此；而其道

① 薛福成：《庸庵全集·文编》卷二，光绪二十三年(1897)上海醉六堂石印本。

亦必渐被乎八荒，是乃所谓用夏变夷者也”。这里所说，不仅是取外人所长的器，而且要以西方的器来卫护中国的道，进而使中国的道传给西方，让西方也为圣道所教化，达到“用夏变夷”的目的。

“中道西器”论与“中体西用”论实际上是一样的。“中体西用”论的代表人物张之洞在光绪二十四年(1898)的奏折中说：“以中学为体，西学为用，既免迂陋无用之讥，亦杜离经叛道之弊。”这虽然是稍晚说的，但实可概括他从开始办洋务以来的宗旨：中学为本，西学为末，讲西学是为了保存中学，为了卫护纲常名教。辜鸿铭在《张文襄幕府纪闻》中说：“文襄之效西法，非慕欧化也；文襄之图富强，志不在富强也。盖欲借富强以保中国，保中国即所以保名教”。[①]“中体西用”论者也是在于以西方的科学技术来保卫中国的纲常伦理。

“中道西器”或“中体西用”论者与顽固守旧论者显然是不同的，他们比较开明，能因时而变，敢于采西洋器数之学，仿用机器，不像顽固守旧论者那样迂陋拘虚、冥顽愚昧，说出“以忠信为甲胄，礼义为干橹”那样荒唐可笑的话来。然而，礼义忠信本身却是“中道西器”论者所同样拳拳服膺的。他们的理论和实践虽然使中国文化的结构发生了某种程度的变化，但没有能触动它的核心，相反是卫护这个核心。由此可见，正是在儒学世界观这个根本问题上，他们不仅没有发生变化，而且是固守不变的。“中体西用”论者张之洞在戊戌维新变法时可以推行一部分新政，而在核心问题上、在世界观上则与维新派势不两立，根本分歧就在这里。

这种情况，在丁日昌身上也表现得很典型。丁日昌被顽固派称为“丁鬼奴”，与郭嵩焘、李鸿章被时人称为对洋务最有考求的少数几个人。但他在江苏藩司、巡抚任内，为“端风化而正人心”，一方面“尊崇正学”，“通饬所属宣讲《圣谕》，并颁发《小学》各书，饬令认真讲解，俾城乡士民得以目染耳濡，纳身轨物”；另一方面“力黜邪言”，查禁《水浒传》、《红楼梦》、《西厢记》、《牡丹亭》等小说、戏曲、唱本 271 种，并

① 《辜鸿铭文集·张文襄幕府纪闻》，8 页，长沙，岳麓书社，1985。

严禁城厢内外开设戏馆。[①] 他的思想有接受仿效西方制器的一面，但从根本上说，是封建的儒学世界观。

总之，在19世纪六七十年代到90年代中期，文化领域的基本特征是：器唯求新，道唯求旧。尽管科学技术在冲击着传统文化，改变着传统文化的结构，但传统文化没有发生根本性的变化。吸取西方的科学技术是从保卫圣道出发，从属于圣道。这样说并不意味着这个时期仅仅吸取了西方的科学技术，没有受西方文化其他方面的影响，而是就其主导方面而言。

1894年爆发的中日甲午战争，是中国近代史上的一大转折。清政府在甲午战争中惨败于日本，是中国的奇耻大辱；随之而来的是亡国灭种之祸迫在眉睫。极大的社会动荡和刺激，促使人去思考，去探索。蔡锷在1902年写的《军国民篇》中回顾说："甲午一役以后，中国人士不欲为亡国之民者，群起以呼啸叫号，发鼓击钲，声撼大地。或主张变法自强之议，或吹煽开智之说，或立危词以警国民之心，或故自尊大以鼓舞国民之志，未几而薄海内外，风靡响应。"[②]康有为呼号"救亡图存"，孙中山揭橥"振兴中华"，成为这个时期的政治潮流。

政治浪潮的影响推进了文化的发展。甲午战争也成为中国近代文化史上的一个转折点。甲午战争后，随着救亡图存、振兴中华的爱国运动的蓬勃开展，一个新的文化运动也在兴起和发展。"文学救国"、"教育救国"、"科学救国"和"学战"等口号，一个接一个被人们提了出来。文化的地位和作用受到前所未有的重视，以致把它强调到不适当的地步，直到五四前夕的新文化运动，仍然是把文化作为解决中国问题的根本途径提出的。不论这里存在着何种缺点和错误，对于文化的发展无疑是起了积极的推动作用。

严格说来，中国资产阶级文化运动是在甲午战争以后才开展起来的，在这之前只是它的准备阶段。这个文化运动，到五四前夕达到了高

---

① 丁日昌：《抚吴公牍》卷一、卷二，光绪三年(1877)铅印本。

② 毛注青等编：《蔡锷集》，19页，长沙，湖南人民出版社，1983。

潮。之所以说在甲午战争以后才有较完备的资产阶级文化，不仅是由于它的活跃和繁荣，更重要的还因为有了质的变化。如前所述，甲午战争前虽然汲取了西方文化的某些成分，但支配文化各个领域的思想武器还是传统的儒学。战后情况发生了变化，人们从西方资产阶级革命时代的武器库中学来了进化论和民主、平等等项思想武器，用它来批判传统的儒学，批判封建纲常伦理。进化论和民主、平等思想成为各个文化领域的指导思想，而各个文化领域也为宣传民主、自由、平等服务。直到五四前夕的新文化运动，仍然是以民主、平等来反对纲常伦理，并被认为是最根本的问题。事实上在 19 世纪末以后，在知识界里有一部分人的思想主要方面已不是儒学世界观，更不是要用西方的器去保卫中国的圣道，而是资产阶级民主、平等的世界观，并以之与封建文化作斗争。这样，在中国大地上也就破天荒地出现并逐渐形成一个新的知识分子群——资产阶级知识分子群。正是这个资产阶级知识分子群，在推进资产阶级新文化的发展。

这时期中国人对文化问题的认识，也比战前有了进一步的发展和加深。在一些人的论述中，已经注意探讨文化与地理、植物、商业等有关方面的关系。如太孟在《商业发达论》一文中就对文化与商业的关系提出了看法，指出："且流览三千余年泰东西之历史，其典章文物完具整备者，其商业必繁盛。远古至今，其揆若一。希腊握地中海之商业之特权，其文学、美术亦达于极点。意大利法制、美术之进步，则在帝国时代以后，商业极盛之时。封建以后，北欧文学之勃兴则在荷兰诸国海上贸易发达之际。英之政治、学术放特殊之异彩，为文明诸国之先导者，亦由商业之盛兴。若夫是商业之于国力之消长，文化之进退，其关系盖至切也。"[①]上述论断表明作者企图揭示作为观念形态的文化的发展规律，阐明文化之所以发达进步，是由于商业经济繁荣的结果。尽管在今天看来这种论点并不确切，但在当时却是新颖的见解。鲁迅则从社会文化思潮的高度来论述文化问题。他在《文化偏至论》一文中阐述了欧洲从

① 载《江苏》第 3 期。

古代至20世纪文化思潮的发展变化，指出文化总是向深远发展的，20世纪的文明必然是深刻庄严的，不同于19世纪的文明。因而他批评当时有些人毫不注意19世纪末叶的思潮，就急于要从西方输入文化，以致吸收了西方物质文化中最虚伪、最偏颇的东西。

曾经被人们所激烈争论的"用夷变夏"、"中体西用"的问题，虽然还有人在絮叨不休，但已经不那么入时了。一些有见识的知识分子所注视和关心的，是对中西文化进行比较研究，探讨它们之间的异同。1895年严复在《论世变之亟》一文中就对中西文化作了比较，指出："中国最重三纲，而西人首明平等；中国亲亲，而西人尚贤；中国以孝治天下，而西人以公治天下；中国尊主，而西人隆民；中国贵一道而同风，而西人喜党居而州处；中国多忌讳，而西人众讥评。其于财用也，中国重节流，而西人重开源；中国追淳朴，而西人求欢虞。其接物也，中国美谦屈，而西人务发舒；中国尚节文，而西人乐简易。其于为学也，中国夸多识，而西人尊新知。其于祸灾也，中国委天数，而西人恃人力。"①严复虽然声明"未敢遽分其优绌"，实际上是抨击以儒学伦理纲常为核心的封建旧文化，赞扬西方资产阶级的新文化。

民国初年，李大钊、陈独秀等都曾对东西文化作了比较研究。李大钊认为东西文明的根本不同点，是"东洋文明主静，西洋文明主动"。把东西文化的根本差异概括为静和动虽不科学，然而却是作了有益的探讨。尤其是他能比较客观地评价东西文化，反对"执种族之偏见以自高而卑人"，主张"东西文明互有长短，不宜妄为轩轾于其间"，二者"必须时时调和，时时融会，以创造新生命而演进于无疆"。② 这种认为中西文化互有长短，二者必须调和融会以创造新文化的观点，是对中西文化认识的深化，值得肯定。也就在新文化运动时，另一种文化思潮也出现了，这就是"全盘欧化"论。"全盘欧化"论是对"中体"论和封建复古主义的反动，尽管它是民族虚无主义的文化观，但对封建文化起着冲击

① 见《严复集》第1册，3页。

② 《东西文明根本之异点》，载《言治季刊》，1918年7月。

作用。

从甲午战争到五四运动的 20 多年间，概括来说，文化的基本情况是资产阶级新文化体系的形成，并同封建旧文化进行了激烈的反复的斗争；文化本身的问题也已被作为对象来加以探索比较，不同的文化观和文化派别也先后出现。与前一阶段相比，这是近代文化活跃、繁荣、丰富的时期，为五四运动以后中国文化的发展打下了基础。

二、近代文化结构的变化

在考察了近代文化发展的历程和分期之后，下面对近代文化结构及其变化进行概括的论述。

近代文化结构的变化是复杂的、多方面的。

首先是文化构成的变化。如上所述，在鸦片战争以前的封建社会，中国文化是单一的封建文化。在鸦片战争以后，中国社会结构变成复合型的半殖民地半封建社会，文化构成也从单一形态变成复合形态。其构成除去中国固有的封建文化之外，还有帝国主义文化和资产阶级新文化。毛泽东曾对中国近代文化的这种复杂构成做过分析，指出："在中国，有帝国主义文化，这是反映帝国主义在政治、经济上统治或半统治中国的东西。这一部分文化，除了帝国主义在中国直接办理的文化机关之外，还有一些无耻的中国人也在提倡。一切包含奴化思想的文化，都属于这一类。在中国，又有半封建文化，这是反映半封建政治和半封建经济的东西，凡属主张尊孔读经、提倡旧礼教旧思想、反对新文化新思想的人们，都是这类文化的代表。帝国主义文化和半封建文化是非常亲热的两兄弟，它们结成文化上的反动同盟，反对中国的新文化。"他还说："至于新文化，则是在观念形态上反映新政治和新经济的东西，是替新政治新经济服务的。"他所说的新经济是指与封建经济相对立的近代资本主义经济，新政治则是指同这种资本主义新经济同时发生和发展着的新政治力量，即资产阶级、小资产阶级和无产阶级的政治力量。他强调说："而在观念形态上作为这种新的经济力量和新的政治力量之反映并为它们服务的东西，就是新文化。"[①]毛泽东的以上论述对近代中国不同的文化构成及其相互关系作了精辟的说明。

其次是文化内在结构的变化。指出鸦片战争后中国的文化成分由单一的封建文化变为包括封建文化、帝国主义文化和资产阶级新文化的多样文化的特点，无疑十分重要。但是如果对近代文化问题作进一步探讨，仅是指出这种变化就不够了，还必须对文化本体的内在变化进行深入剖析，才能更好地阐明近代中国文化的特点。

以儒学的伦理纲常为核心的封建文化，在漫长的封建社会里也有发展变化。即如儒学本身，宋明时期以儒学融合释、道而成的理学，就是以新儒学的面目出现的。但是，这种变化并不是根本性的变化，只是纲常伦理的体系化、严密化，从而在封建社会里形成了一个儒学文化体系。纲常伦理作为这个文化体系的核心，支配或影响着传统文化的各个部门。在欧洲，"中世纪的历史只知道一种形式的意识形态，即宗教和神学"，"中世纪把意识形态的其他一切形式——哲学、政治、法学，都合并到神学中，使它们成为神学中的科目"。[②] 而在中国封建时代，宗教和神学并没有取得统治地位，占据统治地位的是儒学。传统的哲学、法学、政治理论、教育、史学、文艺、科学等具体文化部门，都直接或间接地成为儒学的从属科目。纲常伦理贯穿在文化的各个领域，成为它们的指导思想。意识形态的其他一切领域，都是为了"扶持名教，砥砺气节"。

在中国士大夫的观念中，纲常伦理是最美好的，又是最根本的。直到鸦片战争以后，西方文化已经在中国传播，中国已经产生了新的文化，他们仍然固守这种观点，鼓吹："五伦之要，百行之原，相传数千年，更无异义。圣人所以为圣人，中国所以为中国，实在于此。"[③]甚且

① 毛泽东：《新民主主义论》，见《毛泽东选集》第2卷，94～95页。

② 《马克思恩格斯选集》第4卷，235、255页。

③ 张之洞：《明纲》，见《劝学篇》下篇，光绪二十四年(1898)中江书院刻本。

认为“礼义纲常之盛，甲于地球诸国”。[①] 因而在纲常伦理受到西方文化的冲击时，就不能不使士大夫们忧心忡忡，忧虑彼教“夺吾尧舜孔孟之席”，担心“孔子之道将废”。他们殚精竭虑地保卫圣道，同时又不无自信地认为儒学必将自东往西，盛行于西方各国，而“大变其陋俗”。对域外大势甚为隔膜的中国士大夫们，半是迷信半是无知。中国已经在西方资本主义国家的侵略下沦为半殖民地半封建社会，这些士大夫却还津津乐道什么“仁之至，义之尽，天理人情之极则”的圣道如果不行于西方，西方人将终古沦于异类，幸好“今此通商诸国，天假其智慧，创火轮舟车以速其至，此圣教将行于泰西之大机括也。……尧舜孔孟之教，当遍行于天地所覆载之区，特自今日为始，造物岂无意哉！”[②]士大夫们梦想的“用夏变夷”到头来也没有实现，越来越严酷的现实倒是“用夷变夏”。“用夏变夷”和“用夷变夏”的问题，实际上成为近代中国长期存在的中学和西学之争的问题，也就是如何对待中国传统文化和西方文化的问题。

中国近代历史发展的进程中，也出现一批头脑清醒、有胆识的先进人物。他们在历史的大变局面前敢于正视现实，承认中国文化有不如西方文化之处，而致力于从西方资产阶级文化中去寻求、探索。从近代史的整个过程来看，这种寻求和探索概括地说，就是科学和民主。

在西方资产阶级文化传播的过程中，中国人对科学主要是自然科学的接受相对要容易一些，而对于民主思想的吸收则要经历较为漫长的岁月。大体说来，是由对它的了解、介绍，进而称赞、接受，到以之批判封建纲常伦理。维新志士们从西方借取了“天赋人权”的思想武器，针对中国“历古无民主”的情况，尖锐地批判君权、批判纲常名教，指出“三纲五伦之惨祸烈毒”，必须“冲决伦常之网罗”，主张“兴民权”、“君末民本”，鼓吹“人人平等，权权平等”的自由、平等思想。以资产阶级的民主、平等观来反对封建的纲常伦理，正是当时新旧文化斗争的焦点。这

---

① 薛福成：《庸庵全集·文编》卷二。

② 李元度：《答友人论异教书》，见《皇朝经世文续编》卷一，光绪十四年(1888)上海图书集成局印本。

种斗争一直延续到五四新文化运动时期。

民主、平等思想的提倡和传播，蔑视了封建纲常伦理的权威，削弱了它支配意识形态一切领域的地位，使中国传统文化结构的核心发生了变化。尽管封建纲常伦理观念还浓厚地存在着，但资产阶级的民主、平等思想却越来越产生广泛而深刻的影响。哲学、法学、政治理论、教育、史学、文艺、习俗等，逐渐以民主、平等为指导思想，并为宣传这种思想服务。中国文化内在结构的这一质的变化，是近代文化不同于古代文化的一个根本点。

再次是文化的部门结构的变化。部门结构的变化，也是近代文化结构变化的一个重要方面。中国封建社会是农业和手工业相结合的自然经济，文化思想在这个基础上产生而又与之相适应，文化的部门分类较粗而简。而在近代社会，不仅文化思潮发生了变化，文化的部门分类也出现了新变化。文化部门分类的变化大致可以分为两种情况：一是原有学科内容、体系的变革；二是新领域、新学科的兴起和发展。下面分门别类就变化的情况作概略的叙述。

1. 哲学

严复翻译《天演论》，系统地把进化论介绍给国人，不仅是对传统儒学的一大冲击，而且也是哲学近代化的一个重要里程碑。随着对古希腊哲学及康德、尼采、叔本华等欧洲近代哲学的介绍，传统的“变易”观、循环论以及直观的经验方法被新的哲学宇宙观和方法论所取代。近代哲学冲破传统儒学的狭隘范围，得到初步确立。有人已经认识到“哲学一家遂为过渡时代转移之目的矣”，具有“唤醒国民之灵魂，持示教科之正轨”①的重要作用。值得注意的是，不仅西方哲学著作被翻译过来，而且有关哲学理论的专著也已出现，侯生编撰的《哲学概论》就是这样一部作品。书中的阐述今天看来难免会感到肤浅以至谬误，但在清末出现诸如“认识论”、“实在论”等概念和探讨一些重要哲学原理都是很新颖的。

① 冯葆瑛：《哲学源流考识》，上海广学会光绪三十二年(1906)印刻。

2. 法学

在民权、平等思潮的影响下，清末对西方资产阶级法学的介绍和研究掀起了一个热潮，从法律定义、法学源流、世界五大法系到国际法、刑法、民法、行政法等进行了多方面的探讨。而沈家本则试图以资产阶级法律来改革中国的封建法律，成为近代法理学的启蒙思想家。

3. 政治学

从19世纪末起，中国知识界出现了介绍西方资产阶级政治学的热潮。知识界的进步分子或者从欧美、或者从日本大量译印这类书籍，所及范围不仅包括西方资产阶级民主政治学说，还包括各国资产阶级民主革命的历史和重要文献，以及资产阶级政治家、思想家生平及学术等方面。卢梭的《民约论》、孟德斯鸠的《万法精理》、美国的《独立宣言》、法国大革命的《人权宣言》等西方民主政治的经典篇章，都在此时被输入国内，受到知识界的青睐。天赋人权、国家概念、民族主义、政体、宪政、地方自治等西方资产阶级政治学中的一系列重要问题，都是人们所关心和探讨的。1906年出版的严复著的《政治讲义》以及孙中山在1917年写的《民权初步》等著作，都是政治学方面的重要成果。另外，无政府主义、社会主义的学说也被介绍进来。

4. 社会学

社会学是在中日甲午战争后传入中国的。章太炎是最早介绍社会学的学者，他于1902年翻译出版了日本学者的著作《社会学》。1903年，严复翻译的《群学肄言》出版，系统地介绍了英国著名社会学家斯宾塞的学说。康有为、梁启超、谭嗣同等维新志士都先后接受了社会学观念，视之为重要的思想武器。此外，有关社会学的译著主要有马君武译的《社会学原理》(斯宾塞著)、吴建常译的《社会学理论》(美国吉丁斯著)等。1906年京师法政学堂所订章程，把《社会学》课列入政科政治门第一学年课程表内。1908年上海圣约翰大学和1913年上海沪江大学都聘美国学者讲授社会学。1915年，陶孟和与梁宇皋合著的《中国农村与都市生活》一书用英文在英国出版；1918年，陈长蘅的《中国人口论》刊行。这两部著作是较早出版的中国学者关于社会学方面的学术著作。

5. 经济学

西方资产阶级经济学是输入中国较早的一门学科。19世纪六七十年代，洋务派创办的京师同文馆就已经开设《富国策》的课程，讲授包括英国经济学家亚当·斯密经济主张在内的西方经济学理论。中日甲午战争后，严复等人开始系统地介绍西方近代经济学，为这一新学科在中国的确立奠定了基础。严复翻译的《原富》，系亚当·斯密的名著，系统阐述了英国古典经济学的基本原理，输入了一系列新的学科名词，如“岁殖”(即年产值)、“支费”(即消费)、“母财”(即资本)、“分功”(即分工)、“赢率”(即利润率)、“功力”(即劳动)、“庸”(即工资)、“计学”(即经济学)等，开阔了中国人的眼界。1903年商务印书馆译印了日本学者持地六三郎编著的《经济通论》。该书不仅对经济学的体系、结构、沿革、学派作了扼要的介绍，而且还注意阐述经济学与哲学、生理学、逻辑学、卫生学等其他学科的相辅相成的关系。作者指出：“证诸历史，经济学之发生，全基于哲学，其发达亦借哲学之力居多。且论理与经济学尤有至大之关系。经济学渐除其谬见，而达于正论者，因用论理学研究方法故也”。[①] 他所说的论理学即逻辑学。值得注意的是，马克思的经济学说也得到介绍。1906年朱执信在《民报》发表了《德意志社会革命家小传》一文，扼要介绍了马克思的《资本史》(即《剩余价值学说史》)及《资本论》，并按照自己的理解着重介绍了马克思的劳动价值论、剩余价值论，指出：“马尔克认为，资本家者，掠夺者也。其行，盗贼也。其所得者，一出于朘削劳动以自肥尔”。他高度评价说：“马尔克所论，为社会学者所共尊，至今不衰。”朱执信在当时虽然并不完全理解马克思经济学说的真谛，但他的介绍和评论为社会主义学说的传播作出了独特的贡献。随着西方近代经济理论的传播，中国的近代经济学说逐渐形成，孙中山的民生主义学说、张謇的“棉铁主义”理论，就是其中的典型代表。

6. 教育

鸦片战争以后，西方资产阶级教育思想的传播不断地冲击着中国的

---

① 《经济通论》，39页，光绪二十九年(1903)五月刊。

封建教育思想和制度。王韬、郑观应等进步思想家抨击科举制度，主张推行西学教育，在社会上产生了一定的影响。洋务运动、戊戌维新冲击了旧的教育制度。至清末则废科举、兴学校，建立起了新的教育制度。军国民教育、国民教育、实利教育、美感教育等资产阶级教育思想和新的教学方法、教科书的编印，都表现了教育领域的根本变革。《教育学》、《教育通论》一类著述的发表，则标志着资产阶级教育理论开始建立。

7. 史学

由于中国的闭关局面被打破，要求了解西方、学习西方的思潮在发展，从而引起了对外国历史的介绍和论述。《海国图志》、《瀛环志略》等一批述及域外史地的著作问世，突破了传统史学的狭隘性，开阔了史学研究的领域。不过只是在从理论上和体系上批判了封建史学、建立资产阶级新史学后，才使史学领域发生了深刻的变化。梁启超撰写的《中国史叙论》和《新史学》，成为“史界革命”的开端。用这种观点来编写中国历史的第一部著作，是1904年出版的夏曾佑的《中学中国历史教科书》(后改名《中国古代史》)。

8. 文艺

首先是文艺理论受到西方的强烈影响，对于文艺的特点、社会作用、创作方法等重要理论问题都有所论述。鲁迅对外国文学作了精辟的评介。而应用西方的哲学和美学理论来研究中国文艺最有成绩的要算王国维，他对小说、戏曲和词的研究是开创性的。文艺创作也发生了重大变化，领域有新的开拓。即以新领域而言，翻译小说的繁荣，话剧的兴起，电影的放映以至摄制，油画的介绍，漫画成为独立的画种，西洋乐器的应用和学堂乐歌的传播，使文艺领域呈现出多姿多彩的风貌。

9. 语言学

鸦片战争以后外来词汇和创造新词的大量增加，使汉语构成起了很大的变化。19世纪末以后出现的切音、简字、注音字母、白话文运动，是要求改革中国文字、统一中国语言，使言文一致。而语法学是语言文化的一个新兴部门。马建忠应用西洋语法学来研究汉语语法，著《马氏文通》，成为中国第一部系统地研究汉语语法的专著，为汉语语法学奠定了基础。

10. 自然科学

中国古代社会科学技术曾有过光辉成就，但近代意义的科学技术却是鸦片战争后从西方输入并日渐传播的。声、光、化、电、医、算等科学技术的各个门类，几乎都有所介绍和研究。李善兰、徐寿、华蘅芳、詹天佑等，是近代中国一批有成就的科学家。在科学技术的流传和发展过程中，分类也趋向专门化。如地理这一领域，除自然地理、绘图等外，还有地质学、地文学；而地文学实际上包含政治地理学和文化地理学在内。西医学也有较细的学科分类，除医、药外，还有关于卫生保健和卫生行政管理的卫生学以及看护学。

11. 传播媒介及其他文化设施

报刊社、出版社、图书馆、博物馆等文化设施，随着中国社会的逐渐开化而陆续出现，成为新兴的文化部门。大致说来，这些机构在中日甲午战争以前，多数由外国人创办，只有少数几个单位掌握在华人之手。甲午战争后，中国出现了新文化发展的高潮，以资产阶级维新派、革命派为主体的新型知识分子积极投入新式文化事业建设，推动了近代报刊、出版、图书馆、博物馆等事业的发展。其中近代报刊业发展最为蓬勃，近代出版事业也有长足发展。西方先进的印刷机械技术的输入，新式出版机构的创办，以及大量出版物的发行，使中国传统印刷业为之改观。随着近代新文化的发展，新式的图书馆取代了藏书楼。

从以上列举的粗略情况可以看出，由于西方文化的广泛影响，近代文化的各个专门领域都发生了变化。资产阶级思想和研究方法在改变着传统的文化领域，新领域的开拓、新学科的建立使近代文化变得丰富而复杂，这是古代文化所不能比拟的。应该说，这是历史的发展和进步。

第三章　近代中西文化问题的论争

西方文化的东渐，不可避免地要与中国固有文化发生交汇、碰撞。这就给中国人提出了文化选择的问题，而中西文化问题的论争也就随之而起。明末清初，欧洲耶稣会传教士来华传教，也带来了天文、数学、地理学等西学。这曾经在中国士大夫中间引起了不同的反响，大体上有两种不同的态度。徐光启、李之藻、梅文鼎等对西学表现出欢迎的态度，并与传教士合作译书，引进西学。而沈漼、冷守中、杨光先等人则对西学采取排斥的态度，斥责西学为“奇技淫巧”。这两种不同观点时常发生争论，其中围绕“修历”问题而引起的争端自明末延续至清初。后来，由于清政府实行闭关政策，西学输入停止，中西文化问题的论争因之也不复存在。中西文化问题论争的再起，导源于1840年鸦片战争以后西学的重新东渐。

一、洋务运动中的文化论争

在两次鸦片战争之间，19世纪四五十年代，面对着西方列强坚船利炮的冲击和西方文化的输入，一些有识之士首先作出积极的反应，林则徐、魏源、姚莹、徐继畬、洪仁玕、冯桂芬等都在一定程度上承认西方文化有先进性，提出了学习西方的主张。从林则徐、魏源的“师夷长技”到冯桂芬的“采西学”、“制洋器”，这些思想虽然在当时社会上产生的影响很有限，但它反映了时代发展的脉搏，代表了中国近代文化发展的新趋向。当然，任何一种新思想的萌发，都会遇到阻力，都不可能一帆风顺地向前发展。在鸦片战争后的20年间，士大夫中间仍然笼罩着封建的思想体系，抵拒向西方学习。即使在有些留心时务、比较开明的人士中，对学习西方也是持反对态度。如梁廷枏，他重视了解、介绍西方的情况，但对“师夷长技”的主张却很反感，认为“天朝全盛之日，既资其力，又师其能，延其人而受其学，失体孰甚。……反求胜夷之道于夷也，古今无是理”。①

1860年第二次鸦片战争以后，清政府为了应付严重的内政外交的危机，开始举办洋务。林则徐、魏源提出的“师夷长技”的主张，经过将近20年的徘徊，总算开始付诸实行。随着洋务运动的开展，中西文化论争也拉开了序幕。

洋务运动时期的中西文化论争主要是在封建士大夫阶层中展开的。一方是洋务派，一方是顽固派；前者主张有选择地吸收西方的技艺，后者则排斥一切外来文化。双方的参与者尽管都是清政府的官僚士大夫，都抱着维护清朝统治的根本宗旨，但从思想文化的角度来看，则有开明与守旧之分。在洋务运动开展的三十多年间，洋务派和顽固派在“采西学”、“制洋器”的问题上尖锐对立，几乎在每一项较大的洋务改革的事情上都发生过激烈的争执。其中影响较大的争论主要有这样几次：19世纪60年代后期的京师同文馆招收科甲正途人员学习天文算学之争，80年代的修筑铁路之争和派遣留学生之争。这些论争的问题尽管很具体，但其实质则反映了两派士人对中西文化的不同看法。

顽固派对于西学始终采取拒绝的态度，用陈腐的“夷夏之辨”观念看待西方国家，视之为“犬羊之国”、“夷族蛮邦”。他们不仅鄙视西方的政教风俗，而且拒不承认西方的经济技术有任何先进性值得中国效法。守旧官员杨廷熙说：“历代之言天文者中国为精，言数学者中国为最，言方技艺术者中国为备。……恐西学之轮船机器未必有如此幽深微妙

① 梁廷枏：《夷氛闻记》卷五，172页，北京，中华书局，1959。

矣”。[1] 西方的“技艺”不过是败坏人心的“奇技淫巧”，如果在中国实行就有“以夷变夏”的危险。大学士倭仁公开表示：“如以天文、算学必须讲习，博采旁求，必有精其术者，何必夷人？何必师事夷人？”他们认为，以孔孟儒学为代表的“中学”是万古无弊的“圣道”，包罗了解决天下一切问题的灵丹妙药，即使在出现千古未有之变局的情况下，也无须对“中学”作丝毫变通，只能虔诚信奉。用倭仁的话来说就是：“立国之道，尚礼义不尚权谋；根本之图，在人心不在技艺。”[2]总之，顽固派把“中学”看得十全十美，全盘肯定；把“西学”视为“异端邪说”，拒绝接受，甚至连学习西方的经济技术也不允许。这种冥顽不化的观念是中国传统文化中的守旧性和惰力的反映。

洋务派不同意顽固派的以上见解，对顽固派散布的荒谬论调提出许多批评。他们在论争中的思想主张是“中学为体，西学为用”，即用西方先进的经验技术来维持中国的君主专制制度和纲常名教。这种观点与顽固派的主张有共同之处，也有不同之处。洋务派在对待“中学”的问题上与顽固派一样，都是孔孟儒学的信徒和封建制度的捍卫者。但是，洋务派对待西方文化的态度要比顽固派开明，能够以务实的思想肯定西方物质文化的先进性和实用性，明确表示接纳的态度。力主兴办洋务的恭亲王奕䜣，在与倭仁辩论京师同文馆是否有必要设天文算学馆、招收科甲正途人员入馆学习时指出：“洋人制胜之道，专以轮船、火器为先……又本之天文度数，参以勾股算法，故能巧法其中。”[3]设立天文算学馆，正是在于学习西方的科学技术，以“徐图自强”。他驳斥倭仁所谓向西方学习天文算学是“师事夷人”，“尽驱中国之人咸归于夷”的说法，指出这是“以道学鸣高”，故作危言耸听之论，于实际毫无用处。洋务派与顽固派对待西方文化不同的态度，在关于修筑铁路的问题上也充分地表现出来。1880 年淮系将领刘铭传向清廷建议修筑铁路，遭到顽固派的强烈

---

① 《洋务运动》第 2 册，45 页。

② 同上书，30 页。

③ 同上书，32 页。

反对，其中以刘锡鸿尤为恶劣。刘锡鸿曾担任过清政府驻英国副使，他以知情者的身份竭力反对修筑铁路，说什么“不可行者八，无利者八，有害者九”。[①] 李鸿章等人则支持修铁路的建议，指出“人心由拙而巧，器用由粗而精，风尚由分而合，此天地自然之势”，修铁路有“九大利”，绝不是“用夷变夏”的坏事，而是“利国利民，可大可久”的富国强兵之道。[②] 这也说明洋务派不仅能够面对现实，敢于承认西方物质文化的先进性，而且还看到掌握这种先进科学技术已经成为势在必行的了。

从近代思想发展趋势来看，洋务运动时期的中西文化论争冲击了守旧思想，尤其是传统的“夷夏之辨”观念。论争还为西学在中国的传播制造了舆论，提高了西学在中国的地位，有利于近代讲习西学风气的形成。但也应看到，在这个时期，洋务派对于西方文化的认识还很肤浅。他们中的多数人对西方文化的认同主要是在自然科学和技术方面，而对西方的社会科学和政治制度则很隔膜，甚至视为“异端”，加以排斥。这就决定了当时的中西文化论争只涉及要不要学习西方物质文化这样层次较低的问题，并不是从整体上讨论中西文化长短得失，带有很大的局限性。“中体西用”论作为沟通中西文化的最初思想模式，也存在着严重的缺陷。它不仅把“中学”中的纲常名教和“西学”中的自然科学技术机械地拼凑起来，人为地割裂了中西文化的内在联系，而且在二者结合的新的思想构架中，把“西学”置于“中学”的从属地位，用“中学”束缚、制约“西学”的发展，使它的“体”和“用”实际上处于无法解脱的矛盾之中。这种结合在理论上缺乏内在的逻辑性，在实践中是行不通的。

二、戊戌维新运动时期的文化论争

甲午战败后，19 世纪的最后几年间，中国越来越深地陷入半殖民

① 《洋务运动》第 6 册，154 页。

② 同上书，141 页。

地的困境，面临着被西方列强瓜分豆剖的危险。为了挽救民族危机，资产阶级维新派领导和发动了维新变法运动。在文化方面，维新派吸收了西方的哲学、社会科学学说，以进化论和民权平等思想批判封建主义意识形态。由于新阶级、新思想的出现，19 世纪末的中国文化思想领域呈现出活跃的局面，这为中西文化论争的深入开展提供了新的历史背景。论争的内容无论是在深度上还是在广度上都远远超过以前的认识水平，反映出近代中国文化意识上的进步。

戊戌维新运动是中国近代史上由康有为等维新派领导的一次政治斗争，也是一次影响深远的思想解放运动。维新派与守旧派在文化的许多问题上进行了尖锐、激烈的斗争，这些斗争实质上是新旧文化观的斗争。两派之间论争的问题很多，归纳起来主要有这样三方面：一是君主立宪与君主专制之争；二是民权平等与三纲五伦之争；三是学校与科举之争。论争的实质是中国继续在封建主义的死胡同中徘徊，还是走资本主义道路的问题。

以康有为为首的维新派鉴于中国的历史与现实，认为中国之所以积贫积弱、落后于他人的根本原因，并不是洋务派所说的只是"器用不如人"，而是实行的政治制度——封建君主专制的黑暗腐败。要挽救民族危机，使中国转弱为强，就必须对政治制度实行变革，用君主立宪制取代君主专制。他们用近代的进化论、"天赋人权"论、自由民主思想为武器，猛烈地抨击封建主义意识形态，揭露封建专制制度的黑暗与腐败。康有为在《上清帝第二书》中指出："夫中国大病，首在壅塞，气郁生疾，咽塞致死。"所谓"壅塞"，就是指君主专制导致的上下隔绝、民情不通的政治弊病。梁启超对清兵入关时屠杀人民的罪行表示了义愤。谭嗣同用同样的历史事实证明了清皇朝的专制统治比历史上辽、金、元等朝代还要野蛮残暴，斥责清朝皇帝的荒淫奢侈"与隋炀、明武不少异"。他还引用法国大革命传诵一时的"誓杀尽天下君主，使流血满地球，以泄万民之恨"的话[①]来表达对君主专制统治的义愤。在抨击君主专制的同时，

① 谭嗣同：《仁学》，见《谭嗣同全集》下册，345 页，北京，中华书局，1981。

维新派对三纲五伦观念也进行了激烈的批判。他们从民权平等的观念出发，认为追求民权平等是人类生来就有的本性，而三纲五伦则专讲等级尊卑，违反人的本性，给人民带来灾难和痛苦。在当时的维新志士中，谭嗣同对三纲五伦的抨击最为猛烈。他在著名的《仁学》一书中把三纲五伦称为束缚人心的"网罗"，斥责"三纲之慑人，足以破其胆，而杀其灵魂"，发出"冲决君主之网罗"，"冲决伦常之网罗"的呼唤，并对这些禁锢思想的精神教条作了逐条批驳。此外，维新派还对科举制度进行鞭挞。严复把科举制度的弊病归结为"锢智慧"、"坏心术"、"滋游手"，其结果"使天下消磨岁月于无用之地，堕坏志节于冥昧之中，长人虚骄，昏人神智，上不足以辅国家，下不足以资事畜，破坏人才，国随贫弱。此之不除，徒补苴罅漏，张皇幽渺，无益也"。[①] 受到清皇朝竭力扶植的封建正统学术宋学、汉学，也遭到维新派的批判。严复把汉学、宋学的流弊概括为四个字，即"无用""无实"。他认为，"所托愈高，去实滋远。徒多伪道，何裨民生"，"均之无救危亡而已"。[②]

维新派不仅对封建主义的文化进行批评，而且对资本主义新文化予以积极提倡。他们主张"大讲西学"，其内容既包括西方的自然科学技术，也包括西方的政治制度和社会科学学说，认识水平远远超过了中日甲午战争之前的洋务派和早期维新思想家。在政治上，针对封建君主专制的专断独裁，维新派提出君主立宪制的主张。维新派利用自己所掌握的宣传舆论工具，不断刊登鼓吹设议院、变政体的文章，如梁启超的《古议院考》、《变法通议》、《论中国积弱由于防弊》、《论君政民政相嬗之理》，唐才常的《各国政教公理总论》，严复的《辟韩》、《原强》等，都是当时影响很大的阐述政治改革和民权政治的重要作品。他们不仅从理论上和实践上论述了君主立宪政体的优越性，实行它的必要性和可能性，而且还用进化论阐述了君主立宪制取代君主专制的必然性。梁启超指出：从"君主之世"进化到"君民共主之世"，再进化到"民政之世"，是

① 严复：《救亡决论》，见《严复集》第1册，43页。
② 同上书，44页。

人类社会发展必然经历的几个阶段，“与地球始有人类以来之年限有相关之理。未及其世，不能躐之；既及其世，不能阙之”。[①] 这反映出维新派对政体改革所具的自信心。在批判三纲五伦的封建伦理道德的基础上，维新派提倡民权、自由、平等的新的道德原则。严复认为，如果人民享受不到自由平等的权利，缺乏独立自主的意识，实行民权政治便是一句空话。为此，他提出“自由为体，民主为用”的主张，认为中国在争取民权政治的同时，必须使人民拥有广泛的社会权利。他在《原强》、《论救亡之亟》等文章中提出的自由权利，包括言论自由、人人平等、人身不受侵犯、保护私有财产等方面的内容。在维新派看来，要实现民权、自由、平等，使国家富强，就在于更新国民的素质。严复说：“是以今日要政，统于三端：一曰鼓民力，二曰开民智，三曰新民德。”[②]把宣传、提倡新道德，更新国民道德素质提到“要政”的高度。梁启超也认为：“言自强于今日，以开通民智为第一义。”[③]而要开通民智，就必须废除科举，兴办学校。梁启超指出：“变法之本，在育人才，人才之兴，在开学校，学校之立，在废科举。”[④]他把废科举、立学校看成是存亡强弱的根本，说：“亡而存之，废而举之，愚而智之，弱而强之，条理万端，皆归本于学校。”[⑤]曾任《时务报》经理的汪康年也撰文指出：“今日振兴之策，首在育人才。育人才，则必新学术。新学术，则必改科举，设学堂，立学会，建藏书楼。”[⑥]维新派还认识到，要开民智、立学校，“非讲西学不可”。为此，他们十分注意宣传介绍西方国家的学术，尤其是西方的哲学、社会学、政治学等知识。达尔文的进化论、斯宾塞的社会学、卢梭的契约论等，都是在这个时期引进中国的。在引进西方学术方面，他们突破了洋务派的局限性，进入一个更高的层次。

---

① 梁启超：《论君政民政相嬗之理》，见《饮冰室合集》文集之二，7 页。

② 严复：《原强》，见《严复集》第 1 册，27 页。

③ 《变法通议》，见《饮冰室合集》文集之一，14 页。

④ 同上书，10 页。

⑤ 同上书，19 页。

⑥ 《论中国求富强宜筹易行之法》，载《时务报》第 13 册。

站在维新派对立面的，是由顽固派和洋务派组成的封建守旧势力。他们之间的冲突是新兴资产阶级和腐朽的封建地主阶级之间的斗争在思想文化领域中的反映。戊戌维新运动兴起之后，封建守旧派就敏锐地察觉出其中的“危害性”，视其为“异端邪说”、“洪水猛兽”，便在“翼教”、“护圣”的旗号下集结起来，对维新派及其思潮进行抨击。他们不仅著书立说，对维新派进行攻击中伤，而且还组织党羽殴打维新人士，捣毁学堂、报馆，甚至上书清朝当局，要求用武力镇压维新派的活动，气焰十分嚣张。苏舆编辑的《翼教丛编》和张之洞撰写的《劝学篇》是集中反映守旧派思想观点的两部代表作，在当时起的作用甚为恶劣。

与维新派相反，守旧派坚持陈腐的“天不变，道亦不变”的形而上学宇宙观和君权论，把君主专制说成是万古不易的大经大法，认为中国的君主专制是开天辟地以来最完美无缺的制度，远比西方的政体优越。他们一方面吹捧清朝统治“远轶汉唐，比隆三代”，一方面攻击西方国家的政体如何“荒谬绝伦”，“无复人理”。王仁俊危言耸听地说，中国如果实行了西方的政治制度，“不十年而二十三行省变为盗贼渊薮”，“不十年而四万万之种夷于禽兽矣”。他断言“民主万不可设，民权万不可重，议院万不可变通”。[①] 守旧派还竭力维护封建主义的纲常名教，视之为永恒不变的精神教条。张之洞在《劝学篇》中鼓吹“君为臣纲，父为子纲，夫为妻纲”都是“不可得与民变革者也”。叶德辉也表示：“孔子之制在三纲五常，而亦尧舜以来相传之治道也。三代虽有损益，百世不可变更。”[②]在他们看来，三纲五伦所规定的等级尊卑好比头冠足履、日昼月夜一样，丝毫不能改变，说什么如果没有纲常名教、不讲等级尊卑，人类将不成其为人类，中国也不成其为中国。他们对维新派所宣传的自由平等思想、所提倡的新道德极端仇视，认为是败坏纲常的祸根。湖南儒生曾廉在给朝廷上的一封奏折中说：“今天下之患，莫大于以西学乱圣

① 王仁俊：《实学平议》，见《翼教丛编》卷三，16页。

② 叶德辉：《读西学书法书后》，见《翼教丛编》卷四。

人之道，堕忠孝之常经。”[①]他所说的“西学”，就是指“泰西民权平等之说”。守旧派把抵制民权平等思想的传播，看作是维护封建统治秩序的当务之急。正如张之洞所说：“故知君臣三纲，则民权之说不可行也；知父子之纲，则父子同罪，免丧废祀之说不可行也；知夫妇之纲，则男女平权之说不可行也。”[②]科举制度在维新派看来腐朽不堪，而在守旧派的眼中却是须臾不可缺少的宝贝。曾廉居然为这一行将进入历史博物馆的腐朽物唱赞歌，说什么科举制把“读书、做人、为文”融为一体，是“光大圣道”、兴国育才最好的办法。他认为科举制不仅无弊，而且还是改变中国衰败状况的一剂良药。他说：“欲去其欲速见小之心，则必自正制义始矣。制义正而后心术端，心术端而后人才兴，人才兴而后进不负朝廷求贤之意，退亦可终老敝庐而有所以穷。”[③]

戊戌维新运动时期，维新派与守旧派之间的论争异常尖锐激烈，正如杨深秀所说：“其守旧者，谓新法概宜屏绝；其开新者，谓旧习概宜扫除。小则见诸论说，大则形诸奏牍，互相水火，有如仇雠。”[④]这不仅是一场影响深远的思想斗争，而且也是具有初步完整意义的中西文化论争。作为新兴阶级的政治代表，维新派清醒地看到封建文化已经落后于时代，迫切要求改变中国的落后面貌，更新旧传统。这种更新不是单纯在传统文化的圈子内进行自我调整，而是通过吸收西方文化来实现传统的变革。在对待外来文化的态度上，维新派显示出更为开阔的眼界和胸怀，不仅主张接纳西方的声、光、化、电等科学技术，而且积极主张在政治制度和社会科学学说等方面学习和借鉴别人的长处。这无疑为中国文化的发展开辟了一条新的道路，顺应了中国近代历史前进的方向。与维新派相反，守旧派顽固地维护封建文化，拒绝接受西方文化有益的成分，窒息了中国文化发展的活力，与时代潮流的发展趋势相违背。可以说，维新派的文化主张是新兴资产阶级对中国社会近代化前途作出的文

---

① 曾廉：《应诏上封事》，见《戊戌变法》第2册，493页。

② 张之洞：《明纲》，见《劝学篇》下篇，13页。

③ 曾廉：《与诸生徒论制义》，见《蠡庵集》卷十八。

④ 《山东道监察御史杨深秀折》，见《戊戌变法档案史料》，1页，北京，中华书局，1958。

化选择，守旧派的文化主张则反映出没落阶级企图保持封建旧传统、旧秩序而作出的文化选择。

三、辛亥革命时期的文化论争

进入20世纪初，中西文化问题的论争主要是在资产阶级、小资产阶级知识分子中间展开的。主要表现为民主共和与君主立宪之争、“欧化”与“国粹”之争。

20世纪初，孙中山领导的民主革命蓬勃发展。他们要以武力推翻封建君主专制的清政府，建立资产阶级共和国。而以康有为为代表的维新派，在变法失败后，仍然走改良的道路，希求清政府实行君主立宪。资产阶级革命派和改良派之间发生了民主共和与君主立宪的争论。还在1905年以前，这两个派别就围绕着要不要进行民主革命的问题展开了辩论。1905年同盟会成立后，双方论战全面展开，进入高潮。这场论争不仅表现了革命派和改良派在政治斗争中采取的不同纲领、路线和策略上的对立，而且反映出双方对中西国情政情的不同看法及取舍上的差异，既有政治斗争的性质，又带有文化思想冲突的特征。在文化选择的问题上，无论是革命派，还是改良派，都反对封建守旧派一味固守封建文化、反对吸收外来文化的保守态度，主张积极向西方学习。两派的文化倾向具有一致性，又有不同之处。他们之间的不同在于是走民主共和的道路，还是走君主立宪的道路。

改良派的前身是戊戌变法时期的维新派，康有为是这一派的思想领袖。他的改良思想本来就带有明显的封建意识，在资产阶级民主革命已经成为不可逆转的历史潮流的情况下，仍然坚持已经过时的君主立宪政治主张，显然落后于时代。尤其是康有为等人不仅继续鼓吹君主立宪的老调，而且还流露出对君主专制的怀恋之情，美化和吹捧封建旧文化、旧制度，成为革命潮流发展的绊脚石。他们发表了一系列文章，鼓吹“保皇复辟”论，认为光绪皇帝是千载难逢的“圣君”，是中国振兴的希望所在，必须竭诚拥戴。中国现存的种种灾难都是慈禧太后、荣禄一班祸国殃民的国贼造成的，与帝制无干。为了反驳革命派对清皇朝暴虐统治的揭露批判，康有为一反昔日抨击君主专制的进步立场，反过来对历史上的封建王朝和现存的清皇朝评功摆好，称中国历代“明君圣贤”一贯“爱民如子”，清朝实行的“仁政”尤多，使中国人民早就享受到充分的自由、平等之权了。他还认为中国的封建伦理道德之美胜过西方国家，说：“若以道德论之，则中国人数千年以来受圣经之训，承宋学之俗，以仁让为贵，以孝悌为尚，以忠敬为美，以气节名义相砥，而不以奢靡淫佚奔竞为尚，则谓中国胜于欧、美人可也。”[①]他对中国传统文化中的封建性因素作了较多的保留。在对西方政治文化的态度上，康有为等人选择了君主立宪而反对民主共和。梁启超在《清议报》第81册发表《立宪法政》，宣称“君主立宪者，政体之最良者也”，为“永绝乱萌之政体也”。康有为称赞欧洲的君主立宪国家“为民之仁政，备举周悉，法律明备，政治修饬，彬彬喬喬，光明妙严”。而对民主革命和共和制度则大加丑化，把法国资产阶级大革命贬为“酷毒民贼”领导的“妄行杀戮，惨无天日”的“恐怖之世”。[②] 其结论是君主制固然不好，民主制更加糟糕，最理想的政体“唯有君主立宪之一途”。1906年年初，梁启超在《新民丛报》发表的《开明专制论》提出更为落后的观点：“与其共和，不如君主立宪，与其君主立宪，又不如开明专制。”显然退到君主论的立场上。

在与改良派的论战中，革命派以孙中山的三民主义为思想旗帜。这个主义不仅是中国资产阶级民主革命的产物，而且是近代中国中西文化融合的结晶，反映了资产阶级革命派的政治主张和文化观念。革命派的思想主张与改良派截然不同，不仅彻底否定了帝制，而且还批判了走君主立宪道路的主张，旗帜鲜明地提出了为实现共和制而斗争的战斗口号。他们与改良派的论争既有政治斗争的性质，又带有文化思想冲突的特征。

---

① 康有为：《物质救国论》，见汤志钧编：《康有为政论集》上册，568页。

② 康有为：《法国革命史论》，载《新民丛报》第85期。

革命派以西方资产阶级民主思想为武器，对封建君主专制展开猛烈的批判，指出君主专制给国家和人民带来深重灾难，是导致中国贫困落后的根源。正如孙中山所说："中国数千年来都是君主专制政体，这种政体，不是平等自由的国民所堪受的。"[①]企望这样的政府对人民慈悲，接受君主立宪，无异于与虎谋皮。在批判封建文化方面，革命派比当年的维新派有了更大的进展，已经把批判的锋芒指向封建社会的"至圣先师"孔子，公开宣称孔孟之道"必不能合现在的时候"，号召国人"做现在革命的圣贤，不要做那忠君法古的圣贤"。[②] 在对待西方文化的态度上，革命派赞同西方的民主共和制度。陈天华明确表示："近世言政治比较者，自非有国拘流梏之见存，则莫不曰：共和善，共和善。"中国"而求乎最美最宜之政体，亦宜莫共和若"。[③] 因为民主共和制度真正体现了"天赋人权"和"平等、自由、博爱"的精神，能够恢复国民固有的人权，全面体现"民意"，是取代专制政体、医治专制制度积弊的"良药宝方"。革命派对西方民主共和制度的肯定是以一种新的、进步的文化观念为依据。他们摒弃了盲目排外、尊己骄人的传统守旧偏见，用理智的态度看待中西文化，认同不同文化交流的重要性。对于外来文化不仅要欢迎，而且还要"取法乎上"，即吸收其先进的优秀的成分，达到后来居上的目的。革命派选择民主共和、否定君主立宪，正是本着这样的文化价值标准而作出的判断。

20 世纪初，"欧化"与"国粹"的论争同样引人注目。在辛亥革命时期，无论是欧化论者，还是国粹论者，其基本成员都是由新型知识分子所组成。只是国粹派中的不少人旧学根底深厚，与封建士大夫阶层有着较多的联系；欧化论者大都受过系统的西方教育，多留学于欧美、日本。

近代中国的国粹思潮萌芽于 19 世纪末，形成于 20 世纪初。1905

---

① 孙中山：《在东京〈民报〉创刊周年庆祝大会的演说》，见《孙中山全集》第 1 卷，325 页。

② 君衍：《法古》，载《童子世界》第 31 号。

③ 陈天华：《论中国宜改创民主政体》，载《民报》第 1 期。

年，广东学者邓实在上海主持成立“国学保存会”，创办《国粹学报》，公开亮出国粹派的思想旗帜。这份刊物既是国学保存会的机关刊物，也是国粹思想的主要论坛。国粹派是民主革命阵营中的一个思想流派，在一定程度上肯定和吸收西方文化，与地主阶级守旧派维护封建统治的思想有着本质的不同。他们的主张有两点值得注意：一是对孔子和儒学不是作为圣人和圣经来崇拜，而是作为历史人物和文献典籍来分析研究。他们强调，“国学”不是“君学”，不是“孔学”。就是说，儒学从独尊的统治地位降为普通的学术流派。他们尖锐批评儒家思想，认为“儒学之病，在以利禄富贵为心”，“儒术之言，则在淆乱人之思想”。[①] 国粹派在反对独尊儒学的同时，提倡诸子学，弘扬明末清初顾炎武、黄宗羲、王夫之、颜元等人的学说。他们用新理论来研究诸子学，如章太炎撰写了《诸子学略说》、刘师培发表了《周末学术史序》等。国粹派把发扬国粹看作是“复兴古学”，甚至比之于如 15 世纪欧洲的文艺复兴，而不是如封建守旧派和洋务派那样以保存国粹来维护封建礼教，要人崇拜孔教。二是针对“醉心欧化”者的民族虚无主义思想，要用发扬国粹来“激动种性，增进爱国的热肠”，从中国传统文化中寻求“排满光复”的助力。他们批评“醉心欧化”的人说：“以为中国之变，古未有其变，中国之学，诚不足以救中国。于是醉心欧化，举一事，革一弊，至于风俗习惯之各不相侔者，靡不唯东西之学说是依。慨谓吾国固奴隶之国，而学固奴隶之学也。”[②]但是，国粹派中有些人把中国文化说成是“精神之学”，西方文化为“形质之学”，这种将精神和形质截然分开去界定一种文化的观点，无疑是不科学的。正是由于他们往往过分强调发扬国粹，因而不可避免地偏重旧学而轻薄西学，有些人甚至把封建纲常名教当作“吾族之灵魂”加以颂扬。国粹派注意了文化的传承性和民族性，但忽视了文化的创新性和时代性。

---

① 章太炎：《诸子学略说》，见《章太炎政论选集》上册，289、291 页，北京，中华书局，1977。

② 黄节：《国粹学报叙》，载《国粹学报》第 1 期。

“欧化”论者大多受过系统的西方教育，对世界大势比较了解，因而对中国固有文化存在的落后面有着深切的感受，在谈论中国固有文化时往往表现出愤激的心情，侧重于对它的揭露和抨击。他们的批评，有些切中传统文化中存在的弊病，表现出反封建的精神。但与此同时，却不恰当地对传统文化采取虚无主义的态度，盲目否定一切，正如章太炎所说：“近来有一种欧化主义的人，总说中国人比西洋人所差甚远，所以自甘暴弃，说中国必定灭亡，黄种必定剿绝。因为他不晓得中国的长处，见得别无所爱，就把爱国爱种的心，一日衰薄一日。”[①]鲁迅在所撰的文章中，也批评这种轻薄自己民族国家的错误倾向，指出“见中国式微，则虽一石一花亦加轻薄”。[②] 当时就有人主张把中医书籍“付之一炬”，鼓吹完全废汉字，认为中国的国粹“已属过去之陈迹”，尤当早于今日陈诸博物馆”。[③] 另一方面，“欧化”论者对西方则盲目崇拜，“尊西士为圣神，崇欧人为贵种”，[④] 鼓吹“彻底输入文明”。在吴趼人的作品《上海游骖录》第八回中，通过一个知识分子之口作了描述：“此刻中国万事万物，都应改革，譬如一所旧房子，已经东倾西圮的了，若不是通身拆卸，重新起造，徒然换一两根庭柱，是断乎收拾不好的。……不如拆了中国房子，改一所外国洋房住，岂不舒服。”这虽然是小说，但却具体形象地反映了清末存在的醉心欧化的社会现象和心态。“欧化”论者注意了文化的创新性和时代性，注意文化“无分于东西”，要吸收西方的新文明，但认为“万事当以进化为衡”，忽视东西文化各有创造、各有特点，从而抹杀了文化的传承性和民族性，陷入民族文化虚无主义，助长崇洋媚外思想的蔓延。

顽固保守固有文化，或者只限吸收西方的形质、技艺；反之，完全醉心欧化，一切照搬西方，都不是正确对待中国固有文化和西方文化的态度。因此，资产阶级革命派中的一些人对偏颇、错误的思想主张提出

---

① 《演说录》，载《民报》第 6 号。

② 《破恶声论》，载《河南》第 8 期。

③ 反：《国粹之处分》，载《新世纪》第 44 号。

④ 《论中国对外思想的变迁》，载《警钟日报》，1904-06-21。

了批评，指出："闻之开新、守旧两派之言矣。开新者曰：欲造新中国，必将中国一切旧学扫而空之，尽取泰西之学，一一施于吾国。守旧者曰：我欲强我国，行我古代圣王之法而有余，不必外求，或但取其艺学。二家之见，所谓楚则失矣，齐亦未为得也。"他们认为，不论对于中国文化或西方文化，都不应该是一概接受或一概排斥，而要加以具体分析："夫我国之学，可遵守而保持者固多，然不合于世界大势之所趋者亦不少，故对于外来之学不可不罗致之。他国之学固优于我国，然一国有一国之风俗习惯，夏裘而冬葛，北辙而南辕，不亦为识者所齿冷乎！然则对于我国固有之学，不可一概菲薄，当思有以发明而光辉之；对于外国输入之学，不可一概拒绝，当思开户以欢迎之"。总的原则应该是："吸食与保存两主义并行"，"拾其精英，弃其糟粕"，而"于西学庶免食而不化之讥，于中学冀呈晦变明之象"。[①] 他们对待中西文化的态度，是"合数千年吾国国学之精粹，各取其长，进而参考东西各科之新理，以求其是"，也就是要"融会东西之学说"。[②] 或者如有的文章所说的："取东西而熔为一冶，发挥之，光大之，青青于蓝，冰寒于水，岂非由二者调和而生耶？"[③]融会中西文化，目的在于创造近代新文化。鲁迅在当时就明确提出，这种新文化应是："外之既不后于世界之思潮，内之仍弗失固有之血脉，取今复古，别立新宗。"[④]

在20世纪初的文化论争中，政治体制的选择仍然是人们关注的问题。革命派和改良派论争的结果是民主共和胜于君主立宪，使更多的中国人选择了民主共和国的方案。这不仅是革命进程中的问题，也是中国人在文化观念上的进步。在关于"欧化"和"国粹"的论争中，应该说融会中西以创造新文化的见解是有积极意义的，是符合文化发展的轨道的。像中国这样一个落后于世界潮流的历史文化悠久的大国，要想迎头赶上、独立富强，既不可能拒绝吸收西方资本主义文化，也不能否定自己

① 师姜：《学术沿革之概论》，载《醒狮》第1期。
② 凡人：《开通学术议》，载《河南》第5期。
③ 《叙论》，载《湖北学生界》第1期。
④ 《文化偏至论》，载《河南》第7期。

的文化传统、全盘照搬西方文化，只能根据中国的实际，对中西古今文化取其精华、弃其糟粕，融会贯通，创造发展新文化。

四、五四新文化运动期间的文化论争

辛亥革命以后，随着新文化运动的兴起，出现了一场比以往更为深广的关于中西文化问题的论争。

袁世凯窃取了辛亥革命的果实后，实行专制独裁统治，搞帝制复辟活动。因此，他公开命令尊孔读经，企图在“保存国粹”的幌子下，加强对人民的思想控制。前清的一批遗老遗少、守旧文人墨客趁机活跃起来，掀起了一股尊孔复古的逆流。从1912年起，各地纷纷成立各种名目的尊孔复古组织，其中影响最大的是康有为的孔教会。康有为俨然以当代孔圣人自居，对辛亥革命后废除尊孔读经深表不满，说什么“亘古未有之变，俎豆废祀，弦诵绝声，大惊深忧”；[①] “灭国不是计”，而灭孔教“是与灭种同其惨祸”。他认为封建伦理纲常人人不能偏离，否则，举国将成“丧心病狂，国为离魂”。[②] 康有为及孔教会还掀起请愿活动，要求中国当“以孔教为国教”，“编入宪法”。在康有为主办的《不忍》杂志(1913年2月创办)上，连篇累牍地攻击共和制，鼓吹非孔教、非复辟不能救中国。

针对尊孔复古的逆流，资产阶级、小资产阶级知识分子在思想文化领域里发动了一场新的斗争。1915年9月，陈独秀创办《青年杂志》(后改称《新青年》)，举起科学和民主两面大旗，向腐朽的封建思想文化展开了猛烈的冲击。先进的知识分子表现出了宏伟的气魄，他们所要解决的问题不仅是文化，而是要救国、要“再造中华”。他们发动新文化运动，正是由专制复辟的社会政治现实引发出来的，从政治到文化，由文

① 《致北京孔教会电》，见《康有为政论集》下册，921页。
② 《中国学会报题词》，见《康有为政论集》下册，799页。

化到解决政治。"这腐旧思想布满国中，所以我们要诚心巩固共和国体，非将这班反对共和的伦理文学等旧思想，完全洗刷得干干净净不可。否则不但共和政治不能进行，就是这块共和招牌；也是挂不住的。"[①]所以，新文化运动的倡导者们对泛滥于思想文化领域的封建复古思潮进行了深入的批判，从而把中西文化问题的论争推向一个新的阶段。

从总体上说，新文化运动所针对的问题的焦点是孔教及其纲常名教。新文化运动的倡导者和参加者，如陈独秀、李大钊、吴虞、鲁迅、易白沙等人，都撰文给予抨击。他们的主要论点，归纳起来，大致有以下几点：

第一，以进化论的观点来阐明孔子之道不适应于现代社会生活，不能编入宪法，不能定为国教。陈独秀认为："文明进化之社会，其学说之兴废，恒时时视其社会之生活状态为变迁"。[②]"'孔教'本失灵之偶像，过去之化石，应于民主国宪法，不生问题"。[③]李大钊也指出，社会、道德都是进化发展的，"孔子之道，施于今日之社会为不适于生存"；[④]"孔子者，数千年前之残骸枯骨也。宪法者，现代国民之血气精神也。以数千年前之残骸枯骨，入于现代国民之血气精神所结晶之宪法，则其宪法将为陈腐死人之宪法，非我辈生人之宪法也"。[⑤]

第二，以民权、平等思想来揭示维护专制制度的孔教与之背道而驰，反对将孔教定入宪法。李大钊断言："孔子者，历代帝王专制之护符也。宪法者，现代自由之证券也。专制不能容于自由，即孔子不当存于宪法。"[⑥]陈独秀也强调说：民主共和国重在平等精神，孔教重在尊卑阶级，"若一方面既然承认共和国体，一方面又要保存孔教，理论上实在是不通，事实上实在是做不到"。[⑦]他还指出，尊孔是为了复辟，"盖

① 陈独秀：《旧思想与国体问题》，载《新青年》第3卷第3号。

② 《孔子之道与现代生活》，载《新青年》第2卷第4号。

③ 《宪法与孔教》，载《新青年》第2卷第3号。

④ 《自然的伦理观与孔子》，见《李大钊文集》上册，264页，北京，人民出版社，1984。

⑤ 《孔子与宪法》，见《李大钊文集》上册，258页。

⑥ 同上。

⑦ 陈独秀：《旧思想与国体问题》。

主张尊孔，势必立君；主张立君，势必复辟”。①

第三，集中批判封建纲常名教，认为孔教的精神是礼教，是别尊卑明贵贱的阶级制度，“儒者以纲常立教，为人子为人妻者，既失个人之独立人格，复无个人之独立财产”，完全成为附属品。陈独秀还批驳康有为等人攻击辛亥革命民主共和思想涌起造成“道德衰堕”、“世风浇薄”的谬论，指出：“共和思想流入以来，民德尤为大进。黄花岗七十二士，同日为国就义，扶老助弱，举止从容。至今思之，令人垂泪！中国前史，有此美谈乎?”②他们并不否认其时社会上仍然存在着“黑暗”、“卑污”、“罪恶”与“祸患”，但这些“都是‘过去’所遗留的宿孽，断断不是‘现在’造的。全归咎于‘现在’是断断不能受的。要想改变他，但当努力以创造将来，不当努力以回复‘过去’”。③ 鲁迅的《狂人日记》、《我之节烈观》，吴虞的《家族制度为专制主义之根据论》、《儒家主张阶级制度之实》、《吃人礼教》等，也都是揭露封建礼教的罪恶，尖锐批判忠、孝、节等封建伦理道德的危害。

需要指出，新文化运动的倡导者对孔子及其学说并没有完全否定。陈独秀明确表示，“反对孔教，并不是反对孔子个人，也不是说他在古代社会无价值”，④ 孔学是“当时社会之名产”，“使其于当时社会无价值，当然不能发生且流传至于今日”。⑤ 之所以“不满于儒家者，以其分别男女尊卑过甚，不合于现代社会之生活”。⑥ 李大钊也认为：“孔子于其生存时代之社会，确足为其社会之中枢，确足为其时代之圣哲，其说亦确足以代表其社会其时代之道德”。他还表示：“余之掊击孔子，非掊击孔子之本身，乃掊击孔子为历代君主所雕塑之偶像的权威也；非掊击孔子，乃掊击专制政治之灵魂也。”⑦

---

① 《复辟与尊孔》，载《新青年》第 3 卷第 6 号。
② 《孔子之道与现代生活》，载《新青年》第 2 卷第 4 号。
③ 《“今”》，见《李大钊文集》上册，534 页。
④ 《孔教研究》，载《每周评论》第 20 号。
⑤ 《答常乃悳》(孔教)，载《新青年》第 3 卷第 2 号。
⑥ 《阴阳家》，载《新青年》第 5 卷第 1 号。
⑦ 《自然的伦理观与孔子》，见《李大钊文集》上册，263～264 页。

新文化运动的另一个重要内容是"文学革命"，即提倡白话文、反对文言文，提倡新文学、反对旧文学。关于旧文学，陈独秀等人在于反对旧文学中不适用的部分，对小说、戏曲则很重视，并提高其地位。

新文化运动的发展，引起了一些守旧派和封建文化卫护者的反对，对它进行攻击。刘师培等于1919年1月组织《国故》月刊社，鼓吹以"昌明中国固有之学术为宗旨"，反对新文化运动。林纾(琴南)也在《申报》发表影射小说《荆生》、《妖梦》，攻击陈独秀、钱玄同、胡适等人，煽动军阀以强力压制新文化运动。同时又在《公言报》发表《致蔡鹤卿(元培)太史书》，攻击新文化运动是"覆孔孟，铲伦常"，"尽废古书，行用土语为文字"，是"叛亲蔑伦"，"人头畜鸣"。蔡元培公开发表《致〈公言报〉函并附答林琴南君函》，强调了"循思想自由原则，取兼容并包主义"，有力地维护了新文化运动。

新文化运动倡导者和参加者在与康有为、林纾等人论争的同时，又与杜亚泉等人进行了论争。从1916年起，《东方杂志》的主编杜亚泉以"伧父"为笔名，连续发表文章抨击新文化运动，与陈独秀等人进行论争。他认为中国文明是"静的文明"，西方文明是"动的文明"，而"动的文明"要"以静为基础"。"西洋文明与吾国固有之文明，乃性质之异，而非程度之差；而吾国固有之文明，正是以救西洋文明之弊，济西洋文明之穷"。① 他指责新思想、新文化自西方输入，"直与猩红热、梅毒等之输入无异"，破坏了以儒家思想为举国上下衡量是非的统一标准，造成"人心迷乱"、"国是丧失"、"精神破产"。要结束这种"混乱的局面"，只有以儒家思想来加以"统整"，使西洋学说"融合于吾固有文明之中"，"融合西洋思想以统整世界之文明，则非特吾人之自身得赖以救济，全世界之救济亦在于是。"②不难看出，杜亚泉对中西文化的主张是保守的，实质上仍然是"中体西用"论在新的历史条件下的再现。

杜亚泉对新文化运动的抨击，在知识界产生颇大的影响，因而不能

---

① 《静的文明与动的文明》，载《东方杂志》第13卷第10号。

② 《迷乱之现代人心》，载《东方杂志》第15卷第4号。

不引起陈独秀、李大钊等人的重视，并给予认真的反驳。1918 年，李大钊发表了《东西文明根本之异点》一文。[①] 他和杜亚泉一样，也将中西文化的特性概括为“静的文明”和“动的文明”，这是不科学的。但是，李大钊不同于杜亚泉，他反复指出西方文明比东方文明“实居优越之域”，批评如杜亚泉等人那种只会指摘“西方物质文明之疲穷，不自认东洋精神文明之颓废”的虚骄心理，主张应当下决心“竭力以受西洋文明之特长，济吾静止文明之穷”。陈独秀更是严厉地批评杜亚泉所谓输入西方文明引起“精神破产”、“人心迷乱”的论调，指出：文艺复兴以后的欧洲文明，显然已胜过中国文明，不输入欧洲文化，固有的文明能保民族竞存于 20 世纪吗？在共和政体之下，提倡保存“国是”，当作何解？“谓之迷乱，谓之谋叛共和民国，不亦宜乎”。[②]

在这场中西文化问题的论争中，新文化运动倡导者宣传新思想、新文化，批判旧思想、旧文化，主流无疑是正确的，体现了中国社会历史发展的方向。这场运动在政治和思想文化上给封建主义以空前的沉重打击，破除了封建教条对人们思想的束缚，对中国人民特别是知识青年的觉醒起了巨大作用。这是在新的历史条件下又一次思想解放的潮流，它促使人们更迫切追求救国救民的真理，为马克思主义在中国传播创造了有利的条件。而保守派则站在它的对立面加以反对，鼓吹尊孔读经，维护儒家的文化传统，从根本上说是错误的，是逆潮流而动的。但是，新文化运动的倡导者也存在着绝对化、简单化的缺点和错误，例如陈独秀就认为，“无论政治学术道德文章，西洋的法子和中国的法子，绝对是两样”，“若是决计守旧，一切都应该采用中国的老法子”，“若是决计革新，一切都应该采用西洋的新法子”，“因为新旧两种法子，好像水火冰炭，断断不能相容”。[③] 他们强调文化的时代性和不同社会发展程度的差异性，但忽视甚至否认文化的传承性和民族性。杜亚泉等人看到了文

---

① 载《言治季刊》第 3 期，1918 年 7 月。

② 《质问〈东方杂志〉记者》，载《新青年》第 5 卷第 3 号。

③ 《今日中国之政治问题》，载《新青年》第 5 卷第 1 号。

化的传承性和民族性，但忽视甚至否认文化的时代性和不同社会发展程度的差异性。这都缺乏科学的分析态度，因此，激烈的争论并没有使问题得到真正的解决。

中西文化问题是近代中国社会出现的一个重要问题，它受到各派人士的关注。对于这个问题的论争连续不断，可以说伴随着整个近代的历史进程，反映了近代历史的发展变化。在五四运动以前，中西文化问题的论争实质上是资产阶级新文化反对封建主义旧文化的斗争，是如何对待中国固有文化和西方文化、建设中国近代文化的问题。在论争过程中，人们的认识逐步深化，但问题并没有解决。五四运动后，中西文化问题的争论更广泛地展开。

第四章　“西学中源”说和“中体西用”论

在中国近代文化演变的过程中，曾流行过形形色色的文化观，“中学为体，西学为用”即“中体西用”论和“西学源于中国”说(以下简称“西学中源”说)，是两种颇具代表性的文化观，曾在19世纪后期和20世纪初广泛流传，产生过深刻的社会影响。研究中国近代文化，离不开对这两种文化观的探讨。

一、“西学中源”说的历史考察

“中体西用”论和“西学中源”说都是在西学传入中土后，在中国士人中形成的文化观。比较而言，“西学中源”说的形成先于“中体西用”论。明末清初，欧洲耶稣会传教士来华传教，也带来了天文、数学、地理学等西学。当时的士大夫徐光启、李之藻、梅文鼎等人已经感触到中西科学发展的差距，积极与西士合作译书，引进西学，并提出了认同西学的思想观点。“西学中源”说就是在这个时期产生的。黄宗羲曾著《西洋历法假如》、《授时历法假如》等，认为“勾股之术，乃周公、商高之遗，而后人失之，使西人得以窃其传”。[①] 这种说法实开“西学中源”说的先河。其后，经康熙帝的钦定，王锡阐、梅文鼎的发挥，“西学中源”说逐步流行。甚至连外国传教士也把代数学(Algebra)的译名“阿尔热巴喇”转译

---

① 凌扬藻：《蠡勺编》卷三十一，7页，同治二年南海伍氏刻本。

为“东来法”或“中国法”，以取悦当时的统治者，保住在华传教的一席之地。清朝初年，张廷玉主持编纂的《明史》曾对这种观点作过较为系统的叙述：“西洋人之来中土者，皆自称欧罗巴人，其历法与回回同，而加精密。尝考前代，远国之人言历法者多在西域，而东南北无闻。盖尧命羲、和仲叔分宅四方，羲仲、羲叔、和叔则以嵎夷、南交、朔方为限，独和仲但曰‘宅西’，而不限以地，岂非当时声教之西被者远哉。至于周末，畴人子弟分散。西域、天方诸国，接壤西陲，非若东南有大海之阻，又无极北严寒之畏，则抱书器而西征，势固便也。欧罗巴在回回西，其风俗相类，而好奇喜新竞胜之习过之。故其历法与回回同源，而世世增修，遂非回回所及，亦其好胜之俗为之也。羲、和既失其守，古籍之可见者，仅有《周髀》。而西人浑盖通宪之器，寒热五带之说，地圆之理，正方之法，皆不能出《周髀》范围，亦可知其源流之所自矣。夫旁搜博采以续千百年之坠绪，亦礼失求野之意也。”[①]这段话至少包括了这样几层意思：第一，肯定西法“精密”，具有优越性；第二，西法俱来自中国，是远古和仲“宅西”和先秦“畴人子弟分散”传去的，西法内容不出《周髀》范围；第三，中国采用西法不过是“以续千百年之坠绪，亦礼失求野之意”，不能看为“以夷变夏”。此话尽管对西法的源流作了错误的判断，但还是反映出对外来文化的一种认同态度。“西学中源”说给西学在中国落户留下了一片空间。

雍正帝时，清政府驱逐传教士，中西文化间的沟通遂告中断。士大夫沉湎考据，西学弃置不讲，几成绝学。然而，“西学中源”说在一些有识见的士大夫的著述中仍不乏提到。嘉道年间的著名学者阮元在《畴人传》、《续畴人传序》及《揅经室集》等论著中谈到：“西法实窃取于中国，前人论之已详。地圆之说本乎曾子，九重之论见于《楚辞》，凡彼所谓至精极妙者，皆如借根仿之本为东来法”；[②]“九重本诸《天问》，借根仿自

① 《明史》卷三十一，第3册，544～545页，北京，中华书局，1984。

② 《畴人传》，凡例，上海，商务印书馆，1935。

天元，西人亦未始不暗袭我中土之成说成法，而改易其名色耳”。[①] 阮元的言论主要是针对明末徐光启等人崇尚西学、扬今抑古而发，从根本上说是维护中国的古学，但其中包含着试图会通中西科学的意思，所谓“中之与西，枝叶虽分，而本干则一”，不应“强生畛域”。[②] 在扬中抑外的考据之风充斥学坛的时代，能够提出这种见解亦属难能可贵。阮元等人的看法，对近代时期的“西学中源”说产生了影响。

鸦片战争以后，西学伴随着西方列强的炮舰、鸦片涌入中国，在士大夫中引起震动。在两次鸦片战争间的近 20 年，一批有见识的士大夫如林则徐、魏源、梁廷枏、徐继畬等，著书立说，介绍西学，在平静、沉闷的中国思想界激起一波微澜。随着对西学的考求，“西学中源”说再次被人提起。林昌彝说：“外夷奇器，其始皆出中华，久之中华失其传，而外夷袭之。”广东人温训且作诗云：“西夷制器虽奇巧，半是中华旧制来。”[③]梁廷枏也坚持这种观点，指出：“彼之大炮，始自明初，大率因中国地雷飞炮之旧而推广之。夹板舟，亦郑和所图而予之者。即其算学所称东来之借根法，亦得自中国。”[④]可见，尽管他们是当时的开明士人，仍然摆脱不了传统观念的束缚，“西学中源”说依旧是他们看待外来物的理论依据和视角。不过王韬在 1858 年曾为《中西通书》(英国传教士伟烈亚力编辑)写过一篇序，提到“古犹太历与中国夏、商之初不甚相远”，[⑤] 认为古时中外历法相同并世。然而，这仅是王韬在天文历法方面的一得之愚，从认识总体上说，他还没有摆脱“西学中源”说的窠臼。他在若干年后写的一篇文章中又说：“铜壶沙漏，璇玑玉衡，中国已有之于唐虞之世……火器之制，宋时已有，如金人之守汴，元人之攻襄阳，何尝不恃火炮，其由中国传入可知也。”[⑥]

---

① 《续畴人传序》，光绪二十二年(1896)刊本。
② 阮元：《里堂学算记序》，见《揅经室集》下册，682 页，北京，中华书局，1993。
③ 林昌彝：《射鹰楼诗话》卷三，43 页，上海，上海古籍出版社，1988。
④ 梁廷枏：《夷氛闻记》，172 页。
⑤ 方行、汤志钧整理：《王韬日记》，18 页，北京，中华书局，1987。
⑥ 王韬：《变法上》，见《弢园文录外编》卷一，11 页，北京，中华书局，1959。

从19世纪60年代初开始，清政府兴办“洋务”。随着近代企业的兴办和西方科技知识的引进，西学不仅在中国植根，而且传播益广，影响益深。相应地，“西学中源”说也得到充分的阐发和传诵。一时间，无论是洋务派，还是早期维新派；无论是开明者，还是守旧者，都把它看成理解和论述中西文化关系的理论依据。

洋务派领袖奕䜣在驳斥倭仁反对在同文馆增设天文算学馆时，曾用“西学中源”说作为依据，他说：“查西术之借根，实本于中术之天元，彼西土犹目为东来法。特其人情性缜密，善于运思，遂能推陈出新，擅名海外耳。其实法固中国之法也。天文算术如此，其余亦无不如此。中国创其法，西人袭之。”所以，并不是“舍中法而从西人”。[①] 作为洋务思想的发轫者，冯桂芬指出：“中华扶舆灵秀，磅礴而郁积，巢、燧、羲、轩数神圣，前民利用所创始。诸夷晚出，何尝不窃我绪余。”[②]此外，阐发“西学中源”说的著述，还有袁祖志的《淡瀛录》，张自牧的《蠡测卮言》、《瀛海论》，郑观应的《盛世危言》，汤震的《危言》，陈炽的《庸书》，薛福成的《庸庵文集》，王之春的《国朝柔远记》，黄遵宪的《日本国志》，以及郭嵩焘、曾纪泽等人的出使日记等。其中郑观应的论述较为系统。

郑观应的论述主要集中在《盛世危言》中的《西学》、《道器》等篇。他认为，西方国家的商政、兵法、制造等“实无一不精”，“皆导源于汽学、光学、化学、电学”，而时人却据此“以为西法创自西人”，完全是错谬的。在他看来，中土文明创始最早，为各国文明形成的源头。不仅“星气之占始于臾区，勾股之学始于隶首，地图之学始于髀盖，九章之术始于周礼”，就是西方近世的声光化电诸学，亦无不源于中国。他指出：“一则化学，古所载铄金腐水，离木同重，体合类异，二体不合不类。此化学之出于我也。一则重学，古所谓均发，均悬轻重而发绝，其不均也均，其绝也莫绝。此重学之出于我也。一则光学，古云‘临鉴立影’：二光夹一光，足被下光，故成影于上，首被上光，故成影于下，近中所

① 《洋务运动》第2册，24页。

② 冯桂芬：《制洋器议》，见《校邠庐抗议》卷下，70页，光绪二十三年(1897)聚丰坊刻本。

鉴大影亦大，远中所鉴小影亦小。此光学之出于我也。一则气学，亢仓子：蜕地之谓水，蜕水之谓气。此气学之出于我也。一则电学，关尹子：石击石生光，雷电缘气以生，亦可为之；淮南子：阴阳相薄为雷，激扬为电。此电学之出于我也。”[①]他还指出西方工艺之所以精巧，是由于中国“自《大学》亡《格致》一篇，《周礼》缺《冬官》一册，古人名物象数之学，流徙而入泰西，其工艺之精，遂远非中国所及”。至于中学落后于西学的原因，他认为：“盖我务其本，彼逐其末；我晰其精，彼得其粗。我穷事物之理，彼研万物之质。秦汉以还，中原板荡，文物无存，学人莫窥制作之原，循空文而高谈性理。于是我堕于虚，彼征诸实。”[②]在他看来，中学蹈虚，西学务实，是导致中衰西盛的主要原因。进而，他对当时中国学界充斥的务虚不务实的学风和崇尚八股诗文的科举制度进行了抨击，指出：“自学者骛虚而避实，遂以浮华无实之八股，与小楷试帖之专工，汩没性灵，虚费时日，率天下而入于无用之地，而中学日见其荒，西学遂莫窥其蕴矣。”由此，他得出结论，中国人学习西学是“所谓礼失而求诸野者”，是“以中国本有之学还之于中国”。[③]

洋务运动时期流行的“西学中源”说，主要表现为以下三个特点：

第一，诸人所说西学主要指自然科学技术，因此，论者是在技艺层面上来阐述“西学出于中国”的。无论是郑观应的《盛世危言》，还是张自牧的《蠡测厄言》、《瀛海论》，谈论的大都不出声、光、化、电等格致学源出于中国的范围，并没有超出明末清初时的认识水平。

第二，“西学中源”说的主要作用表现为时人对西学的认同，有利于西学在中国传播。任何一种思想观念都可以被有不同需要的人所用，作不同的理解。“西学中源”说也是如此，开明士人可以用它为传播西学辩护，守旧分子也可以把它当成扬中抑西的根据。但从总体上看，这种观点在当时更多的是充当了为传播西学辩护的理论依据，起到积极的作

---

① 郑观应：《盛世危言》，见《郑观应集》上册，274～275页，上海，上海人民出版社，1982。

② 同上书，242～243页。

③ 同上书，275～276页。

用。尤其在洋务运动期间发生的中西文化论战中，它成为洋务派回击守旧派反对西学的思想武器。前面所说的奕䜣针对倭仁等守旧派的责难而提出的驳论，正是以此论为据。他还举出当年康熙帝“任用西人为台官”的实例，以证明采用西学不是“舍中法而从西人”，从而驳斥了倭仁等人“用夷变夏”的攻击，争得了朝廷的支持。清廷在这场争论的最后下了一道总结性的上谕，声称：“朝廷设立同文馆，取用正途学习，原以天文、算学为儒者所当知，不得目为机巧。正途人员用心较精，则学习自易，亦于读书学道无所偏废。是以派令徐继畬总管其事，以专责成。习西法者，不过借西法以印证中法，并非舍圣道而入歧途，何至有碍于人心士习耶？”[①]“西学中源”说的作用由此可见。

第三，随着对西方认识的加深，某些有识之士对“西学中源”说中的一些观点产生怀疑。其中表现突出的，是对清初以来一直流行的“东来法”提出质疑。薛福成引用西人的话指出，所谓“东来法”，“实系译者之讹”。他说：“西人之明算学者则力辨之，谓译阿尔热巴喇为东来法者，实系译者之讹。且云千余年前，希腊、印度等国已传其法，但不能如今日之精耳。”[②]王韬不但大胆质疑，而且还提出新见解，认为“东来法”确属源出东方，但不是源于中国，而是源于印度。他指出：“盖欧洲之学，其始皆根于印度，由渐而西。”[③]

中日甲午战争后，随着资产阶级启蒙思潮的兴起，传统的“夷夏之辨”观念受到猛烈冲击，近代文化意识逐渐形成，一些有识之士开始对“西学中源”说加以反思，承认中西文化各有源头，并非独出中国。唐才常说：“泰西之学，胥源希腊；希腊盛时，与埃及、波斯、印度等国，互相观劘。”[④]徐仁铸、梁启超等人也有类似的说法。然而，由于传统观念的历史惯性，“西学中源”说仍然被不少人所称道，至少在19世纪末20世纪初，它仍然是很流行的文化观念。如康有为的《孔子改制考》，

① 《洋务运动》第2册，29～30页。
② 薛福成：《出使英法义比四国日记》，266页，长沙，岳麓书社，1985。
③ 王韬：《各国教门说》，见《弢园文录外编》卷七，208页。
④ 唐才常：《尊新》，见《唐才常集》，32页，北京，中华书局，1980。

梁启超的《西学书目表后序》，王仁俊的《格致古微》、《格致精华录》，唐才常的《历代商政与欧洲各国同异考》，谭嗣同的《论今日西学与中国古学》，皮锡瑞的《南学会第二次讲义》，孙诒让的《周礼政要》，宋育仁的《泰西采风记》，刘师培的《中国民约精义》等著述，都曾论及“西学中源”或与之类似的观点。由于中国社会在这个时期发生了深刻的变化，人们对“西学中源”的理解和阐发也有了变化。概括说来，主要表现在以下几个方面。

首先，人们对西学的认识更加全面，从自然科学技术扩展到社会科学，对“西学中源”的附会阐释从而便从艺学扩展到政学，实际是鼓吹“西政出于中国”论。

在此之前，早期维新派在介绍西方政治制度时，就认为其议会制度中国“古已有之”。陈炽曾说：“泰西议院之法，本古人悬鞀建铎、闾师党正之遗意；合君民为一体，通上下为一心，即孟子所称庶人在官者。”[①]郑观应则反复引用《尚书》、《左传》、《孟子》等书中的话来加以论证，断言：“议院乃上古遗意，固非西法，亦非创辟之论。”[②]这种观点对康有为、梁启超发生了影响，他们极力主张议院创于中国，认为：“春秋改制，即立宪法，后王奉之，以至于今。……今各国所行，实得吾先圣之经义。”[③]梁启超还写了一篇《古议院考》，为此说作历史论证，认为古时虽无议院之名，但圣贤哲王施政已经寓含其意。“《洪范》之卿士，《孟子》之诸大夫，上议院也；《洪范》之庶人，《孟子》之国人，下议院也。……此良法美意，岂能特创，盖必于三代明王遗制有所受之矣。”[④]具有代表性的是王仁俊写的《格致古微》。该书共6卷，从《易经》、《诗经》等儒家典籍、《史记》、《汉书》等史书及诸子著作中，辑出近200则史料，分别从自然科学、商、工、政、俗等21个方面，来说明“西学出

---

① 陈炽：《议院》，见《庸书外篇》卷下，1页，光绪二十四年(1898)成都志古堂刻本。

② 郑观应：《盛世危言》，见《郑观应集》上册，第323号。

③ 康有为：《请定立宪开国会折》，见《戊戌变法》(中国近代史资料丛刊)第2册，236页，上海，神州国光社，1953。

④ 《饮冰室合集》文集之一，95页。

于中国”。作者认为，不仅西学、西法出于中国，而且西政亦出于中国。他说：“民主于古有说乎？曰：有。《墨子·尚同》：‘是故选天下之贤者，立以为天子。’此其嫡据。墨翟书又言曰：‘又欲使万国之君，从事乎一同；非攻以天下之君，繇为攻伐，谓为天下巨蠹。’此犹泰西合众国立民主之滥觞。”[①]不过，他如此论证的目的与梁启超不同，是为了反对维新派政体改革主张而言。在他看来，虽然议院、民主中国古已有之，但它并不是中国文化的正统，而是一种“异端邪说”。中国千百年来相安无事，就是因为不重民主。只是由于西学东渐，民主回归，才使中国不得安宁。如他所说：“夫以二千余年前中国放斥迸逐之言，不意二千余年后竟支离蔓延，流毒我四万万黄种。”这是站在保守的立场鼓吹“西学中源”说。

其次，鼓吹中西文化相合说。中日甲午战争后，尤其在20世纪初年，由于人们对西方文化有了较为深入和全面的了解，对“西学中源”说的局限性有所反省，于是提出中西文化相合说以为修正。这种观点承认中西文化各有源头，西方文化并非源于中国。但它仍然认为近代西方社会的种种制度、文化在中国古已有之，把中西文化作简单的比附，在思想方法上仍然没有摆脱“西学中源”说的窠臼。

晚清著名学者孙诒让写的《周礼政要》系统阐发西政暗合《周礼》的观点，很具代表性。他在《周礼政要序》中说：“中国开化四千年，而文明之盛莫尚于周。故《周礼》一经，政法之精详，与今泰东西诸国所以致富强者，若合符契。然则华盛顿、拿破仑、卢梭、斯密亚丹之论所经营而讲贯，今人所指为西政之最新者，吾二千年之旧政已发其端。”在这种思想指导下，孙诒让把周代三询之法与近代议院制，周代三刺之制与陪审制度，周代司布之官与商部，周代的国学、郊学、乡遂之学与近代大、中、小学都进行比附，认为都具有相合之处。因此，学习西政是符合“圣人之道”，合乎《周礼》的精神。“远法成周，近采西制”[②]是他得出的

① 王仁俊：《实学平议·民主驳议》，见《翼教丛编》卷三，17～18页。

② 孙诒让：《周礼政要》卷二，光绪三十年(1904)上海书局石印本。

结论。孙诒让的中西文化相合说与康有为的“托古改制”主张，有着异曲同工之妙。

刘师培的《中国民约精义》(与林獬合编)则是论述民主中西相合说的重要著作。该书成于1903年，从上起孔、孟下迄龚自珍、魏源的历代名人的著作中，辑录了180余条体现反专制精神的言论，凡5万余言。作者在每段后面，均用卢梭《民约论》中的观点与这些史料进行比附，评论古圣与西哲之间的相通之处和相异之点，以期沟通中西，建立中国的“民约”思想体系。作者认为，西方人引以为豪的近代民主思想，在中国古代典籍中都可以找到。《尚书》中的“民为邦本，本固邦宁”，“天视自我民视，天听自我民听”，已经含有“民约”论精髓。他还说：“吾观泰西民主之国，选举议院之权操于国民，弹劾总统之权操于上议院。孟子之立法殆即此意也。”[①]他对《周礼》颇为推崇，认为“《周官》之制，与议院之制同”；“观于《周礼》一书，而知古代民权之伸，几等于欧西各国，讵不善哉。”[②]刘师培与时人一样，把中国的远古三代理想化，称三代之时已经是平等、自由的社会。即使三代以后，中国尚有遗意。但是，刘师培没有停留在简单的比附上，而是对中西民主思想做了深入的比较研究，既指出二者之同，又指出二者之异。他认为，庄子式的自由“以自然为宗，唯欲废人造之自由”，“与卢梭之旨大背”；《礼记·礼运》中的那段著名的“大道之行也，天下为公”的大同之说，亦与《民约论》在出发点上有公私之别。刘师培写此书，目的是为了革命，批判封建专制主义，宣传民主思想。然而，刘师培在书中对中西民主思想的比较带有明显的不成熟性。这种比较忽视了西方与中国历史上不同发展阶段、代表不同阶级利益的学说的实质差异，混淆了中国古代民本思想与西方近代民主思想的根本区别，从而使比较成了牵强附会的比附。

总之，在近代中国流行的“西学中源”说，对于打破中西文化的对

---

① 刘师培：《中国民约精义》卷一，见《刘申叔先生遗书》第16册，宁武南氏1936年校印本。

② 同上。

立，认同西学、融会中西，以及启迪人们去反思传统文化、发掘古学，有一定积极的时代意义。但是，“西学中源”说不是建立在科学的基础上，而是一种牵强附会的主观臆断和比附。它否认人类文化起源是多元的，而是从“天朝上国”的观念出发，表现出以我为中心的虚骄自大的心理。对此，严复曾予以尖锐的批评：“晚近更有一种自居名流，于西洋格致诸学，仅得诸耳剽之余，于其实际，从未讨论。意欲扬己抑人，夸张博雅，则于古书中猎取近似陈言，谓西学皆中土所已有，羌无新奇。”这种认为西人“实窃我中国古圣之绪余”，“以还中国”的说法，“令人呕哕”。[1] 鲁迅也指出：“震旦死抱国粹之士，作此说者最多，一若今之学术艺文，皆我数千载前所已具”，“每至不惜于自欺如是。”[2]“西学中源”说就是在这种自大、自欺的心态下流播的。

二、“中体西用”论的来龙去脉

与“西学中源”说并行于19世纪后期，而且更具社会影响的文化观念，还有“中学为体，西学为用”论，简称为“中体西用”论。如果说“西学中源”说是昔日观念的延续和盛行，那么“中体西用”论则是在近代社会变化的情况下产生的。

鸦片战争时期，英国以坚船利炮侵略中国，震惊了中国的士大夫。林则徐、魏源等有识之士痛定思痛，提出“师夷长技以制夷”的主张。“夷长技”为何物？用魏源的话来说，是战舰、火器、养兵练兵之法，再加上量天尺、千里镜、龙尾车、风锯、水锯之类，大致与后来所说的“西用”同属一个范围。可见，鸦片战争时期出现的“师夷”说正是“中体西用”论的前身。

---

① 《救亡决论》，见《严复集》第1册，52、53页。

② 《科学史教篇》，王士菁：《鲁迅早期五篇论文注释》，58页，天津，天津人民出版社，1978。

19世纪60年代，清政府在太平天国农民起义和第二次鸦片战争的冲击下为了摆脱统治危机而被迫采用“自强之术”，兴办“洋务”，如何处理和调整中西文化关系的问题便被提到日程上来。于是，“中体西用”论作为洋务运动时期的一种文化选择便应运而生。

一般说来，人们把冯桂芬在《校邠庐抗议》中提出的“以中国之伦常名教为原本，辅以诸国富强之术”一语，视为对“中体西用”论的最初表述。其中虽然没有出现“体”、“用”等字眼，但已经包含了“中体西用”的基本意义。继冯桂芬之后，按着这个思路写文章、发议论者不乏其人，使“中体西用”的思想成为一种社会思潮。不过，在中日甲午战争以前，人们大都是以“中道西器”、“中本西末”、“中主西辅”来表述。

王韬在19世纪七八十年代写的文章中，较多用“道器”关系来阐述中西文化的关系。他指出：“器则取诸西国，道则备自当躬。”①又说：“形而上者中国也，以道胜；形而下者西人也，以器胜。如徒颂西人，而贬己所守，未窥为治之本原者也。”②他强调：“我中国之所恃者，道而已也。天不变，道不变”；而“西学西法，非不可用，但当与我相辅而行而已”。③ 邵作舟、薛福成等人也说过类似的话。如薛福成说：“取西人器数之学，以卫吾尧、舜、禹、汤、文、武、周、孔之道”。④ 这就是“中道西器”论。“道器”是中国一对古老的哲学范畴。“道”是指无形的法则或规律，“器”指有形的事物或名物制度。“中道西器”论把中国的文化传统视为“道”，把西方文化视为“器”，规定二者的关系为以“道”统“器”，以“器”卫“道”。

在洋务运动时期，也有人提出“中本西末”的观点。如左宗棠曾说：“中国之睿知运于虚，外国之聪明寄于实。中国以义理为本，艺事为末；外国以艺事为重，义理为轻。”⑤左宗棠虽然未深入阐述“中本西末”的具

---

① 王韬：《杞忧生易言跋》，见《弢园文录外编》卷十一，323页。
② 王韬：《弢园尺牍》，30页，北京，中华书局，1959。
③ 王韬：《弢园文录外编》，131、297页。
④ 《筹洋刍议·变法》，见《庸庵全集》。
⑤ 《同治五年五月十三日左宗棠折》，见《洋务运动》第5册，8页。

体含义，但“本”、“末”二字孰轻孰重，在时人心目中是不言而喻的。对此，王文韶有过明确的说法：“天下事有本有末……就六事而言，练兵、简器、造船、筹饷，其末也；用人、持久，其本也。”[①]前者指的是“参用西法”，后者则指中国传统的治法而言。郑观应在《盛世危言》中从更多的方面作了论述，不仅谈到了道与器、本与末、虚与实等问题，而且还提出了主与辅的关系问题。他在该书《西学》篇中指出：“合而言之，则中学其本也，西学其末也。主以中学，辅以西学。知其缓急，审其变通，操纵刚柔，洞达政体。”[②]也就是说，中学是根本，是主要的，西学是辅助的、次要的，可以参用，表现了对西学一定的认同。

就现有的文献来看，最早使用“中体西用”一词的是沈毓桂。1895年4月，他在《万国公报》第75期上发表的《匡时策》中说：“夫中西学问，本自互有得失，为华人计，宜以中学为体，西学为用。”从冯桂芬提出“中体西用”论的思想框架，到沈毓桂的完整提出，经历了30多年的漫长历史。1895年以后，“中体西用”成为流行的说法，成为各阶层的人都能接受的思想原则。地主阶级洋务派毫无疑义地是“中体西用”论的鼓吹者。张之洞为此专门写了《劝学篇》一书，对“中体西用”论进行全面而系统的理论阐述，一方面借鉴西法，举办矿务、铁路、商务、学堂等近代事业，同时又强调“宗经”、“明纲”、“正权”、“教忠”，强化封建政治统治和思想束缚。他的结论是：“中学为内学，西学为外学；中学治身心，西学应世事”；“新旧兼学……旧学为体，新学为用，不使偏废。”[③]《劝学篇》对“中体西用”论作了系统的概括和总结。从此，张之洞便与“中体西用”论联系在一起，以致在很长的一段时期内被误认为是由他首先提出的。

以康有为、梁启超为代表的资产阶级维新派尽管已经形成了不同于洋务派的新的文化思想，但在此时仍然没有完全抛弃“中体西用”论。康

① 《洋务运动》第1册，81页。
② 《郑观应集》上册，276页。
③ 《张文襄公全集》卷二〇三，9、48页。

有为认为，“中学体也，西学用也，无体不立，无用不行，二者相需，缺一不可”。[①] 梁启超在1896年发表的《西学书目表后序》中说：“要之，舍西学而言中学者，其中学必为无用；舍中学而言西学者，其西学必为无本。无用无本，皆不足以治天下。”[②]在他代总理衙门起草的《筹议京师大学堂章程》中再次明确肯定：“中学体也，西学用也，二者相需，缺一不可。”在19世纪90年代后期，凡是讲时务、倡西学的人，大都不出“中体西用”论的思路。实际上，这是一代人的思想，是一股社会思潮，是近代中国在特定历史时期的文化价值观念。

尽管洋务派和维新派都讲“中体西用”，但不能说他们对中西学的理解没有原则性的差别。在洋务派看来，中学主要包括封建君主专制制度、以纲常名教为核心的儒家思想体系；而维新派则反对君主专制，批判封建纲常名教，对儒学作了有利于新兴资产阶级的阐释。洋务派所说的西学主要局限在西方自然科学技术方面，尽管有时也讲“西政”，但是指商政、邮政、律法等具体制度而言，总体上没有超出西方文化的物质层面；而维新派所说的西学不仅包括西方的自然科学技术，而且还包括西方社会政治制度和以民权思想为核心的意识形态。维新派虽然以“中体西用”论相标榜，但其思想主张在实质上已经突破了旧框框，进入了一个新的思想境界，形成了与洋务思想截然不同的资产阶级的文化观念。因此，维新运动期间的新旧势力、新旧思想文化的斗争，是以维新派为一方和以封建顽固派与洋务派为另一方的激烈冲突。就中西文化观来看，洋务派极力强调“中学”对“西学”的制约，以维护旧的文化体系。孙家鼐为京师大学堂所拟“立学宗旨”说得再明白不过：“今中国京师创立大学堂，应以中学为主，西学为辅；中学为体，西学为用。中学有未备者，以西学补之；中学其失传者，以西学还之。以中学包罗西学，不能以西学凌驾中学。”[③]在洋务派看来，“中体”是完美无缺的，不需要作

---

① 《康有为政论集》上册，294页。

② 《饮冰室合集》文集之一，129页。

③ 《戊戌变法》第4册，489页。

任何变通，“西用”只能起到辅助和补救的作用。他们所说的“中体西用”，重在强调“救偏补弊”。维新派则不同，他们所说的“中体西用”，强调的是“中西并重”，“体用并举”，“无得偏废”，主张中西学会通融合，实际上是以“西用”改变“中体”。

“中体西用”作为一种反对盲目守旧排外的思想主张，曾经在洋务运动时期起过一定的积极作用。它以“体用”的独特架构，把西学(主要是西方自然科学技术)纳入中学体系之中，在一定的程度上调整了中国固有的文化结构，传播了西方近代文明，推进了洋务改革，并在一定范围内冲击了封建旧传统。然而，这种观念仍然是建立在以传统主义为中心的文化价值观的基础上，对中国传统文化和西方文化的认识、理解都有着很大的片面性，并且把各自的体、用割裂开来，把资本主义的经济技术嫁接到封建专制的肌体上，人为地造成了这种理论形式内在结构的矛盾性，即目的和手段的矛盾、封建主义的“体”和资本主义的“用”的矛盾。随着国家危机的日益加深，以及人们对洋务运动弊端的反省和对西方资本主义国家所以富强的认识加深，“中体西用”论的矛盾和局限性便会凸显出来，难以适应社会变革的需要，以致成为推行维新变法的一种障碍。

戊戌变法失败后，“中体西用”论在思想文化领域中仍有较大影响，不过它主要是清政府奉行的一种精神信条。清政府在1901年以后实行的“新政”和“预备立宪”都把“中体西用”论当成其运作的指导思想。而在新型知识分子当中，许多人已经从“中体西用”论的旧框框中挣脱出来，并对它进行理论上的反思和批判。1902年，严复在《外交报》上发表《与〈外交报〉主人书》，对“中体西用”论提出了批评。他指出，中国开办学堂虽然年深日久，但收效甚微，追根溯源，受害于“中学为体，西学为用”、“中政为本西艺为末”、“立于中学以西学辅其不足”等错误思想观念的制约。他一针见血地指出“中体西用”论在逻辑上和内容上的错谬，说：“体用者，即一物而言之也。有牛之体，则有负重之用；有马之体，则有致远之用。未闻以牛为体，以马为用者也。中西学之为异也，如其种人之面目然，不可强谓似也。故中学有中学之体用，西学有西学之体用，分之则并立，合之则两亡。议者必欲合之而以为一物。且一体而一用之，斯其文义违舛，固已名之不可言矣，乌望言之而可行乎?”“中体西用”既不可为，那么中国应该何去何从呢? 严复提出“会通中西”的主张，即“统新故而观其通，苞中外而计其全”。[①] 严复在这里完全跳出了“中体西用”的思想框架，抛弃了简单比附中西的做法，从挽救“神州之陆沉”、“四万万之沦胥”的高度重新审视文化问题。只要能救国，即使是“出于夷狄禽兽，犹将师之”。

“中体西用”论和“西学中源”说自 19 世纪 60 年代以后并存流行。综观这两种观念不难发现，二者在体系、成因等方面都有着密切的联系。

就思想体系而言，二者都是建立在以自我为中心的文化价值观的基础之上。不论是“中体西用”论，还是“西学中源”说，都持中国优越论的传统观念，相信中学高于西学，中国文化优越于西方文化。如曾国藩曾说：“彼外国之所长，度不过技巧制造、船坚炮利而已。以夷狄之不知礼义，安有政治之足言。即有政治，亦不过犯上作乱、逐君弑君、蔑纲常、逆伦理而已，又安足法?”[②]“西学中源”说把中国文化视为西方文化的源头，西方文化不过是中国文化西传后的绪余，显然把二者放在不平等的地位上，视西方文化为中国文化的衍生。“中体西用”论则用“体”和“用”这一对中国古代哲学范畴规定了中国文化和西方文化各自的地位。在中国传统哲学中，“体”是指事物本质、内在的方面，“用”则是“体”的派生物，泛指事物的表象、支脉等次要方面。用“体用”这样一对既相联系而又统属关系极为明确的概念，把中西学纳入同一体系之内，无非是为了使西学服从于中学，维护中学的文化中心地位。

就社会作用而言，二者都旨在沟通中西，是一种文化上的调和论。鸦片战争以后，中国闭关的大门被西方列强打开，被迫纳入世界潮流，中西文化交流成不可逆转之势。然而，由于长期处于闭关状态，国人对外部世界茫然无知，深受“夷夏之辨”观念的束缚，“见有讲求西学者，

---

① 见《严复集》第 3 册，558～560 页。

② 《东方杂志》第 7 卷第 12 期。

则斥之曰名教罪人，士林败类”。[1] 在这种守旧的文化氛围中，“中体西用”论和“西学中源”说部分地认同西学，无疑为西学在中国固有文化中争得一席之地，起到沟通中西的积极作用。尽管一些守旧人物也从排斥外来文化的立场出发，挟此二论扬中抑西，但在中日甲午战争前，鼓吹此二论的人物主要还是开明士大夫。他们以“源流”与“体用”范畴来讨论中西文化关系，在一定程度上突破了“夷夏之辨”的文化观，给西学的植根提供了理论依据。此后，西方文化中的器物成分开始为中国文化所吸收，这种较低层次的中西文化交融使人们重新认识世界，又重新估价自己，成为新旧思想转换的契机。

“中体西用”论虽较“西学中源”说出现为晚，在一定程度上受其制约，但从认识的角度来看，它已部分地超越了“西学中源”说。“中体西用”论不再像“西学中源”说那样，将中与西、古与今混为一谈，将西学视为中学的衍生，牵强附会地比附中西学，而是比较明确地划分出了中学、西学的界限与各自的内涵，并以“体用”来规定二者之间主体地位与辅助地位的关系，在文化认识上进入了新的层次。

---

① 见《郑观应集》上册，272 页。

第五章　社会思潮

鸦片战争以后，中国由封建社会逐步沦为半殖民地半封建社会，原来相对稳定的社会经济结构受到猛烈的冲击，不断发生动荡和变革。反映社会变革和时代精神的各种社会思潮迭起，影响着中国近代历史的进程，成为中国近代文化的重要组成部分。

在近代中国，思想家灿若群星，各种思想主张层出不穷，但人们所关注的问题主要有两个：一是如何解决中国面临的民族危机问题；二是如何使中国摆脱贫穷落后而实现富国强兵的问题。要解决前一个问题，就必须高扬民族主义、爱国主义旗帜，反对帝国主义列强侵略；而实现后一个目标，则需要以民主、科学为思想武器，进行一系列近代化改革与革命。因此，爱国主义和民主、科学便是贯穿近代各个时期各种进步思潮的两大主题。无论是革新与守旧的交锋，还是中西思想文化的冲突，都与这两大主题息息相关。从近代中国社会思潮发展的历史进程来看，大致可分为两大阶段：从鸦片战争到中日甲午战争爆发前为第一阶段，影响较大的社会思潮是经世致用思潮、洋务思潮、早期维新思潮。从甲午战争到1919年五四运动前为第二阶段，资产阶级维新思潮、民主革命思潮和新文化思潮是这个时期的代表性思潮。这六种思潮交叉迭起，相互影响，构成了中国近代社会思潮的基本内容。

一、中日甲午战争前的社会思潮

乾嘉之际，清王朝已经走上衰败的道路，社会危机四伏、矛盾重重，思想领域万马齐喑、毫无生气。多数士人或者醉心科举、沉湎制艺，或者兼商兼吏、钻营奔竞，于国计民生渺不相涉。一些有识之士不甘沉沦，开始提倡经世致用思想，以挽救社会的衰颓。嘉道年间，经世致用思想已经引人注目。道光六年(1826年)，由贺长龄、魏源编辑的《皇朝经世文编》刊刻行世，不仅集中反映了经世致用思想的发展成果，而且使其影响进一步扩大。到鸦片战争前后，积极倡导经世致用思想的人物除了贺、魏外，还有陶澍、林则徐、龚自珍、姚莹、包世臣、汤鹏、何秋涛、张穆、徐继畬等人，被称为地主阶级经世派。至此，经世致用思想演变成为一种颇具影响的社会思潮。

经世致用基本意思是深究古今治乱得失，通家国天下治安之计，以为"济世利民"。也就是以社会改良的方式"补天"，挽救和维护清王朝的统治。经世派的著述很多，涉及内容广泛，但归纳起来，不外两方面内容：一是抨击时弊，一是倡言社会改革。

经世派以忧国忧民之情，对清皇朝统治下的社会积弊沉疴进行了尖锐的批评。在他们的笔下描绘出一幅吏治败坏、经济凋零、军备废弛、道德沦丧的真实情境，对病入膏肓的皇朝末世予以揭露。张穆把当时的社会比成五官犹存而关窍不灵的垂危病人，以警告世人，指出："方今良法美意，事事有名无实。譬之于人，五官犹是，手足犹是，而关窍不灵，运动皆滞，是以当极盛之时，而不及四期，已败坏至此。"龚自珍不仅无情地鞭挞了社会的黑暗腐朽，而且揭示了导致国家衰败的原因，触及社会的重要问题。他认为："左无才相，右无才史，阃无才将，庠序无才士，陇无才民，廛无才工，衢无才商"，[①] 即人才枯竭，是当时社

① 龚自珍：《乙丙之际箸议第九》，见《龚自珍全集》上册，6页。

会衰败的主要征候。

经世派不仅大胆地抨击时弊，而且还积极探讨解决社会积弊、使国家振衰起弱的方法和途径。他们根据传统的“变易”观念，提出通过“变法”来达到兴利除弊的目的。龚自珍大声疾呼：“一祖之法无不敝，千夫之议无不靡，与其赠来者以劲改革，孰若自改革？”[①]魏源强调：“变古愈尽，便民愈甚。”[②]这就是提倡、推行一系列“实政”、“实学”，企求匡世济民的实际效果。所谓“实政”、“实学”，是指与国计民生息息相关的实际政务和学问，诸如漕运、盐政、农事、河工、兵制、刑律、吏治、科举及边疆史地等，涉及当时社会的政治、经济、军事、文化教育等方面。龚自珍的《农宗》、《平均篇》，吴铤的《因时论》，汤鹏的《浮邱子·医贫》等，都提出了各具特色的“均田”、“限田”主张，以期缓和愈演愈烈的土地兼并问题。包世臣在《说储》、《青口议》、《庚辰杂著》等著作中，强调在发展农业的同时，也要重视发展工商业，阐述了“本末皆富”的道理。魏源的《筹漕篇》、《筹鹾篇》、《筹河篇》，以及林则徐的《畿辅水利议》等，对治理漕、盐、河三大政作了有益的探讨。何秋涛的《朔方备乘》、张穆的《蒙古游牧记》等书，对中国的边疆历史地理及与邻国的关系作了开拓性的研究，提醒国人加强边疆建设，抵御外来之敌。陶澍在魏源、包世臣等人的协助下，对江苏的漕运、盐政等政务实行改革，取得显著政绩。

鸦片战争后，经世派中的一部分人开始向西方寻求救国之道，为传统的经世致用思想注入了新的时代精神。林则徐、魏源、姚莹、徐继畬等在这方面颇具建树。

林则徐不仅主张坚决抵抗外来侵略，而且是近代史上开眼看世界的第一人。在广东禁烟期间，他摆脱了封建士大夫盲目虚骄的心理，为了解“夷情”，“日日使人刺探夷事，翻译夷书，又购其新闻纸”。[③] 他亲自

① 龚自珍：《乙丙之际箸议第九》，见《龚自珍全集》上册，6 页。
② 魏源：《默觚下·治篇五》，见《魏源集》上册，48 页。
③ 《夷艘入寇记》，见《鸦片战争》第 6 册，111 页。

主持编译了《四洲志》。他还注意学习西方船炮技术，购置西方船炮，组织人力摘译有关船炮操作的资料。林则徐力倡探求域外新知，开了学习西方的风气之先。

魏源在鸦片战争期间曾经参加浙东抗英斗争，后退而著述，在《四洲志》的基础上增补了大量中外资料，写成著名的《海国图志》50 卷(后扩为 100 卷)。这部著作不仅系统地介绍了世界各国的地理、历史、政情、风俗，而且总结了鸦片战争的经验教训，提出了“师夷长技以制夷”的著名主张。他认为，要强国御侮，首先必须“洞悉夷情”，了解世界，承认西方国家有值得中国学习的“长技”。他指出，“夷之长技三：一战舰，二火器，三养兵练兵之法”。并建议在中国设立兵工厂和造船厂，聘请“洋匠”来华施教，同时还要广译西书，改革科举考试制度，培养新式人才。他期待这样就可以使西方“长技”尽为中国所得。魏源最早从观念形态上提出和论证了“师夷长技以制夷”的思想，对当时及后来的思想界产生了积极的影响。《海国图志》在 19 世纪 50 年代流传到日本，也助益了日本的明治维新。

姚莹的《康輶记行》和徐继畬的《瀛环志略》均为介绍世界大势、探求域外新知之书，同样发挥了“师夷制夷”的思想。姚莹自称“喋血饮恨”撰著《康輶记行》，目的在于“欲吾中国童叟，皆习见习闻，知彼虚实，然后徐筹制夷之策”，“冀雪中国之耻，重边海之防，免胥沦于鬼域”。[1]爱国之情，跃然纸上。

以“求变”、“务实”为特征的经世致用思潮是一种具有进步意义的地主阶级改革思潮，对中国近代思想文化发展和士林风气产生了深远的影响。经世派对社会时弊的揭露抨击，暴露了封建制度固有的内在矛盾，对处于封建专制主义禁锢下的人们来说，具有思想启发的作用。经世派的改革思想虽然是“补天”性质的社会改良，但却启动了近代中国社会变革的思潮。“师夷制夷”思想的提出，不仅使西学传入中国有了中介和桥梁，而且扩大了士人的眼界和求知领域。受考据学影响而形成的崇古好

---

① 姚莹：《复光律原书》，见《东溟文后集》卷八，11 页，道光年间刻本。

古的士林风气开始被打破，追求西学、追求新知的新学风在士人中兴起。鸦片战争以后，经世致用思潮一直延续。在以后的年代，一些学者仿贺长龄、魏源所编《皇朝经世文编》体例，陆续编辑出版了《经世文续编》、“三编”、“四编”、“五编”、“新编”、“新续编”等，对鸦片战争时期的经世派主张作了大量补充。随着中国近代思想领域中新思潮、新观念的不断出现，第二次鸦片战争后，由经世致用思潮发展而来的洋务思潮、早期维新思潮相继形成。

从 19 世纪 60 年代起，清政府在一部分官员的主张下，兴办了洋务，在军事、经济、教育等领域实行一些局部性的改革。从事这些洋务活动的官员被称为洋务派。所谓洋务思潮就是这些人提出的思想主张。曾国藩、李鸿章、左宗棠、张之洞等是其代表人物。在这些人物的思想发展过程中，大都有一个究心提倡经世致用思想的发展阶段。尤其像曾国藩、左宗棠等人，与鸦片战争时期的经世派有着思想上、政治上的各种联系。而冯桂芬于 1861 年所著的《校邠庐抗议》，则是洋务思潮的滥觞。《校邠庐抗议》是一部带有总结性的著作。它实际上是吸取道光以来经世派抨击时政、主张变革和学习西方的思想，加上现实存在的尖锐问题，以作者自己的见识，加以论议成书。因而在该书中，较之以往更系统全面地提出了改革主张，并明确地概括出改革的原则：“以中国之伦常名教为原本，辅以诸国富强之术”。此后，历史的进程进入了实际的施行阶段；而那条原则，成为洋务派鼓吹的“中学为体，西学为用”的开端。

“中学为体，西学为用”是洋务思潮的基本原则。其特点是吸收西方近代自然科学技术，用以维护中国的封建制度和纲常名教。这一原则尽管给西学一定的地位，但西学是从属的、次要的，受中学的制约。诚如张之洞所说：“中学为内学，西学为外学；中学治身心，西学应世事。”[①]可见二者的地位和作用是不一样的。洋务思潮的基本内容包括以下几个方面。

---

① 张之洞：《会通》，见《劝学篇》下篇。

第一，维护封建制度和纲常名教。

洋务派的代表人物，无论是中央政府的奕䜣、文祥，还是地方上的曾、左、李、张，都是清皇朝的忠臣，都把维护封建制度作为其思想的出发点和归宿点。曾国藩在出道之始就打出“卫道”的旗帜，以忠君卫道相标榜。张之洞在《劝学篇》中更是极力维护君主专制和纲常名教，声称：“夫不可变者，伦纪也，非法制也；圣道也，非器械也；心术也，非工艺也。”①而把近代民权学说视为“洪水猛兽”，不遗余力地予以诋毁。从这个角度说，洋务派与经世派一样，都不是儒学体系的叛逆者，而是它的服膺者。他们的思想深深地打下了地主阶级的印记。

第二，提出“自强”、“求富”的主张。

19 世纪 60 年代，洋务派提出了“自强”的主张，鼓吹学习西方的坚船利炮，认为中国落后于西方国家就在于此。李鸿章曾说：“中国文武制度，事事远出西人之上，独火器万不能及。”②1861 年，曾国藩就指出：“购买外洋船炮，则为今日救时第一要务。……购成之后，访募覃思之士，智巧之匠，始而演习，继而试造，不过一二年，火轮船必为中外官民通行之物，可以剿发逆，可以勤远略。”③奕䜣又把这种主张概括为“自强以练兵为要，练兵又以制器为先”。④ 基于这种认识，洋务派从 19 世纪 60 年代起兴办了军用企业。

19 世纪 70 年代以后，洋务派看到西方之所以拥有强大的军事力量，是因为有近代民用企业作基础，而中国的军用企业要想维持下去，也必须建立起自己的近代民用企业。于是，他们在鼓吹“求强”的同时，又打出了“求富”的旗号，把发展近代企业的眼界扩展到民用企业方面。李鸿章曾说：“维古今国势，必先富而后能强，尤必富在民生而国本乃

---

① 张之洞：《变法》，见《劝学篇》上篇。

② 《同治三年四月二十八日折附件》，见《筹办夷务始末》(同治朝)卷二十五，9 页，故宫博物院影印本。

③ 《复陈购买外洋船炮折》，见《曾国藩全集·奏稿三》，1603 页。

④ 《筹办夷务始末》(同治朝)卷二十五，1 页。

可益固。”[①]在“求富”思想的支配下，洋务派开始经营近代民用企业。

第三，提出发展近代科学技术的观点。

洋务派对近代自然科学技术一般都持肯定的态度，认识到科学技术与社会发展有着密切的关系。李鸿章指出：“彼西人所擅长者，推算之学，格物之理，制器尚象之法，无不专精务实，泐有成书……我中华智巧聪明，岂出西人之下。果有精熟西文者转相传习，一切轮船火器等技巧，当可由渐通晓，于中国自强之道似有裨助。”[②]他还认为，近代科技不过是“夺造化之工，而便民用”，并不为洋人所专有，只要抛弃鄙视外来物的偏见，努力去学习，同样可以被中国人所掌握。曾国藩则把不懂天文算学视为自己生平“三耻”的第一耻，嘱咐其子“当思雪此三耻”。[③]他们都以大僚的身份提倡西学，一方面创办翻译馆译印西书；另一方面创设洋务学堂，向国外派遣留学生，培养科技人才。对于科举制度，洋务派持批评态度。李鸿章认为中国贫弱落后的原因在于士人沉溺科举功名，不重技艺。“中国士夫沉浸于章句小楷之积习，武夫悍卒又多粗蠢而不加细心，以致所用非所学，所学非所用”。而“洋人则不然，能造一器为国家利用者，以为显官，世食其业，世袭其职”。[④] 他建议应变通科举考试的方法，专设一科取士，选拔科技人才。沈葆桢曾奏请停止武科，改变旧的武科考试方法。这些主张因关系到科举制度，没有被清政府所接受。

洋务思潮与经世致用思潮一样，都属于地主阶级的改革思潮。经世派“求变”、“务实”的基本精神，被洋务派所继承。而在了解外情、实践“师夷长技”主张方面，洋务派比他们的前辈有了进展，做了更多的事情。尤其是他们提出的“自强”、“求富”思想，学习西方科学技术的主张，以及采取与此相关的一系列实际措施，为中国民族资本主义的发展创造了一定的条件。但是，洋务派试图移近代生产技术之花接封建体制

① 《试办织布局折》，见《李文忠公全集·奏稿》卷四十三，43页，光绪三十一年金陵刻本。

② 《同治二年二月初十日江苏巡抚李鸿章奏》，见《洋务运动》第2册，140～141页。

③ 曾国藩：《谕纪泽》，见《曾国藩全集·家书一》，418页。

④ 《筹办夷务始末》(同治朝)卷二十五，9页。

之木，它所带来的矛盾难以解决。与他们同时代的早期维新思想家们已经看出了这一点，并对此作了新的探索。

早期维新思潮形成于 19 世纪 70 年代至 80 年代。它是伴随民族资本主义工业产生而出现的。从 19 世纪 60 年代至 70 年代起，一部分官僚、地主、商人、买办开始投资于新式企业。到中日甲午战争前夕，这种企业大约创办了 100 余家。近代中国民族资产阶级相应而生。这一新兴社会力量的出现，为早期维新思想的形成奠定了阶级基础。由于洋务运动的开展和中外来往的逐步增多，中国社会风气不断开化，域外的新思想、新知识陆续传入中国，给人们提供了新的思想资料。同时，中国社会的内外矛盾和危机日趋严重，迫使人们对现实问题进行反思，也促使早期维新思潮形成。早期维新思潮的代表人物主要有王韬、郑观应、马建忠、薛福成、汤震、陈炽、何启等人。与洋务思潮代表人物相比，早期维新思想家不少人曾到过外国，有的甚至长期住在海外。他们的眼界较为开阔，认识也有所深化。在中日甲午战争前，他们的著述已经引起社会的关注。早期维新思潮的内容主要有以下几方面。

第一，反对西方列强侵略，维护国家主权。

第二次鸦片战争以后，西方列强步步进逼，中国民族危机不断加深。早期维新思想家对此忧心忡忡，关怀民族危机的严重性。王韬指出，“环而伺我者数十国”，都是心腹之患，将来中国要弄到“国几不国”的地步。对此，他“忧国念家，万虑坌集”。[1] 他们对西方列强强加于中国的不平等条约表示愤慨。薛福成指出：不平等条约中规定的利益均沾和领事裁判权条款，对中国危害最大，“今欲顿弃前约，彼必不肯从也，是莫如存其名而去其实，使彼相忘于不觉。”[2]马建忠、陈炽也都表示了同样的看法，谴责西方列强以不平等条约为护符，“其公使傲睨于京师，以陵我政府；其领事强梁于口岸，以抗我官长；其大小商贾盘踞于租

① 王韬：《答包荇洲明经》，见《弢园尺牍》，93 页。

② 薛福成：《约章》，见《筹洋刍议》，2 页，光绪十年(1884)版。

界，以剥我工商；其诸色教士散布于腹地，以惑我子民”。[①] 此外，他们还尖锐抨击外国侵略分子(赫德)把持中国海关，外国传教士的横行霸道，以及西方国家对中国的经济渗透，等等，表现出强烈的爱国之情。

第二，发展资本主义经济的强烈要求。

早期维新思想家有着强烈的发展资本主义经济的要求，一方面尖锐抨击清政府“苛商”、“病商”政策，以及洋务派“名为保商实剥商”的做法，为提高“商”的地位大声疾呼；另一方面提出发展工商业经济的办法措施，以达到富国强兵的目的。

厘金是清政府在镇压太平天国期间为筹集军饷而设置的一种商业税，流弊累累，危害甚大，是商品经济发展一大障碍。早期维新派对此尤为深恶痛绝。王韬指出：“数十里之地，关卡林立，厘厂税厂征榷烦苛，商民交病，行旅怨咨。”[②]他们要求把厘金合并于关税，一次抽足，减少税卡，以苏商民之困。他们对洋务企业采取官督商办形式作了反思，揭露了其中的种种弊端，称之为“官督商办势如虎”，反对清政府对民间资本的垄断和干涉。为此，郑观应提出：“凡通商口岸，其应兴铁路、轮舟、开矿、种植、纺织、制造之处，一体准民间开设，无所禁止。或集股，或自办，悉听其便。全以商贾之道行之，绝不拘以官场体统。”[③]早期维新思想家批判了“贱商轻商”的传统观念，呼吁“破去千年以来科举之学之畦畛，朝野上下皆渐化其贱工贵士之心”。[④] 改变“重农轻商”的陋俗，提高“商”的社会地位。薛福成说：“商为中国四民之殿……盖有商，则士可行其所学而学益精，农可通其所植而植益盛，工可售其所作而作益勤。是握四民之纲者，商也。”[⑤]这无疑是对传统经济思想的重大冲击。

无论是王韬、马建忠，还是郑观应、薛福成，都把如何发展近代工

---

① 马建忠：《拟设翻译书院议》，见《适可斋记言》卷四，20 页，光绪年间刻本。

② 王韬：《除弊》，见《弢园文录外编》，44 页。

③ 郑观应：《盛世危言·商务二》，见《郑观应集》上册，612 页。

④ 薛福成：《振百工说》，见《庸庵海外文编》卷三，42 页，光绪二十一年版。

⑤ 薛福成：《英吉利用商务辟荒地说》，见《庸庵海外文编》卷三，1 页。

商业经济作为重要的议题，提出了促进商品经济发展的措施和办法。然而，最具代表性的要算郑观应提出的“商战”主张。

郑观应认为，西方列强侵略中国有两种方式，即“兵战”和“商战”。兵战易于察觉，好对付；商战则是潜在的经济侵略，不易发觉，尤具危害性。他的结论是：“吾故得以一言断之曰：‘习兵战不如习商战’。”[①]他所说的“商战”用今天的话来说就是：学习西方国家先进的经济技术，发展中国近代民族工商业经济，以维护中国的经济利益，抵制外来经济侵略。这是一种进步而爱国的经济主张。在如何进行“商战”的问题上，郑观应提出了许多重要见解，如建议清政府改变“崇本抑末”的政策，成立商部，颁布商律保护本国工商业的利益；提出和论证了开展“商战”的策略，即知己知彼、扬长避短地发展民族近代经济；强调考求“经商之道”，按照商品经济规律办事，掌握“商战”中的主动权；主张处理好“工”和“商”的关系，强调发展本国的机器工业，把“商战”建立在发展工业的基础上，使之立于不败之地。他坚信，只要坚定不移地开展“商战”，振兴民族工商业经济，中国终将会“独擅亚洲之利权，而徐及于天下”。[②]郑观应的“商战”思想洋溢着强烈的爱国主义精神，反映了民族资产阶级的利益和要求。

第三，进步的政治改革主张。

早期维新思想家具有初步的政治改革意识，主张仿照西方君民共主政体来改造中国的君主专制。这是它区别于洋务思潮的一个标志。他们对西方国家的政治体制作了研究比较，认为“君主者权偏于上，民主者权偏于下，君民共主者权得其平”。[③]君民共主政体可以避免君主制、民主制所有的弊病，是最适合于在中国推行的政治体制。中国一旦实行了这种政体，“天下有公是非，亦即有公赏罚，而四海之大，万民之众，同甘共苦，先忧后乐，若理一人，上下一心，君民一体，尚何敌国外患

① 郑观应：《盛世危言·商战上》，见《郑观应集》上册，586页。

② 同上书，591页。

③ 郑观应：《盛世危言·议院下》，见《郑观应集》上册，316页。

之敢相陵侮哉?”①

早期维新思潮反对西方列强的侵略，主张维护民族利益，具有爱国性。在内政改革方面，它不仅强烈要求发展民族资本主义经济，而且提出了政治体制改革的问题，即用他们所认为的君民共主取代传统的君主专制，从而摆脱了洋务思潮的窠臼，成为带有资产阶级性质的新思想，具有进步性。它的出现，不仅反映出近代先进的中国人在救国救民问题上新的探索，而且为后来的戊戌维新运动作了思想准备。然而，由于时代和阶级的局限，早期维新思想家对西方政治学说的了解片面、零散，缺乏系统深入的认识，因而也没有形成系统的理论。另外，他们中的一些人虽然在思想上与洋务派有区别，但在政治上仍与之保持着密切的联系，没有明显的分野。他们的政治主张仅限于舆论鼓吹，各自著书立说，并没有形成政治运动。

二、中日甲午战争后的社会思潮

1894 年爆发的中日甲午战争，是中国近代历史的一个重要转折点，也是中国近代思想文化演变的新契机。民族危机的空前严重，资产阶级性质的政治运动的发生发展，社会生活各个领域的急剧变化，都在思想界产生了重大震荡。在清末短短的十几年间(1894—1911 年)，各种社会思潮纷纷涌现，思想领域活跃，其中影响最大的是资产阶级维新思潮和民主革命思潮。辛亥革命后，为了反对尊孔复古、帝制复辟逆流，出现了新文化思潮。

1895 年 4 月，《马关条约》签订的消息传到北京，康有为、梁启超等人联合 18 省在京应试的举人 1300 多人上书朝廷，要求整饬朝纲，厉行变法，图强御侮。这就是中国近代史上著名的“公车上书”。这封书虽然因朝廷官员的阻挠并未上达到光绪皇帝手里，但康有为等人的救亡图

---

① 郑观应:《盛世危言·议院下》，见《郑观应集》上册，313～314 页。

存、变法求强的主张却风靡全国，受到各界有识之士的赞同，以致形成一种颇具影响的维新思潮，并演变为一场维新变法的政治运动。1898年9月，以慈禧为首的封建守旧势力发动政变，推翻了“百日维新”期间兴办的绝大部分新政，镇压了维新变法运动，但他们却无法遏制维新思潮的传播和影响。流亡在海外的康、梁等人通过各种舆论阵地继续宣传自己的思想主张。

维新思潮与经世致用思潮、洋务思潮、早期维新思潮最重要的区别，就在于它注重理论上的探索与创造，在广泛吸收西方哲学、政治学、社会学观点的基础上，提出了自己的理论。最受维新思想家们推崇的是达尔文的进化论和卢梭、孟德斯鸠等欧洲启蒙思想家的民权学说。因此，他们的思想主张比其前人有更多的理论性、系统性，近代特点也更为突出。经由康有为、梁启超、严复、谭嗣同等人的鼓荡宣传，维新派的思想主张犹如一股强大的飓风冲击了晚清思想界，在社会上掀起了思想解放的浪潮。维新思潮的主要内容如下：

第一，猛烈抨击封建专制主义。

维新思想家用讲化论、民权说为武器，对封建专制主义进行了猛烈的批判。他们的批判已经不再局限于对一些局部性问题的揭露，而是把批判的锋芒指向封建君主专制和纲常名教。1895年严复在天津《直报》上发表《辟韩》一文，首先从理论上对封建君权展开猛烈批判。辟韩，就是批驳唐代儒学思想家韩愈。韩愈不仅提出过有名的封建道统论，而且还写过《原道》一文为封建君主制度进行理论上的辩护，在历史上产生过深远的影响。韩愈在《原道》中竭力宣扬“君权至上”的观点，说：“君者，出令者也；臣者，行君之令而致之民者也；民者，出粟米麻丝作器皿通货财以事其上者也”，民若“不出”，“则诛”。严复认为，韩愈此说荒谬之至，是“知有一人而不知有亿兆也”。他用进化论、天赋人权论予以有力批驳。他指出：人类社会最初既无“君”、“臣”，又无“兵”、“刑”，只是由于人民中间有各种“相欺相夺”的纷争，生命财产得不到保障，所以才“择其公且贤者，立而为君”，并“使之作为刑政、甲兵，以锄其强梗，备其患害”。[①] 在他看来，无论是“君”，还是“臣”，全都是由“民”推举出来的办事人员，并非天生神圣。他引用西人的话强调说：“国者，斯民之公产也，王侯将相者，通国之公仆隶也”，[②] 并明确指出：“民之自由，天之畀也”。强调了国为民有、君仆民主、主权在民的民权思想。然而，在封建君主专制条件下，君主不但不能尽心地为民办事，反而对广大民众实行欺夺、压榨，无异于窃国大盗。他斥责道：“秦以来之为君，正所谓大盗窃国者耳。国谁窃？转相窃之于民而已。”[③]封建专制君主推行的法令，“其什八九皆所以坏民之才，散民之力，漓民之德者也。”严复以极大的愤慨有力地鞭挞了封建君主专制，剥掉“君权神授”、“君权至上”的神圣面纱，伸张民权精神，发出了中日甲午战争后维新派反对封建君主专制的时代强音。《辟韩》发表后，梁启超、谭嗣同阅后很赞同，而张之洞看后则“谓为洪水猛兽”，立即指使屠仁守写了一篇《辨〈辟韩〉书》，发表在曾经转载过《辟韩》的《时务报》上，攻击严复是“溺于异学，纯任胸臆，义理则以是为非，文字则以辞害意，乖戾矛盾之端，不胜枚举”。[④] 这恰恰说明《辟韩》当时在社会上引起的震动。

继严复之后，谭嗣同在《仁学》一书中更为激烈地抨击了封建专制主义。他不仅大胆地否定了历史上和现实中的封建君权，而且对维护君权的纲常名教作了全面的揭露。他指出：“二千年来之政，秦政也，皆大盗也”，封建帝王皆为“独夫民贼”。值得称道的是，他在痛斥历代封建帝王的同时，把批判锋芒指向清朝统治者，称清代皇帝为“淫掳无赖”，“与隋炀、明武不少异”，强烈谴责清朝初年满族贵族对汉族人民血腥屠杀的罪行。他引用法国大革命中的口号：“誓杀尽天下君主，使流血满地球，以泄万民之恨。”公开号召人民像秦末陈胜那样揭竿而起，反抗封建专制暴君的黑暗统治。谭嗣同对维护封建君主专制的纲常名教深恶痛绝，以近代平等思想为武器进行了深刻的批判。与严复一样，谭嗣同从

① 《辟韩》，见《严复集》第1册，33页。

② 同上书，36页。

③ 同上书，35页。

④ 《屠梅君侍御与时务报馆辨辟韩书》，见《翼教丛编》卷三，28页。

社会进化的历史演变过程论证了君主、君权并非人类社会从来就有的，也不是天意所授，而是人民根据自己的需要推举出来的。他说：“君也者，为民办事者也；臣也者，助办民事者也。”君与民的关系应该是“君末也，民本也”。这就把被封建统治阶级颠倒了的君民关系重新颠倒了过来。既然如此，提倡臣民对君主尽愚忠，鼓吹“君为臣纲”，便是极其荒唐的了。谭嗣同指出：“二千年来，君臣一伦，尤为黑暗否塞，无复人理，沿及今兹，方愈剧矣。”之所以“黑暗否塞”，就在于违背了“仁—通—平等”的精神。接着，他用平等思想猛烈抨击了“父为子纲”和“夫为妻纲”，指出：“父”与“子”都是“天之子”，每个男子既为“父”，又为“子”，集二者于一身，体现了“父”与“子”的平等关系，而“父为子纲”却与平等原则水火不容。男女关系同样应该建立在平等原则的基础之上，男女通婚应该本着“两情相愿”的原则。鼓吹“夫为妻纲”，“妄为‘饿死事小，失节事大’之瞽说，直于室家施申韩，闺闼为岸狱”，“其残暴无人理，虽禽兽不逮焉。”他认为，“五伦”之中君臣、父子、夫妇、兄弟四伦都讲等级尊卑，与平等精神不符，应该否定，只有“朋友”一伦“最无弊而最有益”。因为“朋友”以诚、信为原则，包含有“一曰平等，二曰自由，三曰节宣唯意，总括其义，曰不失自主之权而已矣”。[①] 谭嗣同对封建主义的批判尖锐、深刻，超过同时代的其他维新志士。

第二，求变的进化哲学。

提出和阐述以进化论为核心内容的哲学世界观，是维新思潮的一大特色。维新派的进化哲学有两种表现形式：一是康有为的“公羊三世说”的历史进化论，二是严复所译介的达尔文进化论。

在康有为的进化哲学中，辩证法得到发挥。他认为：天地万物是由“变化”生成的，“若积气而成为天，摩励之久，热、重之力生矣，光、电生矣，原质变化而成焉，于是生日，日生地，地生物。”[②]他突破“天不变，道亦不变”的形而上学的天道观，提出“天道”最基本的属性就是

① 引文均见《谭嗣同全集》(增订本)所收之《仁学》。

② 康有为：《康子内外篇·理气篇》，见《康有为全集》第1集，195～196页。

“变”。他指出：“盖变者天道也。天不能有昼而无夜，有寒而无暑，天以善变而能久；火山流金，沧海成田，历阳成湖，地以善变而能久；人自童幼而壮老，形体颜色气貌，无一不变，无刻不变。”①康有为还注意到事物变化发展的内在矛盾性，认为“阴阳”是构成事物两个最基本的矛盾着的方面。他说：“天地之理，唯有阴阳之义无不尽也……理唯有阴阳而已。”②他所说的“阴阳”实际上指的就是事物矛盾的两个方面。他进一步阐述了阴阳之间的对立统一关系，指出：“物不可不定于一，有统一，而后能成；物不可不对为二，有对争，而后能进。”③在谈到社会进化问题时，康有为把今文经学的“公羊三世说”与西方进化论结合起来，指出：人类社会从“据乱世”(君主专制社会)到“升平世”(君主立宪社会)再到“太平世”(民主共和社会)的依次演进，是不可避免的发展规律，从而为他实现君主立宪的政治主张提供了哲学基础。

严复在中日甲午战争后翻译出版了英国学者赫胥黎的著作《进化论与伦理学》中导言和本论两篇，取其前半部为书名《天演论》，首次系统地把达尔文的进化论介绍到国内。严复本人就是进化论的信奉者，在许多论著中阐述了进化论思想。同康有为一样，严复强调世界万物的变化性，“天道变化，不主故常”，“不变一言，决非天运”。万物变化的根本法则是：“以天演为体，而其用有二：曰物竞，曰天择。此万物莫不然，而于有生之类为尤著。物竞者，物争自存也。以一物以与物物争，或存或亡，而其效则归于天择。天择者，物争焉而独存……天择者，存其最宜者也。”④他认为，这条法则不仅适用于自然界，同样适用于人类社会，“动植如此，民人亦然。民人者，固动物之类。”⑤在他看来，整个世界好比是一个庞大的竞争场所，善变者强盛，存在于世，不善变者不为环境所容，终究为人吞并，趋于灭亡。严复所论尽管受到西方社会达

① 康有为：《进呈俄罗斯大彼得变政记序》，见《戊戌变法》第3册，1页。

② 康有为：《康子内外篇·性学篇》，见《康有为全集》第1集，178页。

③ 康有为：《论语注》卷三，34页，北京，中华书局，1984。

④ 严复：《天演论》，见《严复集》第5册，1324页。

⑤ 严复：《原强修订稿》，见《严复集》第1册，16页。

尔文主义的影响，但他并不赞成“任天为治”的消极主张，而是强调人们应该树立“与天争胜”，“胜天为治”①的思想，在激烈的“物竞”之中掌握主动权。严复所宣传的进化论，运用近代生物学、地质学、天文学等科学知识，描绘出一幅与传统天道观完全不同的物质世界矛盾演化的图景，把一种新的世界观展现在中国人面前。他告诉中国人民，处于列强争雄的时代，包括中国在内的落后民族要想摆脱“弱者先绝”的命运，必须“变今之俗”，改革现状，发愤图强，使自己成为强者，舍此没有第二种选择。这种观点适应了甲午战争后中国人迫切寻求救亡图存道路的思想需求，在思想界产生了很大的影响。“几年之中，这种思想像野火一样，延烧着许多少年人的心和血。‘天演’、‘物竞’、‘淘汰’、‘天择’等等术语，都渐渐成了报纸文章的熟语，渐渐成了一班爱国志士的口头禅。”②严复译介的《天演论》，帮助了中国近代知识分子的思想成长。

第三，宣传民权、平等思想。

首先，维新派从“人类公理”、“天赋人权”的思想出发，论述了实行民权、平等的天然合理性。在他们看来，人类最初与自然界万物一样，没有等级尊卑的区分，实行平等的原则。只是到了后来，由于“世界日宏，人物愈盛，于是自区其等”，因而形成了君臣、官民等上下尊卑的等级区别。可见，平等是自然界乃至宇宙的根本法则，是天之公理。梁启超认为，“人权者，出于天授者也。故人人皆有自主之权，人人皆平等”。③ 皮嘉祐指出：“山有等乎，而泰岱不让土壤；水有等乎，而河海不择细流。是故草木不离其等而蕃茂焉，禽兽不泯其等而孳息焉。不等于山，不等于水，不等于草木禽兽，则谓之人等，噫，人亦何为而有等哉？乾坤初辟，流质炎炎，先有万物，后有人类，何彼何此，无小无大。”④樊锥也说：“天之于生，无非一也。一也者，公理焉。公理也者，

① 严复：《天演论》，见《严复集》第5册，1396页。

② 胡适：《四十自述》，99页，上海，亚东图书馆，1933。

③ 梁启超：《国家思想变迁异同论》，见《饮冰室合集》文集之六，19页。

④ 皮嘉祐：《平等说》，载《湘报》第58号。

平等焉。"[①]现实社会中的不平等，是由人为因素造成的，违背了人类的本性。"矫时者遂合天下之等而平之"，[②] 提倡民权、平等不仅不是离经叛道，而且是顺应"天理"、"公理"的合理之举。

维新派在主张民权、平等的同时，还宣传"自由"的思想。梁启超指出，自由是"天下之公理，人生之要具"。[③] 他还说："人也者，生而有平等之权，即生而当享自由之福，此天之所以与我，无贵贱一也。"[④]在自由问题上，严复更为强调，提出了"以自由为体，以民主为用"[⑤]的主张。他把民主视为自由的表现形式，即体现人民自由权利的一种形式，自由是实行民主的基础。他说："彼西人之言曰：唯天生民，各具赋畀，得自由者乃为全受。故人人各得自由，国国各得自由，第务令毋相侵损而已。"[⑥]在他看来，民主制度能否建立，关键在于人民是否享有自由权利，能否恰当地使用这些权利。他又说："然政欲利民，必自民各能自利始；民各能自利，又必自皆得自由始；欲听其皆得自由，尤必自其各能自治始；反是且乱。"[⑦]维新派还阐述了自由的内容。严复在《原强》、《论世变之亟》等文章中提出的自由权利，有言论自由、人身不受侵犯、保护私有财产等。梁启超在《新民说·论自由》中指出"四大自由"，即"政治上之自由"、"宗教上之自由"、"民族上之自由"、"生计上之自由"。

然而，维新派又看到，个人的自由权利如果不加限制，片面提倡，会适得其反。严复指出："侵人自由者，斯为逆天理，贼人道。"[⑧]他主张"自由"要与"治理"相辅而行。"自由诚最高之幸福，但人既入群，而欲享幸福之实，所谓使最多数人民得最大幸福者，其物须与治理并施。

① 樊锥：《发锢》，见《樊锥集》，13页。
② 皮嘉祐：《平等说》，载《湘报》第58号。
③ 梁启超：《新民论》，见《饮冰室合集》专集之四，40页。
④ 梁启超：《论学术之势力左右世界》，见《饮冰室合集》文集之六，112页。
⑤ 严复：《原强》，见《严复集》第1册，11页。
⑥ 严复：《论世变之亟》，见《严复集》第1册，3页。
⑦ 严复：《原强修订稿》，见《严复集》第1册，27页。
⑧ 严复：《论世变之亟》，见《严复集》第1册，3页。

纯乎治理而无自由，其社会无以发达；即纯自由而无治理，其社会且不得安居。”[①]梁启超则用“义务”来制衡个人权利，指出：“义务与权利对待者也。人人生而有应得之权利，即人人生而有应尽之义务，二者其量适相均”，[②] 否则便是致乱之道。

戊戌维新思潮以早期维新思潮不曾有过的战斗精神，用西方资产阶级的思想武器，有力地冲击了封建专制主义，动摇了封建统治的理论基础。与此同时，维新思潮极大地促进了救亡图存、变法维新思想观念的传播，扩大了新学的影响，是近代中国一次思想解放。这些成就不仅给当时的变法运动造了舆论，产生了重大的社会震动，而且对辛亥革命及后来的五四新文化运动也产生了积极的影响。戊戌维新思潮尽管达到了中国近代思想发展的一个新水平，但仍然存在着保留封建因素较多、片面强调渐进与改良等缺陷，以致在20世纪初，其代表人物康有为、梁启超等蜕变为保皇派，反对资产阶级民主革命思潮。

20世纪初，在民族危机和社会矛盾激化的历史条件下，资产阶级民主革命思潮发展起来，逐渐取代维新思潮而成为当时社会思潮的主流。资产阶级革命派在接受新式教育的知识分子(以留学生、新式学堂学生为主体)中有着广泛的社会基础。他们和爱国的进步青年学生积极组织革命团体、创办报刊、出版书籍，大力宣传革命思想，促进了革命潮流的发展。如火如荼的反清革命，造就了一大批叱咤风云的资产阶级革命家、思想家，孙中山、章太炎、邹容、陈天华、秋瑾等人便是其中的主要代表人物。在辛亥革命期间，他们在思想宣传方面，除了揭露清政府腐败卖国和帝国主义列强侵略罪行外，还着重宣传了以下几方面的思想主张：

第一，发扬民族主义精神，鼓吹爱国主义。

革命派所说的“民族主义”包括两方面的内容：一是抵制西方列强的侵略；二是指反对国内满族贵族的统治。他们提出了“帝国主义”的概

---

① 严复：《政治讲义》，见《严复集》第5册，1279页。

② 梁启超：《新民说·论义务思想》，见《饮冰室合集》专集之四，104页。

念，并对帝国主义的侵略本性有一定的认识，指出帝国主义“乃膨胀主义也，扩张版图主义也，侵略主义也”，[1] 而中国成了它们争夺的“舞台之中心点”。处在竞争的时代，在帝国主义的侵略下，要想挽救民族危机，必须振作国民的民族主义精神，“非以我国民族主义之雄风盛潮，必不可能抗其民族帝国主义之横风逆潮也”。[2] 陈天华还号召全国各阶层人民团结起来，齐心合力地抵抗外敌，他大声疾呼：“洋兵若来，奉劝各人把胆子放大，全不要怕他。……万众直前，杀那洋鬼子，杀投降那洋鬼子的二毛子。”[3]他们把反对帝国主义侵略与反对清政府的腐朽统治结合起来，认为中国之所以遭受帝国主义侵略，是由于清政府投降媚外造成的后果，斥其为“洋人的朝廷”。他们还谴责满族贵族对国内人民实行的民族压迫统治，提出“革命排满”的口号，以在最大的限度上把一切反对清王朝的力量团结起来，实现民族革命的目标。

第二，建立资产阶级共和国的方案。

资产阶级革命派不仅要推翻清王朝，而且要建立美国、法国式的近代民主政体。早在同盟会成立之前，孙中山就明确指出：“我们必要倾覆满洲政府，建设民国。革命成功之日，效法美国选举总统，废除专制，实行共和。”[4]1905 年同盟会成立，“创立民国”便被作为革命纲领之一确定下来，并得到广泛宣传。如何实现建立民主共和制的方案呢？革命派选择了革命的道路，即以武装斗争的形式推翻清王朝的统治，为实现民主共和国扫清障碍。邹容热烈称赞革命的作用，指出：“革命者，天演之公例也。革命者，世界之公理也。革命者，争存争亡过渡时代之要义也。革命者，顺乎天，而应乎人者也。革命者，去腐败而存良善者也。革命者，由野蛮而进文明者也。”[5]这种革命不同于以往的改朝换代，而是在颠覆清皇朝之后，废除帝制，建立近代民主政治。他们编译

① 自强：《论帝国主义之发达及二十世纪世界之前途》，载《开智录》第 2 期。

② 邓实：《通论四：帝国主义》，《政艺通报》1902 年第 5 期。

③ 陈天华：《警世钟》，见《辛亥革命》第 2 册，121 页。

④ 《在檀香山正埠荷梯厘街戏院的演说》，见《孙中山全集》第 1 卷，226 页。

⑤ 《革命军》，见《辛亥革命》第 1 册，333 页。

了《美国独立檄文》、《美国独立史》、《法国革命史》等作品，极力称颂资产阶级思想家、政治家卢梭、孟德斯鸠、华盛顿、富兰克林等人，认为美国独立史、法国革命史为中国革命提供了很好的借鉴，只要照此办理，就可达到“创立民国”的目标。

第三，提倡民权平等，反对封建伦理纲常。

这不是辛亥革命时期提出的新问题，还在戊戌变法运动期间，维新派就鼓吹天赋人权、自由平等，批判封建的三纲五常，使之不仅与守旧派也与洋务派发生尖锐冲突。革命党人是在这个基础上来提倡的。但是，革命派与维新派在宣传民权学说上也有不同。维新派鼓吹民权，却并未完全排斥君权，要“以君主之法，行民权之政”，并提出“欲兴民权，宜先兴绅权”的主张。而革命派提倡民权，则是要打倒君权，使国民成为“一国之主人翁”，反对改良派讲民权却又保留君权的主张。他们强调国民的性格、责任、权利、义务是立国的四要素，“国民”与“奴隶”对峙，“不为国民，即为奴隶。”[①]革命派认为，讲民权是最要紧的，“世界万国，以有民权而兴，无民权而亡者，踵相接，背相望”。中国“之所以能脱之、倾之、去之、除之、复之者，在种吾民革命之种子，养吾民独立之精神，而可一言以蔽之曰：民权而已。”[②]在民权问题上，革命派对女权的呼吁和争取是很突出的。他们提倡男女平权，认为“女权愈振之国，其国愈文明，女权愈衰之国，其国愈哀弱”，倡言“二十世纪为女权革命世界”。[③] 这表明在提倡兴民权上，革命派比维新派不仅有更广泛的社会影响，而且在思想深度上也前进了一大步。

在批判封建三纲五常方面，革命派比维新派也有大的发展。他们痛斥三纲五常之毒害，提出非“扫荡三纲，煎涤五伦”不可，否则“欲提自由之空气，振独立之精神，拔奴隶之恶根，救民群之悲运，岂可得

---

① 《国民日日报汇编》第4集。

② 《二十世纪之中国》，见《辛亥革命前十年间时论选集》第1卷，上册，69、70页，北京，生活·读书·新知三联书店，1960。

③ 《论中国女学不兴之害》，见《辛亥革命前十年间时论选集》第1卷，下册，924页。

哉!”[1]与维新派相比，革命派在抨击三纲五常中最大的进展，是他们已将批判的矛头指向了孔孟，提出“三纲革命”、“圣贤革命”。有人撰文指出：“吾国学有渊源，非止孔孟一支，平其心，静其气，无所重轻，兼采众说，以求公理，则虽余固未能谓孔孟无可取也。唯强余以为至圣，沮人生之自由，禁学术之发达，再为第二汉武，定于一尊，则余不忍泯此良心也。”[2]把孔子的学说仅看做是当时的一个学派，这就否定了“圣人”和“圣学”的绝对地位。不少文章都认为，中国“数千年来，思想滞阂不进，学术陵迟”，是由于独尊儒术。孔子原非圣人，是由其后的当权者捧起来的。陈君衍在《法古》一文中明确指出：“因为孔子专门叫人忠君服从，这些话都很有益于君的。所以那些独夫民贼喜欢他得了不得，叫百姓尊敬他，称他为至圣，使百姓不敢一点儿不尊敬他，又立了诽谤圣人的刑法，使百姓不敢说他不好。”在陈氏看来，孔子只是古代的圣贤，他的学说和地位在近代已不合时宜，“但望吾同胞做现在革命的圣贤，不要做那忠君法古的圣贤。”[3]在《新世纪》上，有人提出更为激烈的主张，抨击“孔丘砌专制政府之基，以涂毒吾同胞者，二千余年矣”，声明：“欲世界人进于幸福，必先破迷信，欲支那人之进于幸福，必先以孔丘革命。”[4]维新派虽然批评封建纲常，但仍标榜“孔子改制”，主张定孔教为国教。革命派则旗帜鲜明地反对尊孔，这是中国历史文化上的一大进步。尽管革命派的反孔是初步的，在整个宣传工作中所占的分量也很微弱，但它却成为后来五四新文化运动反对尊孔的开端。

第四，反对封建迷信、陋习，陶铸“国民新灵魂”。

革命派在报刊上发表了大量文章，批判封建迷信和陋习，指出封建迷信毒害中国人太深，“事事归之于天，人人听命于神”。他们认为，要启蒙就先要破除迷信，即“革神”、“革天”，“天革神革而后民性革，民性革则命不革亦革”。这就把批判天道鬼神的重要性和改造国民性、革

---

① 《伦理学平等卮言》，载《经世文潮》第 2 期。

② 凡人：《无圣篇》，载《河南》第 3 期。

③ 《童子世界》第 31 号。

④ 绝圣：《排孔征言》，载《新世纪》第 52 号。

命联系起来。他们在反对封建迷信时，涉及民间迎神赛会、崇拜偶像、求签问卜、风水厚葬等种种恶俗。对其他陋习，如包办买卖婚姻、缠足、蓄婢纳妾，以及卖淫嫖妓、吸食鸦片、赌博等，也作了有力的揭露和抨击。另一方面，他们宣传科学的道理，提倡尚勇、公德，提倡树立独立人格，不做专制君主的奴隶，不做外国的奴隶，也不做神佛的奴隶。为了反对封建迷信，他们把近代自然科学及西方 18 世纪的唯物论作为思想武器。1903 年《大陆》发表《唯物论二巨子（底得娄、拉梅特里）之学说》，介绍了法国唯物主义思想家、百科全书派的代表人物狄德罗和拉美特利，盛赞他们的《百科全书》在思想界的重大功绩，认为“《万法精理》及《民约论》，固不朽之伟业乎，《百科全书》亦绝大一纪念碑也”。[①] 他们最主要的功绩就是用科学知识和唯物论论证了“唯神论者谬说”，“莫非无根之说”，“灵魂之说，幽渺而无据”，“灵魂不死者，尤谬说也”，用科学精神对人民进行思想启蒙，除去封建统治者强加在人民思想上的种种精神枷锁，“知是则人当堂堂正正，独往独来，图全群之幸福，冲一切之网罗，扫一切之蔽障，除一切之罪恶”。[②]

辛亥革命时期的民主革命思潮以新的精神风貌和战斗姿态，猛烈地展开了对封建专制主义的批判，驳斥了康有为等保皇派阻挠革命潮流的错误观点，广泛地传播了民主共和思想，不仅为辛亥革命奠定了思想理论准备，而且进一步促进了中华民族的觉醒，并为五四时期新文化思潮的形成准备了必要的条件。

辛亥革命虽然推翻了两千多年的封建君主专制制度，建立起民国，但由于革命的不彻底性，旧社会的经济基础并没有被触动，旧的上层建筑也没有发生大的改变。人们一度为之欣喜若狂的中华民国，随着孙中山的退位、袁世凯的上台，便很快有名无实。袁世凯上台后，国家政权落入北洋军阀的手中。社会上的封建守旧势力乘机卷土重来，导演了“洪宪帝制”和张勋复辟的闹剧。与政治上封建势力的复辟活动相呼应，

---

① 《大陆》第 2 期，1903 年 1 月出版。

② 《大陆》第 2 期。

在思想文化领域也出现了一股尊孔复古的逆流。

袁世凯上台不久，便下令尊孔读经，并在孔庙举行祀孔典礼。戊戌变法运动中的风云人物康有为此时以“当代孔子”自居，攻击辛亥革命是导致“国危民悴”、“纪纲尽废”的暴民之祸，鼓吹“中国不可一日无君”，为复辟帝制摇旗呐喊。1912 年 10 月，康有为的弟子陈焕章在上海发起成立孔教会，先后两次向国会提出要“定孔教为国教”。次年 9 月，孔教会迁到北京，推康有为任总会长，陈焕章为主任干事，各地广设分会。其他尊孔社团，如孔道会、孔社、宗圣会、尊孔文社等，在全国纷纷出现。正如鲁迅所说：“从二十世纪的开始以来，孔夫子的运气是很坏的，到袁世凯时代，却又被从新记得，不但恢复了祭典，还新做了古怪的祭服，使奉祀的人们穿起来。跟着这事而出现的便是帝制。”①尊孔复古逆流的猖獗，使封建沉渣泛起。各种迎神拜佛、鬼怪迷信之风复炽。中国的思想文化界被闹得一片乌烟瘴气。人们的思想产生了迷惘：为什么辛亥革命后却出现了专制独裁统治，中国向何处去，是继续走共和之路，还是倒退到帝制时代？这些问题迫切需要得到回答。

资产阶级、小资产阶级知识分子的代表人物陈独秀、李大钊、鲁迅、胡适等对辛亥革命后出现的情势作了反思，认为其原因当然不是像封建守旧派所说的“中国宜于帝制不宜于共和”，恰恰相反，是由于辛亥革命的不彻底，特别是没有真正触动人们头脑中根深蒂固的旧思想、旧伦理道德所致。陈独秀指出：“我们中国多数国民口里虽然是不反对共和，脑子里实在装满了帝制时代的旧思想，欧美社会国家的文明制度，连影儿也没有，所以口一张，手一伸，不知不觉都带君主专制臭味。”②因此，要想巩固共和制度，必须进行思想领域内的革命。正如陈独秀所说：“这腐旧思想布满国中，所以我们要诚心巩固共和国体，非得这班反对共和的伦理文学等等旧思想，完全洗刷得干干净净不可。否则不但

① 鲁迅：《在现代中国的孔夫子》，见《鲁迅全集》第 6 卷，317 页。

② 陈独秀：《旧思想与国体问题》，见《陈独秀文章选编》上册，205 页。

共和政治不能进行，就是这块共和招牌，也是挂不住的。”[①]于是以 1915 年陈独秀创办的《青年杂志》(后改名《新青年》)为肇端，掀起了一场新文化运动，涌现了新文化思潮。新文化思潮以民主和科学为两大旗帜，反对旧道德，提倡新道德；反对旧文学，提倡新文学；反对文言文，提倡白话文。

陈独秀等人所倡导的民主，一方面是指反对专制政治。陈独秀说："吾国欲图世界的生存，必弃数千年相传之官僚的专制的个人政治，而易以自由的、自治的国民政治。”[②]他们追求的目标，是建立法国和美国式的民主共和政体。另一方面是指个人要获得政治上和经济上的民主，以及获得人格独立、个性解放。陈独秀指出："解放云者，脱离夫奴隶之羁绊，以完其自主自由之人格之谓也。我有手足，自谋温饱；我有口舌，自陈好恶；我有心思，自崇所信；绝不认他人之越俎，亦不应主我而奴他人。盖自认为独立自主之人格以上，一切操行，一切权利，一切信仰，唯有听命各自固有之智能，断无盲从隶属他人之理。”[③]培养独立人格意识，改造国民性，是中国推行民主政治的前提。

新文化思潮的另一项重要内容是提倡科学。陈独秀强调说："科学之兴，其功不在人权说下，若舟车之有两轮焉”。[④] 欧美国家之所以发达，“科学之兴”是其中的一个重要原因，中国之所以处于落后状态，是由于科学不发达所致。新文化运动倡导的科学是指自然科学和对待事物的科学态度、认识事物的科学法则。陈独秀认为，无论对待什么事物，都不能凭空构造、妄下断语，而应“以科学说明真理，事事求诸证实”。因为只有“举凡一事之兴，一物之细，罔不诉之科学法则，以定其得失从违；其效将使人间之思想云为，一遵理性，而迷信斩焉，而无知妄作之风息焉”。[⑤]

---

① 陈独秀：《旧思想与国体问题》，见《陈独秀文章选编》上册，207 页。

② 陈独秀：《吾人最后之觉悟》，见《陈独秀文章选编》上册，107 页。

③ 陈独秀：《敬告青年》，见《陈独秀文章选编》上册，74 页。

④ 同上书，78 页。

⑤ 同上书，78 页。

新文化思想的倡导者以自然科学为武器，力斥封建神鬼迷信。辛亥革命后，北洋军阀政府及社会上的反动势力不仅鼓吹尊孔复古，而且大肆宣扬鬼神迷信。上海还设立“灵学会”，编发《灵学》丛志，宣称鬼神之存在能用“科学”方法证明。对此，《新青年》负起了反迷信斗争的任务，在刊物上发表了一系列驳斥所谓“灵学”、论证鬼神为无稽之谈的文章，如陈独秀的《有鬼论质疑》、易白沙的《诸子无鬼论》、陈大齐的《辟“灵学”》、鲁迅的《随感录》等。陈独秀向有鬼论者提出八个问题，揭穿其中的矛盾，痛斥他们“鬼话联篇”，作伪欺人。鲁迅指出：“现在有一班好讲鬼话的人，最恨科学，因为科学能教道理明白，能教人思路清楚，不许鬼混，所以自然而然地成了讲鬼话的人的对头。”①

新文化思想倡导者在反对鬼神迷信的同时，还反对偶像崇拜，提倡崇拜科学真理。封建迷信往往与偶像崇拜相联系，都是愚弄人民的精神锁链。在中国封建社会中，人们崇拜的偶像形形色色，难以计数。陈独秀用诙谐的语言来形容这些偶像：“一声不做，二目无光，三餐不吃，四肢无力，五官不全，六亲无靠，七窍不通，八面威风，九(音同久)坐不动，十(音同实)是无用。”偶像的外表，个个威风凛凛，“其实是个无用的废物”。“凡是无用而受人尊重的，都是废物，都算是偶像，都应该破坏。”他大声疾呼：“破坏！破坏偶像！破坏虚伪的偶像！吾人信仰，当以真实的合理的为标准。”②李大钊在《培根之偶像说》、《真理之权威》、《自然的伦理观与孔子》等文章中，也阐述了同样的观点。李大钊介绍了英国17世纪唯物主义哲学家培根的“偶像”说，指出：偶像不过是一种“先入为主之偏见妄想”，③ 中国的孔子就是“为历代君主所雕塑之偶像”，亦在破除之列。他说：“余之掊击孔子，非掊击孔子之本身，乃掊击孔子为历代君主所雕塑之偶像的权威也；非掊击孔子，乃掊击专制政治之灵魂也。”④从而把反对偶像崇拜与反对专制主义政治结合起

① 《新青年》第5卷第4号。
② 陈独秀：《偶像破坏论》，见《陈独秀文章选编》上册，276～277页。
③ 李大钊：《培根之偶像说》，见《李大钊文集》上册，193页。
④ 李大钊：《自然的伦理观与孔子》，见《李大钊文集》上册，264页。

来。在批判偶像崇拜的同时，李大钊强调信仰和追求真理。他说：“言论之挟有真理与否，在其言论本身之含有真理之质与否。”“故吾人今日与其信孔子、信释迦、信耶稣，毋宁信真理。”而“信真理”就必须遵循科学的态度和方法，一在查事之精，一在推论之正。……二者之中，尤以据乎事实为要”。① 这与陈独秀“以科学说明真理，事事求诸证实”的说法的基本精神完全一致。他们在反对封建迷信、反对偶像崇拜的同时，树立起真理和科学的权威，意在引导青年用科学的态度观察世界、认识社会，不盲从、不武断，依据科学真理开辟新的认识境界。

新文化思想倡导者以民主、平等为思想武器，对封建统治者利用孔子进行专制统治和封建伦理道德进行了有史以来最猛烈的批判。易白沙在 1916 年《新青年》第 1 卷第 6 号和第 2 卷第 1 号上发表《孔子平议》一文，批评孔子“尊君权，漫无限制，易演成独夫专制之弊”；抨击封建统治者“罢黜百家，独尊儒术，利用孔子为傀儡，垄断天下之思想，使失其自由”。② 陈独秀从现代生活的各方面论证了孔子之道与时代精神背道而驰，古今道德观念已经发生了绝大的变化，为什么还要在“立宪”时代用他的陈旧思想阻挡社会进步呢？孔子之道在现实中完全是“反对民权之思想之学说，实为制造专制帝王之根本恶因”。③ 李大钊在《孔子与宪法》一文中尖锐地指出：“孔子者，数千年前之残骸枯骨也；孔子者，历代帝王专制之护符也。”④吴虞把封建伦理道德、宗法家族制度、君主专制制度联系起来进行批判，指出家族制度是君主专制的基础，君主专制是家族制度的放大，封建伦理道德是维护这两者的精神支柱。因此，要根除专制政治，就必须革除家庭的专制，打碎旧的家族制度及“孝悌”之类的伦理道德。他说：“儒教不革命，儒学不转轮，吾国遂无新思想、新学说，何以造新国民？”⑤他在《吃人与礼教》一文中尖锐揭露封建礼教

① 李大钊：《真理之权威》，见《李大钊文集》上册，446 页。
② 《新青年》第 1 卷第 6 号。
③ 陈独秀：《袁世凯复活》，见《陈独秀文章选编》上册，159 页。
④ 《李大钊文集》上册，258 页。
⑤ 吴虞：《儒家主张阶级制度之害》，载《新青年》第 3 卷第 4 号。

的反动实质，指出："孔二先生的礼教讲到极点，就非杀人吃人不成功，真是惨酷极了！……甚么'文节公'呀，'忠烈公'呀，都是那些吃人的人设的圈套，来诳骗我们的！我们如今应该明白了！吃人的就是讲礼教的，讲礼教的就是吃人的呀！"[①]

五四新文化运动是中国近代史上具有空前规模的思想启蒙运动，是辛亥革命在思想文化领域中的延续，为马克思主义在中国的传播开辟了思想道路。但是，五四新文化运动不可避免地存在缺陷。如新文化运动倡导者忽视人民群众的作用，只把运动局限在少数知识分子的范围内，而未能与广大人民群众反对军阀统治的斗争结合起来，使其影响受到限制。在思想认识上，他们存在片面性、简单化的偏向。这些对后来产生了消极的影响。

① 《新青年》第 6 卷第 6 号。

第六章 儒学

清代儒学，承明季之绪而衍变。明中叶后，阳明心学流播，反映出官方统治思想程朱理学的衰颓。阳明心学的衍变，为王艮的泰州学派。而泰州学派的发展，则出现了反理学的“异端”。但是，阳明心学的末流流于清谈，被诟为“束书不观，游谈无根”，甚至被认为是明朝覆亡的原因。清初，学风又发生变化。经世之学与考据学抬头，以改变明末空疏无用的学风。而程朱理学也排拒陆王心学，虽无新意，但仍被尊为官方之学。至乾隆年间，考据学兴盛，成为有清一代的显学。于是有程朱与陆王之辩、宋学与汉学之争。庄存与则治公羊学，开常州学派之端，复兴今文经学。然而这些变化，都是在儒学内部发生的，是儒学内部各派之间的消长兴衰，以及各自地位的竞争，不影响儒学的总体地位。儒学发生重大变化，是在1840年鸦片战争以后的近代。这里阐述的是近代儒学变化的一些问题，不是它的全部情况。

一、儒学趋向于经世致用

鸦片战争以后，西学输入，冲击了传统的儒学。在西学的冲击下，儒学显得无能为力，不论宋学或汉学，都抵挡不住西方的殖民侵略而败下阵来。面对前所未有的大变局，儒学本身不可避免地要有所调整，以适应变局。

事实上，还在鸦片战争以前，儒学已趋于衰颓。汉宋学之争互相诟病攻讦，而有识之士则对两家都不满意，指斥汉学琐碎、宋学空疏，无实无用。其时吏治腐败，人才匮乏，经济问题困难重重，社会矛盾和社会危机越来越严重，而汉学、宋学都无补于解决这些问题。但是，不能因此认为儒学已经无所作为、已经崩溃，事实是儒学各派都力图适应面临的社会危机的形势而有所复兴。

鸦片战争前后，盛极一时的汉学已趋衰落，而程朱理学却有所抬头，或者说有所"复兴"。顾云的《盋山文录》说："道光之末世，儒讲汉学者寝微，于是唐确慎公鉴、文端公倭仁、吴侍郎廷栋诸人起而讲宋学，曾文正公国藩亦会焉。"[①]复兴宋学的宗主是唐鉴。唐鉴专主程朱理学，在一些士大夫中很有影响。他任太常寺卿时，倭仁、曾国藩、吴廷栋、何桂珍、窦垿等都跟他"考德问业"。唐鉴是湖南人，他的理学思想也影响到湖南，如罗泽南等人。值得注意的是，这时的理学并不是康熙年间理学的简单兴复，而是随着时势的变化而具有不同的特点。这就是避免空疏，强调"内期立身，外期辅世"。唐鉴在他的著述中指出要"守道救时"。他说："救时者人也，而所以救时者道也。正直可以慑回邪，刚健可以御强梗，庄严可以消柔佞，端悫可以折侵侮，和平可以息横逆，简易可以综繁赜，抱仁戴义可以淑身心，周规折矩可以柔血气，独立不惧可以振风规，百折不回可以定识力，守顾不重乎哉？"[②]这里所强调的是"守道"，也就是"立身"的重要意义。要救时必须守道，守道则是为了救时。儒者要不尚空言，而以躬行实践为事，发为事功，期于辅世，所谓"礼乐兵农，典章名物，政事文章，法制度数，何莫非儒者之事哉"。[③] 这也就是儒家所谓的"内圣外王"，"内圣"与"外王"紧密结合。道光间，清朝已衰落，对外败于英国侵略者，割地赔款，丧权辱国，而内部社会阶级矛盾尖锐，到处发生起义和反抗斗争。理学强调"守道救时"，正是这种危机的反映。

---

① 《罗文学蒋孝廉别传》，见《盋山文录》卷五，光绪十五年刻本。

② 《国朝学案小识·守道篇叙》，上海，商务印书馆，1935。

③ 《国朝学案小识·自叙》。

追随唐鉴"考德问业"的人，都是崇奉程朱理学的。但是，他们的趋向也不完全一样，或者说有不同流派。一是倭仁、吴廷栋等人，着重于道德内省。他们主张"克己慎独"、"居敬穷理"、"主敬存诚"。倭仁认为，"穷理必极其精，居敬必极其言。"[①]吴廷栋说："圣贤相传心法，只是一个敬字。敬胜百邪，敬则天理常存，人欲不作。平地成天，继往开来，皆是此一字作用"。[②] 他们在道德内省上"用功最笃实"。曾国藩称赞倭仁"虽妄念偶动，必即时克治"，是"朝中有特立之操者"。但是，这种一味"居敬穷理"的结果，是流于空疏、脱离实际。人们所熟知的京师同文馆增设天文算学馆的争论，倭仁在奏折中即扬言："立国之道，尚礼义不尚权谋；根本之图，在人心不在技艺。"显然，这种空话、大话只能表现出与时代脱节的迂腐，无助于挽救清王朝面临的危机、应付大变局的形势。

曾国藩、罗泽南等人与倭仁辈有所不同。他们作为理学家，也同样重视身心修养，即所谓道德内省。如曾国藩自己所立的日课项目即是"主敬"、"慎独"，时时注意"省躬责己"。但是，曾国藩不仅满足于道德内省，而且注意实践，切于实际，讲求经世之学。当时，包括唐鉴在内，认为为学只有义理、考据、辞章三门，而曾国藩则主张加上经济为四门。他说："有义理之学，有辞章之学，有经济之学，有考据之学。义理之学，即《宋史》所谓道学也，在孔门为德行之科。辞章之学，在孔门为言语之科。经济之学，在孔门为政事之科。考据之学，即今世所谓汉学也，在孔门为文学之科。此四科缺一不可。"[③]既注重德行，又注重经济，是曾国藩、罗泽南等一派湘系理学的特点，也是他们较倭仁等人偏于内省、"徒托空言"的理学的高明之处。因此，曾国藩及其湘系集团也就为维护清朝封建统治而镇压太平天国农民运动发挥作用。在曾国藩的《讨粤匪檄》中表明"历世圣人，扶持名教，敦叙人伦。君臣父子，上

① 《答黄敬庐》，见《倭文端公遗书》卷八。
② 《书方存之茂才〈俟命录〉后》，见《拙修集》卷六，清同治十年(1871)刻本。
③ 《问学》，见《曾文正公全集·求阙斋日记》卷上，清同治光绪间传忠书局刻本。

下尊卑，秩然如冠履之不可倒置”，从而攻击太平天国“举中国数千年礼义人伦、诗书典则，一旦扫地荡尽，此不独我大清之变，乃开辟以来名教之奇变，我孔子、孟子之所痛哭于九原”。同时，曾国藩等也有从事以“中学为体，西学为用”为方针的洋务运动的可能。正是与此有关，曾国藩等一批人才成为“同治中兴”的“名臣”。

或认为理学只讲内省修身，与追求外在事功的经世为两橛，统不到一起。这一说法不免绝对化，并不完全符合理学的实际。理学重在义理、心性，其末流流于空疏，但不是完全不讲事功，更不是与之对立。理学为孔孟儒学的发展，它包含着政事、治道的内容，是“内圣外王”的功夫，即修身、齐家、治国、平天下。曾国藩就没有将理学与经世对立起来，而是认为“经济之学，即在义理之中”，义理包括经济。他说：“古之学者，无所谓经世之术也，学礼焉而已。”[①]“自内焉者言之，舍礼无所谓道德；自外焉者言之，舍礼无所谓政事。”[②]就是说，以“礼”为主体，统帅道德和事功，即维持封建统治秩序。因此，“义理与经济初无两术之可分，特其施功之序，详于体而略于用耳”。[③] 义理与经世，用曾国藩的另一个提法，就是“大本内植，伟绩外充”。[④] 在曾国藩等人的心目中，理学与经世是统一的，道德与政事也是密切结合的，并不是判为两橛。这从前面提到的镇压太平天国和兴办洋务的活动中，都可以明显表现出来。

继程朱理学而兴起的是今文经学。今文经学虽起于乾嘉间的庄存与、刘逢禄，接续于道光间的龚自珍、魏源(而龚、魏开借今文经学而言世务的风气之先)，但真正盛行则在光绪年间。其时，王闿运主四川尊经书院教席，提倡今文经学，影响及于弟子，廖平为其中之一，被称为“川学”。后来，廖平至广州，遇康有为。康有为于 1888 年因入京应试机会，上书光绪皇帝请求变法，为顽固派所阻，次年返回广东，得与

① 《孙芝房侍讲刍论序》，见《曾国藩全集·诗文》，256 页。
② 《笔记二十七则·礼》，见《曾国藩全集·诗文》，358 页。
③ 《劝学篇示直隶士子》，见《曾国藩全集·诗文》，443 页。
④ 《罗忠节公神道碑铭》，见《曾国藩全集·诗文》，307 页。

廖平晤谈。康有为探讨过程朱理学、陆王心学、古文经学、佛学等，但都没有找到出路，此时受廖平的启示，即想借今文经学的“微言大义”以为经世致用。他从今文经学接受“三统”、“三世”说和“孔子改制”说，先后著《新学伪经考》和《孔子改制考》，斥古文经籍为伪经，以孔子“托古改制”，而主张变法维新。今文经学由川而粤，康有为弟子如梁启超、欧榘甲等都张其师的学说，极力鼓吹今文经学，被称为“粤学”。在康有为的影响下，谭嗣同、唐才常等人也接受今文经学。戊戌维新运动时，湖南创时务学堂，开南学会，办《湘报》，梁启超、谭嗣同、唐才常等或讲学，或演说，或撰文，以今文经义鼓吹变法。湖南人皮锡瑞是今文经学家，在长沙参与其事，也以今文经义言变法。今文经学又在湖南传播，于是被称为“湘学”。

今文经学作为儒家的一派，因龚自珍、魏源借以言政，在鸦片战争前后已渐流播。但就今文经学本身来说，它和宋学、汉学并没有什么不同，说不上是什么进步学说，不起什么进步作用。正如曾国藩以程朱理学来挽救濒于崩溃的清朝统治秩序一样，龚自珍、魏源也是利用今文经学来抨击腐败的现实，主张“更法”、“变古”，是他们因社会现实的需要而去利用今文经学，不是今文经学在晚清有什么进步作用。康有为以“公羊三世说”、“孔子改制”说而鼓吹变法维新，也是缘此而来。

今文经学在19世纪八九十年代有所兴盛，但如果认为晚清儒学是今文经学独盛，专讲《公羊》，则并不符合实际。如前所述，程朱理学在唐鉴、曾国藩时曾有所兴复。即使在康有为借今文经学鼓吹变法时，理学和考据学仍居于正统地位。1891年《新学伪经考》出版后，即遭到理学家和考据学家的抨击。在维新运动过程中，既有政治观点的歧异，也有学术流派的分野。戊戌变法失败后，今文经学又趋于衰退。

20世纪初，古文经学代今文经学复兴。以古文经学而“论治”，孙诒让具有代表性。孙诒让治古文经学，对《周礼》的研究尤为精辟。中日甲午战争后，他因“外敌凭临”，在维新思潮的影响下，组织“兴儒会”，提出“以尊孔振儒为名，以保华攘夷为实”，以“大雪仇耻”，表现了挽救民族危亡的爱国精神。1901年撰《周礼政要》，凡两卷，四十篇。孙诒让在《周礼政要序》中说："辛丑夏，天子眷念时艰，重议变法，友人以余尝治《周礼》，嘱之摭其与西政合者，甄缉之以备采择，此外非欲标揭古经以自强其虚骄而饰其窳败也。"这说明他的《周礼政要》是因清政府推行"新政"而作的。同康有为为维新而利用今文经学一样，孙诒让也是因"新政"的需要而利用古文经学。意义虽然不同，而其做法则一。

其后，以古文经学"论治"，其著者有章太炎、刘师培等人。当时，孙中山领导的推翻清政府的革命运动日益发展。章太炎绍述清代考据学开创者顾炎武的"经世致用"思想，宣传民族主义。他在《答梦庵》一文中说："原此考证六经之学，始自明末儒先，深隐蒿莱，不求闻达，其所治乃与康熙诸臣绝异。若顾宁人者，甄明古韵，纤悉寻求，而金石遗文，帝王陵寝，亦靡不殚精考索，唯惧不究。其用在兴起幽情，感怀先德。吾辈言民族主义者，犹食其赐。且持论多求根据，不欲以空言义理诬后人，斯乃所谓存诚立学。"①章太炎正是以民族主义鼓吹革命，以古文经学批评康有为借今文经学"三世"说、"孔子改制"说宣扬改良。与章太炎同治古文经学且互相结交的刘师培，也以古文经学鼓吹革命，批判康有为借今文经学宣扬改良思想。刘师培承扬州学派的家传，治《春秋》、《左传》。他在革命派与立宪派的论战中，发表了《论孔子无改制之事》、《汉代古文学辩诬》等文，批判康有为的古文伪经说和"孔子改制"说，指出今文经所言大抵穿凿附会，古文经在刘歆以前即与今文经并存，而且优于今文经；孔子是"从周制"，"谓之改古制不可，谓之改周制尤不可"。他认为："歆考古代之史实，以证中国典制之起源，观人群进化之次第，不得不取资于经。"②以古文经为"观人群进化之次第"，即借以证明革命的合理性，反对康有为的"三世"进化观。

从以上所说可以看出，在晚清，理学、今文经学、汉学都曾经有过相对的兴盛，但没有形成哪一派独盛的局面。而儒学各派的兴复，也不是由于哪一派比哪一派进步，而是因为"时势"的关系。不论哪一个阶

① 汤志钧编：《章太炎政论选集》上册，398页。

② 《论孔子无改制之事》，见《刘申叔先生遗书》第45册。

级，或哪一个政治派别，他们都是因面对着巨大“变局”而要去应付或改变这种局面，而从儒学某一学派中去寻求思想武器，尽管他们的政治立场和目的很不相同。儒学各派都趋向于经世致用，包括被指责为空疏的宋学和琐碎的汉学，这是晚清儒学的一个特点。

既然儒学各派都面对现实，讲求经世致用，也就存在着学术和政事的关系问题。鸦片战争前后，魏源等一些人批评学术与政事分裂的状况，主张“学问、经济无二事”，“贯学术、政事、文章为一”。从曾国藩重事功的理学，到康有为“托古改制”的今文经学，再到章太炎鼓吹民族主义的古文经学，都是以学术服务于政治，不论是起反动作用的，还是起进步作用的，都是如此。即以维护清朝统治而言，宗程朱理学的罗泽南、何桂珍，宗阳明心学的吴嘉宾，治汉学的吕贤基、邹汉勋，以及治今文经学的邵懿辰，都在太平天国农民战争中“殉道”。治儒学的各派都同样卫道，不独宗程朱理学者。

二、儒学各派的兼采会通

晚清儒学另一值得注意之处，是儒学各派的兼采并收、会通融合。

清代康熙间，尊奉程朱理学，以为官方统治思想。当时所谓理学名臣辈出，如张履祥、陆陇其、张伯行、魏裔介、熊赐履、李光地等为其著者。至乾嘉间，汉学盛行，吴派、皖派占据学术，而理学寝衰。嘉庆二十三年(1818 年)，江藩著《汉学师承记》为清代汉学家立传，并历述其学术渊源，为汉学树正统，贬斥宋学空疏。而阮元编辑《皇清经解》，对于诸家著述，凡不关小学、不纯用汉儒古训的，概不著录。宗宋学的方东树则著《汉学商兑》以为反击，指摘汉学脱离实际，支离琐碎。于是尊汉尊宋，互相攻讦，势同水火，争论激烈。嘉道年间，即出现调和汉宋的趋向。如李兆洛、张履、胡承珙等对汉学宋学无所偏倚，不分门别户。李兆洛认为："论学无汉宋，唯以心得为主。"[①]张履主张"为汉为宋，则各从其说之长，而绝不参以成见"。[②] 胡承珙认为，"治经无训诂义理之分，唯求其是者而已；为学亦无汉宋之分，唯取其是之多者而已"。[③] 而一些宗汉学者，如程恩泽、胡培翚、冯桂芬等治经宗汉而不废宋，认为"义理即从训诂名物而出"，"训诂通则义理明"。与此异趣的，是一些尊宋学者兼采汉学。刘开在他所写的《学论》一文中提出"尊师程朱"，"兼取汉儒，而不欲偏废"。[④] 潘德舆则认为"学者诚能以程朱之义理为宗，而先导以郑孔，通其训诂，辅导以陆王，求其放心，庶有以救程朱之小失，而道学之真可见"。[⑤] 上述情况可以说明，不论哪种倾向，都是要清除汉宋学对立的门户偏见，而加以调和兼采。

徐世昌的《清儒学案》卷一八〇《心巢学案》中说："道咸以来，儒者多知义理、考据二者不可偏废，于是兼宗汉宋学者不乏其人。"这一说法，大致不差。鸦片战争以后，汉宋学兼宗会通更为盛行。尤其是一些名家、名臣，对汉宋学也都兼宗会通，影响很大。如岭南著名学者陈澧，被认为是开汉宋学会通之先声。汉宋学的调和会通并非始于陈澧，如上所述，其前辈已多有倡导；但他确实是咸同间主张会通汉宋学颇有影响者。陈澧治学，获座师程恩泽的启导，又受阮元及其创办的学海堂的影响。从鸦片战争那年起，他任学海堂学长达 27 年；随后，又任菊坡精舍山长。他著述甚丰，自称"著书百余卷"。陈澧重视训诂考据，其著述以考据为多，于文字音韵及乐律研究尤精。但其平生服膺朱子，深得义理之学，认为："然则解文字者，欲人之得其义理也。若不思其义理，则又何必纷纷然解其文字乎？"[⑥]所以，他所著"《汉儒通义》一书，采两汉经师义理之说，分类排纂，欲与汉学宋学两家共读之"。[⑦] 另一

---

① 《魏源集》上册，361 页。
② 《积石文稿》卷十四，稽经精舍主人道光壬寅刊本。
③ 《求是堂文集》卷四，清道光十七年(1837)胡氏求是堂刻本。
④ 《刘孟涂文集》卷二，道光六年姚氏檗山草堂刊本。
⑤ 《养一斋集》卷十三，同治八年刊本。
⑥ 《与黎震伯书》，见《东塾集》卷四，清光绪十八年(1892)刻本。
⑦ 《复王倬甫书》，见《东塾集》卷四。

部代表性著作《学思录》(后改名《东塾读书记》),也是“通论古今学术,不分汉宋门户,于郑君、朱子之学,皆力为发明”。[①] 与陈澧同时的另一岭南著名学者朱次琦,也是主会通汉宋,认为“学孔子之学,无汉学无宋学”,[②] 虽然他更偏重于程朱理学。长于“三礼”的黄式三及其子以周,谨守郑学,而兼尊朱子,反对存分门别户之见。黄以周说:“义理者,经学之本原;考据训诂者,经学之枝叶之流委也。削其枝叶而干将枯,滞其流委而源将绝。”[③]著名学者丁晏认为:“汉学宋学之分,门户之见也。汉儒正其诂,诂定而义理以显;宋儒析其理,理明而诂以精。二者不可偏废,统之曰经学而已。”[④]

不仅是学者会通汉宋学,一些以治学著称而又权势显赫的在位者也主张汉宋学兼采。如曾国藩,一向被认为崇奉程朱理学,他自己也声称“一宗宋儒”。实际上曾国藩不仅只宗宋儒,他不赞成讲义理者贬抑汉学,也不赞成讲汉学者贬抑宋学,认为二者都是不自量力的狂妄习气。曾国藩虽宗宋儒,但“不废汉学”,[⑤] “好高邮王氏父子之说”,[⑥] 并要儿辈“为怀祖先生(王念孙),为伯申氏(王引之),则梦寐之际,未尝须臾忘也”。[⑦] 曾国藩认为,“圣人经世宰物,纲维万事”,就在一个“礼”字。所以,他推崇汉学家江永的《礼书纲目》和秦蕙田的《五礼通考》,说:“尝谓江氏《礼书纲目》、秦氏《五礼通考》可以通汉宋两家之结,而息顿渐诸说之争”。[⑧] 曾国藩是“一宗宋儒,不废汉学”,而张之洞则是宗汉学而不废宋学。他在《创建尊经书院记》中说:为学“读书宗汉学,制行宗宋学。汉学岂无所失,然宗之则空疏蔑古之弊除矣。宋学非无所病,然宗之则可以寡过矣”。[⑨]

---

① 《与黎震伯书》,见《东塾集》卷四。
② 简朝亮:《朱九江先生年谱》,清光绪间读书草堂刻本。
③ 转引自《清儒学案》卷一五三。
④ 转引自《清儒学案》卷一六〇。
⑤ 《复颍州府夏教授书》,见《曾文正公全集·书札》卷十一。
⑥ 《曾国藩全集·家书二》,809页。
⑦ 《曾国藩全集·家书一》,453页。
⑧ 《复夏韬甫》,见《曾文正公全集·书札》卷十三。
⑨ 《张文襄公全集》卷二一三。

汉宋学息争、会通，在晚清已是较为普遍的现象。学术风气的变化，不是孤立的，它同时代、社会的变化分不开。鸦片战争以后，西方列强侵略日益加深，社会阶级矛盾尖锐，危机四伏。面临“三千年一大变局”，不论汉学或宋学，所面临的问题是“应变”，是“救时”，不可能也不允许继续争长短、立门户。它们之间不管有什么分歧，都是儒学内部的问题。因此，人们能够趋于较客观冷静地看待汉宋学的关系。这就是一般所认为的“今之言学者，曰考据，曰训诂，曰义理。义理者，道也，考据，此道也。训诂，此道也。无考据、训诂，则义理何以出。考据、训诂而不衷于义理，则学何以成”。[①] 汉宋学息争、会通的现象趋于普遍，也就势所难免了。应变、救时，也就是使汉宋学统一于致用。朱次琦认为，“通经将以致用”，“学之而无用者，非通经也”。[②] 陈澧在《汉儒通义》自序中说：“去门户之偏见，诵先儒之遗言，有益于身，有用于世，是区区之志也。”至于像曾国藩、张之洞等人，以权臣而兼学者，更是以学为经世致用。

正是因为应变、救时的需要，晚清的儒学不仅是汉宋学两家的调和，而且是儒学各派的兼采会通，是儒学和其他学派如诸子学的兼采会通。张之洞就曾主张：“不唯汉宋两家不偏废，其余一切学术亦可不废。”[③]这里所说的是汉宋两家以外的“一切学术”，范围当然很广泛。首先，是儒学内部汉宋学以外的学派，如今文经学。康有为等因宗今文经学，以古文经为伪经而力加排拒。张之洞虽主张不废“一切学术”，但对今文经学却大加指斥。不过，晚清为宋学或汉学者，不乏兼采今文经学。邵懿辰论学宗朱子，以“仪宋”命堂名，但又重今文经学，著《礼经通论》。陈澧既主汉宋学会通，也兼采今文经学，所编《汉儒通义》，即“采两汉经师义理之说”，包括董仲舒的《春秋繁露》等今文经学的作品。即使承家学渊源的刘师培，虽尚古文经学，力批康有为的今文经学，看

---

① 黄彭年：《息争书杨湘筠叙交篇后》，见《陶楼文钞》卷十，民国十二年(1923)刻本。

② 简朝亮：《朱九江先生年谱》。

③ 《创建尊经书院记》，见《张文襄公全集》卷二一三。

来很是对立，其实却是兼采今文经学的。刘师培反对墨守一家之说、门户之见，认为古文经学、今文经学各有其长短，主张兼采其长。他说："仅通一家，确守家法者，小儒之学也；旁通诸经，兼取今文者，通儒之学也。"[①]同样，宗今文经学的人也不都排斥汉宋学，而是主张调和汉宋学。今文经学家皮锡瑞即主"开通汉宋门户之见"，认为汉宋学"同是师法孔子，何必入室操戈"，"讲汉学者要讲微言大义方有实用，破碎支离，不成片段者无用。讲宋学者要能身体力行方有实用，空谈性命，不求实践者无用。"[②]

在儒学内部开通门户之见，更为明显的是对陆王心学的兼采。明中叶后，阳明心学盛行。明末清初，顾炎武等人病心学末流"束书不见，游谈无根"，提倡"通经致用"。虽有孙奇逢及其弟子汤斌仍宗阳明心学，但已受贬抑于程朱理学和汉学。及至晚清，陆王心学虽不似程朱理学、今文经学等各有兴复时机，但它已从被排斥而成为被兼采，也是一种"兴复"。陈澧除编纂《朱子语类日钞》外，还编纂《陆象山书钞》。刘熙载治学"不持汉宋门户之见，而于程朱、陆王亦能兼取"。[③]陆王心学本是作为程朱理学的异端而出现，崇奉程朱者大都排斥陆王。曾国藩自称"一宗宋儒"，为程朱信徒，曾对陆王心学表示不满。但后来他转而加以推崇，说："孔孟之学，至宋大明，然诸儒互相异同，不能屏门户之见。……朱子主'道问学'，何尝不洞达本源？陆子主'尊德性'，何尝不实征践履？……当湖学派极正，而象山、姚江亦江河不废之流。"[④]其子曾纪泽在祭文中称曾国藩"笃守程朱，不弃陆王"，[⑤]当是可信的。康有为、谭嗣同等维新派，对陆王心学都很喜好。梁启超说，康有为"独好陆王，以为直接明诚，活泼有用。故其所以自修及教育后进者，皆以此

① 《群经大义相通论·〈公羊〉〈荀子〉相通考》，见《刘申叔先生遗书》第9册。

② 《皮鹿门学长南学会第二次讲义》，载《湘报》第6号。

③ 《清儒学案》卷一七九。

④ 《复颍州府夏教授书》，见《曾文正公全集·书札》卷十一。

⑤ 《曾纪泽遗集》，156页，长沙，岳麓书社，1983。

为鹄焉”。[①] 康有为从陆王心学吸收了不少东西，例如他的“人为天地之心”的思想，就是取之于王阳明的“人者，天地万物之心也；心者，天地万物之主也”。[②] 尚古文经学的刘师培，吸收了王阳明的“良知”说，认为它可以矫正世俗的流弊，使人增长自信，奋发有为。他说：“凡良知学派立说，咸近于唯心，故阳明之徒多物我齐观，众生平等，不为外欲所移，亦不为威权所惕，而济民济世，所益尤多。”[③]陆王心学鼓吹“万物皆备我心”的主观唯心论，但它重视人的主观能动作用。因此，不论是挽救清王朝的统治，还是救亡图强，以至维新、革命，都需要人的主观能动性的发扬，乃至于献身。这就是曾经长期被压抑贬拒的陆王心学所以能够被兼采、所以能够得到兴复的原因。

儒学的会通，除去内部各派之外，还打破儒学的界限，兼取其他学派的思想，如诸子学。清代儒学仍居于正统地位，诸子学被贬斥，嘉庆朝颁布的上谕还说：“诸子百家，不过供文人涉猎，已属艺余。”但是，有的学者也不受此局限，注意对诸子学的研究。如汪中，研治荀子、墨子，尤其是将墨子、墨学提到与孔子、儒学并立的地位，实是骇世之论。进入晚清，宗儒学者多有兼收并采诸子学的。陈澧所著《东塾读书记》，“自经学外”，“唯详于诸子之学”。“一宗宋儒”的曾国藩，据《水窗春呓》记载，他曾说过：“吾学以禹墨为体，庄老为用”。[④] 在《求阙斋日记》的《问学》中，曾国藩说：“立身之道，以禹墨之勤俭，兼老庄之虚静”。又说：“若游心能如老庄之虚静；活身能如墨翟之勤俭，齐民能如管商之严整，而又持之以不足是之心，偏者裁之，缺者补之，则诸子皆可师也，不可缺也。”[⑤]曾国藩排除了有些儒者独守孔孟程朱之道的褊狭，淡化了儒学和诸子学的界限，加以兼容并包。康有为、谭嗣同在孔孟儒学之外，对先秦诸子尤重在墨子、庄子。如康有为吸取了墨子的

① 《康有为传》，见《戊戌变法》第4册，5页。

② 《答季明德书》，见《王文成公全书》卷六，清光绪间浙江书局刻本。

③ 《伦理教科书》，见《刘申叔先生遗书》第65册。

④ 《一生三变》，见《水窗春呓》，17页，北京，中华书局，1984。

⑤ 《曾文正公手书日记》，咸丰十一年八月十六日。

"兼爱"、"尚同"，认为符合孔子的"仁道"思想，符合"合群"的精神，能舍身救民。他称赞庄子"言心学最精，直出六经之外"，"后来能办事者，皆用庄子之学"。[①] 辛亥革命时期，章太炎、刘师培等提倡"国学"、"国粹"，儒学之外，包含诸子学。章太炎在日本时主持国学讲习会，作《诸子学略说》，讥评孔子，提高诸子学的地位。《国学振兴社讲义》第1册也发表《诸子系统说》一文。刘师培发表了《周末学术史序》、《国学发微》、《古学起源论》等论著，认为诸子学与孔学都是重要的国学精华，儒学在许多方面借鉴了诸子学，二者有许多共同之处，"孔子不废九流"。

儒学的调和会通，去分门别户之见，反映了在时代剧变的情势下它本身所具有的调整、适应的能力。但是，这同时也表现出儒学中心正统地位的动摇。

三、儒学与西学的会通

近代儒学处在中国沦为半殖民地半封建社会的过程中，与鸦片战争以前的情况不同，它面对着西学的冲击。在这个过程中，儒学和西学既存在矛盾和斗争，又有调和会通。儒学和西学的调和会通，是近代儒学发生的重大变化，也是它的正统地位发生更大的动摇的表现。

儒学和西学的调和会通，早在明清间就已出现。其时，欧洲耶稣会士来华传播天主教，也带来一些西方自然科学技术，被称为"西学"。著名学者徐光启、方以智、梅文鼎等在接触西方的自然科学技术后，即主张中西会通。梅文鼎说："法有可采，何论东西；理所当明，何分新旧，在善学者知其所以异，又知其所以同。去中西之见，以平心观理。……务集众长以观其会通，毋拘名相而取其精粹。"[②]这种不分中西新旧，

① 吴熙钊等校点：《南海康先生口说》，47、49页，广州，中山大学出版社，1985。
② 《堑堵测量》卷二，清同治十三年(1874)刻本。

“务集众长以观其会通，毋拘名相而取其精粹”的思想，不仅是正确的，而且是很可贵的，对于发展中国的科学技术有着积极的作用。可惜的是，由于后来西学输入的停顿，会通中西的思想也没有得到发展。

鸦片战争以后，西学又逐渐传播。较早提出或实践中西会通的，是数学、医学等领域。李善兰在数学方面，即实践了中西学的会通。他在同文馆任总教习时，以元朝李治的《测圆海镜》为教材，并撰《测圆海镜解》，于其中的原题，“以代数演之，则合中西为一法”。[①] 这就把中国古代传统数学的“天元术”纳入当时世界通行的数学轨道中。李善兰曾与伟烈亚力合作翻译西方数学著作，在接受了自己翻译的西方数学后，他的数学著作大都是会通中西学术思想的研究成果。丁韪良在《算学课艺序》中曾评论说：“合中西之各术，绍古圣之心传，使数学复兴于世者，非壬叔吾谁与归?”

在医学方面，最早提出中西医学会通的是李鸿章。他在为《万国药方》撰的序中说：“倘学者合中西之说而会其通，以造于至精极微之境，与医学岂曰小补!”其后，著名中医唐宗海、朱沛文等人提出了会通中西医学的思想，并在中医界产生了很大的影响。唐宗海不赞成歧视西医，认为：“西医亦有所长，中医岂无所短。盖西医初出，未尽周详；中医沿讹，率多差谬。因集《灵》、《素》诸经，兼中西之义解之，不存疆域异同之见，但求折中归于一是。”[②]朱沛文对西方医学的了解，比唐宗海更为深入。他说：“少承庭训医学，迄今临证垂二十年，尝兼读华洋医书，并往洋医院亲验真形脏腑，因见脏腑体用，华洋著说不尽相同。窃意各有是非，不能偏主，有宜从华者，有宜从洋者。大约中华儒者精于穷理而短于格物，西洋智士长于格物而短于穷理”。[③] 朱氏使用理学的词汇“格物”、“穷理”以分判中西医学的短长，显然不够准确。但他认为中西医学“各有是非，不能偏主”，应当加以会通融合，则是很有见地的。这

① 《测圆海镜细草》序。

② 《〈中西汇通医经精义〉序》。

③ 《〈华洋脏象约纂〉自叙》。

些医学家不仅主张会通中西，而且进行了实际探索。如唐宗海所著的《中西汇通医经精义》(1892 年刊行)，以西方脏腑图说证之于《内经》；朱沛文撰写的《华洋脏象约纂》(1892 年刊行)，以脏腑体用原委证之于中西群籍，对当时西方解剖生理记述甚详，对历代中国医家有关论述也旁征博引。

中日甲午战争以后，随着西学传播从艺学到政学的发展，中西学会通也因具有更普遍的意义而被提了出来。戊戌维新运动时期，康有为就认为，应当“泯中西之界限，化新旧之门户”。[①] 严复则指出：“必将阔视远想，统新故而视其通，苞中外而计其全，而后得之。”[②]梁启超说得更具体：“必深通六经制作之精意，证以周秦诸子及西人公理公法之书以为之经，以求治天下之理；必博观历朝掌故沿革得失，证以泰西希腊、罗马诸古史以为之纬，以求古人治天下之法；必细察今日天下郡国利病，知其积弱之由，及其可以图强之道，证以西国近史宪法章程之书及各国报章以为之用，以求治今日之天下所当有事，夫然后可以言经世。……今中学以经义掌故为主，西学以宪法官制为归，远法安定经义治事之规，近采西人政治学院之意，与二三子共勉之。”[③]辛亥革命时期，鲁迅在《文化偏至论》一文中认为，新文化应是“外之既不后于世界之思潮，内之仍弗失固有之血脉，取今复古，别立新宗”。[④] 可以看出，甲午战争以后，中西学会通已不再局限在自然科学的某一具体学科，而是从建立中国的新学或新文化出发的，并且从自然科学领域发展到哲学社会科学领域，是整体的而不是局部的。

在 19 世纪末 20 世纪初，会通中西的一个明显特点，是力图融会中西学以建立自己的思想理论体系。康有为思想理论体系的建构即是一个明显的例证。康有为的思想理论体系很庞杂，但其基点为孔子儒学——“仁”、“元”，包括思孟学派、陆王心学、董仲舒和今文经学派、《易传》

---

① 汤志钧编：《康有为政论集》上册，295 页。

② 王栻主编：《严复集》第 3 册，560 页。

③ 《湖南时务学堂学约》，见《饮冰室合集》文集之二，28 页。

④ 《河南》第 7 期。

的思想。如前所述，他还吸收了墨子的“兼爱”、“尚同”，庄子的“心学”，以及佛学的禅宗、华严宗等。他认为“兼爱”、“尚同”符合“仁道”、“合群”精神，而庄子言心学最精，直出《六经》之外。对于西学，康有为也尽力吸收。他的哲学范畴“仁”、“元”，都吸收了西方的民主、平等、博爱的社会政治学说，以及近代自然科学如天文学、天体力学、地质古生物学等。他的“大同”乌托邦思想，也融会了西方的空想社会主义。如果说宋明理学体系是“援佛入儒”的话，那么康有为的理论体系则是“援西入儒”。正是在会通融合中西学的基础上，康有为建构了以“元——仁为本”的理论体系和“大同”乌托邦社会，虽然不免存在着牵强附会。

“戊戌六君子”之一的谭嗣同，在他所建立的“仁学”理论体系中，也是会通融合了中西学。他在《仁学·界说》中说：“凡为仁学者，于佛学当通《华严》及心宗、相宗之书，于西书当通《新约》及算学格致、社会学之书，于中国书当通《易》、《春秋公羊传》、《论语》、《孟子》、《庄子》、《墨子》、《史记》，及陶渊明、周茂叔、张横渠、陆子静、王阳明、王船山、黄梨洲之书。”谭嗣同“仁学”体系的思想渊源，大致与康有为近似。他也是力图会通中西，来建构“仁学”体系。他借用当时物理学的名词“以太”，把它作为构成世界万物的始基。而“其显于用也，孔谓之‘仁’，谓之‘元’，谓之‘性’；墨谓之‘兼爱’；佛谓之‘性海’，谓之‘慈悲’；耶谓之‘灵魂’，谓之‘爱人如己’，‘视敌如友’；格致谓之‘爱力’、‘吸力’；咸是物也。”[①]梁启超认为，谭嗣同的“仁学”是“冥探孔佛之精奥，会通群哲之心法，衍释南海之宗旨”。[②] 梁启超对谭嗣同的“仁学”所归纳的三句话，第三句不无为扬其师而有所夸张，但总的来看，大致不差。谭嗣同和康有为都是“援西入儒”，构成“不中不西，亦中亦西”的以儒学为主、中西杂糅的不成熟的思想体系。

20世纪初，资产阶级民主革命思潮兴起，民权平等学说日益传播。孙中山在建立他的三民主义思想体系过程中，吸收了西方文化中的民

① 《谭嗣同全集》(增订本)下册，293～294页。

② 《谭嗣同传》，见《谭嗣同全集》(增订本)下册，543页。

权、平等思想和共和国方案，也从中国传统文化中继承了明末清初顾、黄、王的民族思想，“民贵君轻”、“民胞物与”和“原君”的民主精神以及大同社会的思想等。当然，孙中山的会通中西比康有为、谭嗣同等已是发展了。康有为等存在着明显的以西学附会中学的缺陷，而孙中山则有着系统的西方社会政治思想，在此基础上来吸收中学，“集合中外的精华，防止一切的流弊。”

在民权平等学说的传播中，卢梭的《民约论》产生了很大的影响。《民约论》最早的中文译本，是1898年戊戌变法那一年由上海同文书局出版的，译者是日本的中江笃介，称为《民约通义》，只译该书的第一章。这个译本，在当时似乎未引起人们的注意。1900年年底至1901年年初，《译书汇编》连载了杨廷栋据日译本转译的《民约论》。1902年，杨廷栋全译了《民约论》，由上海文明书局出版。杨氏的译本，在学界中产生了影响。据刘师培在1904年所撰的《中国民约精义序》中说：“吾国学子，知有‘民约’二字者三年耳，大率据杨氏廷栋所译和本卢梭《民约论》以为言”。但是，《民约论》也受到顽固守旧者的反对，“且以邪说目之，若以为吾国圣贤从未有倡斯义者”。为了驳斥守旧势力的攻击，传播“民约”思想，刘师培于1903年与林獬编撰《中国民约精义》一书，1904年刊行。《中国民约精义》的编撰，是辑录中国“前圣曩哲”的书籍中“言民约者”，起自《易》、《书》、《诗》，迄于鸦片战争前后魏源、龚自珍、戴望的著述，凡三卷五万多字。所及范围较广泛，但主要是儒学各派的著述。刘师培在各篇之后加了按语，以《民约论》的相关论点为印证，加以阐释，评论其得失。如《易》“革卦”说“汤武革命，顺乎天而应乎人”，与《民约论》所说的“君主背民约之者，则君民之义已绝”，“人君之阻力，人民当合群以去之”契合，“所谓革命者，非汤武一人之私谋，乃全国人民之合意”。这就把一般的反暴君暴政，诠解为人民反对君权专制、鼓动推翻清王朝的革命。刘师培一般都是摘取一个作者或一部书的某些观点，如王阳明的心学，选择的是“良知”说。他认为“良知”说和卢梭的“天赋人权”说相同，“天赋人权”是说人的自由平等权利“秉”于天，而“良知亦秉于天”，所以可以说“良知即自由权”。“阳明著书虽未发明民权之理，然即良知之说推之，可得自由平等之精理。”[1]从王阳明的“良知”说，推导出“自由平等之精理”，不免于附会，但却成了反对封建等级制和传播资产阶级自由平等的思想。即如《春秋公羊传》，康有为利用的是“三世”说，而刘师培却认为其“最重之义则在于讥世卿”，“世卿者，即西人所谓贵族政治”，“去世卿之制度，则无门第阶级之风”，所以“《公羊》一书最重民权”。刘师培最推崇黄宗羲的《明夷待访录》，认为“其学术思想与卢氏同”，称之为“先觉之士”，“中国法理学”。[2] 这种印证比附的做法，与康有为、谭嗣同的思想理论体系建构有所不同，但也是试图会通儒学与西学。

会通中西是一个长期探索和不断深化的发展历程，实际上也是对中西学进行分析、筛选、整合的过程，是新文化建设和发展的过程。因此，它本身客观存在着反复交融，主观上需要不断认识，不可能在短期内就完成中西学的会通融合，更不可能是一次性所能完成的。终晚清之世，会通中西学的问题自然谈不上已经解决，还只是初始的探索阶段。康有为、谭嗣同、刘师培等人，对会通中西学都作了认真的探索，但都不能说是成功的。康有为以儒学为主位，杂糅中西，而不是从时代和社会现实的需要出发，难免陷入困境。刘师培等则以卢梭《民约论》为依据，从中国书籍中搜寻摘录其认为相关的文字，以为印证比附，实际上是认为《民约论》所说的中国古代都已有之，难免失之于牵强附会。

1912 年，清王朝覆灭，民国建立。南京临时政府提倡“自由平等博爱为纲”的“公民道德”，禁用清政府学部颁行的教科书，新编教科书必须合乎“共和民国宗旨”，小学禁读经科等，儒学已失去了它作为官方统治思想的地位。民国初年，曾经掀起一股尊孔读经的逆流，康有为等人鼓吹要把孔教作为国教订入宪法，一时间闹得乌烟瘴气。但是随之而来的是新文化运动蓬勃展开，孔子及儒学受到前所未有的冲击。儒学终究是衰落了。但也就在此时，由于第一次世界大战及其造成的影响，在一

---

① 《中国民约精义》，见《刘申叔先生遗书》第 16 册。

② 同上。

些中西人士中出现感叹“西方文明的没落”而称赞东方文化的思潮。梁启超从欧洲归来后，即认为以民主、科学为基础的西方文明已破产，中国不应该盲目仿效“病态”的西方物质文明，而应该发扬光大本国固有的精神文化，以担当起重建世界文明的使命。同时，梁漱溟发表了《东西文化及其哲学》一书，成为建构现代“新儒学”的发端。梁漱溟也主张中西文化的会通融合，而且是在比较完全的意义上开始把中西哲学结合起来创立体系。他的思想主要是陆王心学和柏格森生命哲学的结合，对其影响较大的还有叔本华的意志论和佛家的唯识论。他提出“意欲”说，认为西方、中国和印度文化分别为三个路向，“人类文化要有一根本变革：由第一路向转为第二路向，亦即由西洋态度转变为中国态度”。[①] 梁漱溟认为儒家文化不仅在精神上优于西洋文化，就其终极发展而言，也无悖于现代化的要求，全世界都是走“中国的路，孔子的路”，未来文化就是“中国文化之复兴”。梁漱溟以陆王心学融会柏格森生命哲学等，建构其“新儒学”理论体系，以“复兴儒学”，突破了康有为、谭嗣同等人简单的杂糅比附。

继梁漱溟之后，力图建构新儒学体系的有熊十力、冯友兰等人。熊十力从陆王心学出发，融合佛家唯识论，并受柏格森生命哲学的影响，以发扬儒学的心性本体，实现对儒学传统的重建。冯友兰则是继承了程朱理学，融合了西方新实在论哲学，以新实在论哲学发挥程朱理学，建构“新理学”。

梁漱溟、熊十力、冯友兰等人弘扬儒学，建构“新儒学”，这是一种文化现象。对他们的学理，研究者的评论自来有异，但有一点是有共识的，即他们弘扬儒学并不是单纯回归传统，不是退回去，而是要为中国文化和中国社会谋求现实出路。因此，他们的文化构想是有针对性的，既是针对反传统的西化论者，也是抵拒马克思主义的传播。

---

① 梁漱溟：《东西文化及其哲学》，6页。

四、儒学正统地位的失落

西方文化的输入及其对儒学文化的冲击，引起人们的观念发生了变化。首先是“华夏中心”、“华夷之辨”这一传统观念的突破。儒学的一个重要内容是“华夏中心”的思想，它很强调“夷夏大防”，严格区别“夷”、“夏”的界限，所谓“诸侯用夷礼则夷狄之”。“天朝上国”是“文物礼义之邦”，“外夷”都是野蛮落后，“獉狉之俗”。所以只能“用夏变夷”，不能“用夷变夏”。但是，这种根深蒂固的观念在近代逐渐发生了变化。一些有识之士改变了盲目的虚骄自大，开始正视事实，承认“夷”也有“长技”，中国有不如“夷”的地方，主张学习西方的“长技”。曾纪泽出使欧洲后，对“夷”的认识是颇有意思的。他认为中国士民对西洋诸国的态度存在着两种倾向，一种是“畏之如神明”，另一种是“鄙之为禽兽”，二者都是错误的。曾纪泽对西方国家的态度是正确的，承认他们也是礼义教化之邦，不能因其与中国的礼义教化不同而加以鄙视，陈腐的“华夷之辨”观念必须抛弃。在这之前，冯桂芬在他的名著《校邠庐抗议·收贫民篇》中提出：“法苟不善，虽古先吾斥之；法苟善，虽蛮貊吾师之。”1898年维新运动高潮期间，维新的支持者、满族官员阔普通武对《校邠庐抗议》作了一条概括性的批语，称赞此二语是“全书精粹最妙者”，“千古名论”，认为“现值庶政维新，诚本此二语以行之，深合乎穷变通久之大旨焉”。这和传统的“华夏中心”、“夷夏大防”大相径庭。也就在维新运动期间，皮嘉祐在《湘报》上发表了《醒世歌》，其中有这样几句：“若把地理来参详，中国并不在中央。地球本是浑圆物；谁居中央谁四旁?”这从地理观念上打破了“中国中心”的思想。

贵义贱利、崇本抑末，也是儒学体系中的重要内容。在中国封建社会中，儒学的义利观有两方面含义，一是指个人道德修养，不能见利忘义，醉心于利禄；二是指治国之道，如孟子所谓“王何必曰利，亦有仁义而已矣”。这里所说的义利观的变化，是指后者而言。鸦片战争前后，言义不言利的传统义利观已经在发生变化，有人就批评讳于言利是“小儒拘滞之见”。当时兴起的经世致用之学，正是反对传统的“重义贱利”，而注重于计功言利，以解决国计民生的实际问题。在近代继承并发展重功利的经世之学，成为时代的潮流。曾国藩曾说：“自王介甫以言利为正人所诟病，后之君子例避理财之言，以不言有无、不言多寡为高。实则补救时艰，断非贫穷坐困所能为力。”[①]20世纪初，梁启超更是鼓吹西方边沁的“功利主义”，抨击传统义利观中轻视功利的倾向。

与义利观的变化相联系的，是崇本抑末、重农轻商的观念也发生变化。一些有识之士很强调取法泰西振兴工商的重要意义，他们一反传统的重农抑商观念，把商提到前所未有的重要位置上，说“商务者国家之元气也，通商者疏畅其血脉也”。他们还把振兴商务提到抵制外国侵略的高度上，认为：“欲制西人以自强，莫如振兴商务，安得谓商务为末务哉?”[②]从以农立国到以工商立国这一本末观念的变化，实质上是要求变封建小农经济为资本主义经济的表现。

社会伦理观念的变化，是另一个重大的观念变化。伦理纲常在中国封建社会是天经地义、不可违背的，如前所述，直到戊戌维新运动时，张之洞还在《劝学篇·明纲》中鼓吹：“五伦之要，百行之原，相传数千年，更无异义。圣人所以为圣人，中国所以为中国，实在于此。”但是，维新派和革命派都吸取了资产阶级的民权、自由、平等思想，尖锐批判纲常伦理，指出“三纲五伦之惨祸烈毒”，“官可以无罪而杀民，兄可以无罪而杀弟，长可以无罪而杀幼，勇威怯，众暴寡，贵凌贱，富欺贫，莫不从三纲之说而推。是化中国为蛮貊者，三纲说也。”[③]他们主张“人人平等，权权平等”，以资产阶级民权、平等观来反对封建的伦常观。儒学的纲常伦理的权威日渐削弱，而民权、平等思想产生了越来越广泛、深刻的影响。五四新文化运动时，陈独秀更以伦理的觉悟为“吾人

---

① 《辜鸿铭文集·张文襄幕府纪闻》，20页，长沙，岳麓书社，1985。

② 《盛世危言》，见《郑观应集》，604、614页。

③ 何启、胡礼垣：《〈劝学篇〉书后》，见《新政真诠》，354页，沈阳，辽宁人民出版社，1994。

最后之觉悟”，批判封建的纲常伦理；鲁迅、吴虞等猛烈抨击封建礼教“吃人”的本质。

儒学在鸦片战争以后受到了社会经济、政治变动的冲击，受到了西学的冲击，它作为统治思想的地位从动摇以至失落，它的一些重要思想受到批评而逐渐被淘汰。这是儒学在近代最主要也是基本的变化。

第七章　史学

从中国史学发展的历程来看，近代史学处于一个新旧交替的转折点，占有重要的历史地位。它的变化主要表现在两方面：一是绵延两千年之久的传统史学逐渐走向衰落；二是资产阶级新史学的产生。这两种变化交织在一起，使近代史学领域呈现出新旧杂陈的局面。

鸦片战争之前，在考据学的影响下，学风拘谨，学者恐触文网，治史多以历史考辨为务，所以这时期的史学考证著述颇多。其中如钱大昕的《二十二史考异》、赵翼的《二十二史札记》、王鸣盛的《十七史商榷》等是有代表性的作品。而章学诚在史学理论及方法的研究上，则作出了杰出的贡献。在近代，传统史学虽然逐渐走向衰落，但在相当长的一段时间内，仍然在史学界占着统治地位，并在一些领域中取得了可观的成就。近代史学的变化和特点，大致可概括为以下四方面。

一、边疆史地和蒙元史的研究

道光年间，民族矛盾日益尖锐，中国边疆、海防频频告警，出现了“俄罗斯兼并西北，英吉利蚕食东南”[①]的严重局势。一些有识之士在经世致用思想的影响下，开始注意边疆史地的研究，较早的有祁韵士、徐松，其后是张穆、何秋涛。后二人在近代影响较大。

① 魏源：《海国图志·南洋西洋各国教门表》卷七十一，清光绪间刻本。

张穆长于西北史地研究，著有《魏延昌地形志》、《俄罗斯事补辑》、《蒙古游牧记》等。《蒙古游牧记》是张穆的代表作，“致力十年”，到去世时尚未完稿，后经他的好友何秋涛加以补充、校订，才得以全部完成。全书凡16卷，以蒙古历史上各盟的旗为单位，对内外蒙古、青海、新疆等地的蒙古各部落的游牧所在、山川形势、道里四至、历史演变、风土人情、王公谱系事迹及与清廷的关系等，都作了详细记述，是一部系统的蒙古史地志。该书的特点是既陈古义，复论今事，达到经世致用的目的。祁寯藻评价说：“陈古义之书则贵乎实事求是，论今事之书则贵乎经世致用，二者不可得兼，而张子石州《蒙古游牧记》独能兼之。”①后来人们把他和魏源相提并论，认为“道、咸间西北史地学盛时……谈辽、金、元史地者，京师以张穆等为滥觞；论东南西南海史地者，以魏默深等为先河”。②

何秋涛的代表作是《朔方备乘》。1853年，随着国势日衰，沙俄加紧侵华，何秋涛“益究经世之务，尝谓俄罗斯地居北徼，与我朝边卡相近，而诸家论述，未有专书，乃采官私载籍，为《北徼汇编》六卷”。③后又增衍图说至80卷。咸丰八年(1858年)将是书进呈咸丰帝，赐名《朔方备乘》。该书所记述，不限于我国蒙古诸部及新疆的史地，而是以北徼与俄罗斯有关者为范围，并及东北地区，对俄罗斯、西伯利亚、中亚、东欧的史地也有考证；叙述时间从清代直溯汉唐。无论从时间还是空间来看，都大大超过前人。书中最有价值部分，是有关中俄关系的篇章，如《北徼界碑考》、《雅克萨城考》、《尼布楚城考》、《俄罗斯互市始末》等，不仅资料丰富，而且表现了强烈的爱国精神。

继承道咸以来研究边疆史地卓有成就的是丁谦。丁谦的代表作为《蓬莱轩地理学丛书》69卷，出版于1902年。1915年又由浙江图书馆刊行，名为《浙江图书馆丛书》。本书取《汉书》、《后汉书》迄《明史》17种

---

① 祁寯藻：《蒙古游牧记序》，同治六年寿阳祁氏刊本。

② 刘禺生：《世载堂杂忆》，37页，北京，中华书局，1960。

③ 《何秋涛墓表》，见缪荃孙编：《续碑传集》卷二十，台北，明文书局，1985。

正史中的四裔传加以考证，尤重对西域传地理志的考证。他吸取前人的成果，并参考西方国家的书籍，对西域传记载的讹误一一加以详细考订纠正，对其缺漏也给予补充，并对前人撰述中的舛误作了辨正。此外，丁谦在蒙元史地方面的研究也很有成就，著有《元秘史地理考证》、《元太祖成吉思汗编年大事记》、《元初漠北大势论》、《元都和林考》等。梁启超对丁谦在史地研究中所取得的成就很是称赞，认为他“以乡僻穷儒，交游不广，蓄书不多，而所著《蓬莱轩舆地丛书》六十九卷，探赜析微，识解实有独到处。……可谓释地之大成，籀古之渊海也已”。[①]

蒙元史研究与边疆史地研究关系很密切，在某种程度上，也可以说是边疆史地研究的一部分。蒙元史研究是中国传统史学的薄弱环节，明初虽曾修《元史》，但内容草率芜杂，缺略甚于诸史，为后世学者所不满。清代史学家重视元史研究，汪辉祖、钱大昕、徐松等都撰写了一些关于元史的著作。鸦片战争以后，研究者在前人成果的基础上继续探讨，把元史研究推向前进。魏源的《元史新编》95卷，是一部关于元史的系统著作。据魏源自述，是书系“采《四库》书中元代各家著述百余种，并旁搜《元秘史》、《元典章》、《元文类》各书，参订旧史”[②]而成。目的在总结元朝盛衰兴亡的历史教训，以为“殷鉴”，寓作者经世之意。继魏源之后，蒙元史研究成绩显著的有洪钧、屠寄等人。他们的著述不局限于中国的文献，注意利用外文资料。洪钧在出使俄、德、奥、荷四国期间，依据贝勒津俄译拉施特《史集》第1卷、多桑《蒙古史》、霍渥而特《蒙古史》、华而甫《蒙古史》、哈木耳《奇卜察克金帐汗国史》、哀忒蛮《铁木真传》等书，编译而成《元史译文证补》30卷。洪钧此书的问世，对我国治蒙元史者影响很大。梁启超认为：“光绪间洪文卿钧使俄，得其钞本（指拉施特《史集》），译出一部分，而‘元史学’又起第二次革命”。[③] 屠寄继洪钧著《蒙兀儿史记》60卷，为纪传体蒙古族通史。该书

① 梁启超：《中国近三百年学术史》，见《饮冰室合集》专集之七十五，323页。

② 魏源：《拟进呈〈元史新编〉表》，见《元史新编》卷首，光绪三十一年刻本。

③ 梁启超：《中国近三百年学术史》，见《饮冰室合集》专集之七十五，282页。

不局限于元一朝的历史，着重增补了元以前和四大汗国的史实，详述蒙古族的来源及其发展过程，弥补了《元史》之所缺略。屠寄取材丰富，远胜过前人，除引用旧史及近人的研究成果外，还大量采用外文文献。其中一部分外文书籍，如美国人乞米亚可丁的《蒙兀史》、英国人的《史家之历史》等，为前人书中所未引用过。与洪钧等人不同，《蒙兀儿史记》还表现了屠寄的进步思想。他批评“家天下”、“分封子弟”的封建制度，称赞资产阶级的“共和政体”；反对民族歧视，主张民族平等，都为洪钧等人所不及。

关于元史的著述，还有柯绍忞的《新元史》。是书257卷，出版于1922年。由于成书较晚，被称为集清代治元史者之大成，对《元史》多所补正，具有一定史料价值。但作者思想守旧，时至民国，书中仍宣扬旧思想、旧道德，表现了封建正统的史学观。

二、外国史地研究的开拓

中国近代史学发展变化的另一个重要方面，是关于外国史地研究的开拓。

对于外国史地状况的了解，在近代以前就曾引起人们的注意。王大海的《海岛逸志》、谢清高的《海录》、萧令裕的《英吉利记》等书，都是早期记载外国风情见闻的读物。但是，这些书大多介绍简略，不少材料来自传闻，影响不大。

鸦片战争以后，一些有识之士鉴于战争的失败，迫切感到不谙“夷情”难以“制夷”，呼吁“探夷情”、“师夷长技”，从而把对外国史地的研究提到了日程上来。1842年，魏源在林则徐组织译编的《四洲志》的基础上编写成《海国图志》50卷，后又一再修订，扩充为100卷。《海国图志》详细介绍了世界各国的情况，作者还在书中阐明了自己对政治、经济、海防等问题的见解。该书取材丰富，百卷本先后征引历代史志14种、中外古今各家著述70多种及奏折30多件。《海国图志》在中国史学史上具有重要的地位，它是中国人编辑的第一部世界史地志，开了研究世界史地的风气。

在近代初期，与《海国图志》齐名的，还有徐继畲编撰的《瀛环志略》。徐继畲在任福建布政使期间，获得世界地图册和西方人士的有关口述，并广泛搜集中外文献资料，在此基础上编撰成《瀛环志略》10 卷，于 1848 年刊刻出版。该书对世界各国的史地状况作了较系统全面的介绍，不仅提到西方各国的经济，还涉及西方的民主政治制度，所用材料丰富，记述比较准确。时人往往把该书与《海国图志》相提并论。王韬指出："近来谈海外掌故者，当以徐松龛中丞之《瀛环志略》、魏默深司马之《海国图志》为嚆矢，后有作者弗可及也。"①

19 世纪 60 年代以后，随着洋务运动的开展和中外交往的扩大，人们了解域外情势的愿望增长，涌现出一批论及外国史地的著作。如王韬的《法国志略》、《普法战记》，黄遵宪的《日本国志》，刘文彤的《英政概》和《法政概》，以及顾厚焜的《日本新政考》、《美国地理会要》、《巴西地理会要》、《巴西政治考》等。这些史地著作的作者多数都以不同的身份到过欧美、日本等地，或阅读过外国文献资料，或对一些国家进行过实地考察，获得了丰富的第一手资料。因此，这些著作比近代早期刊行的《海国图志》、《瀛环志略》等书写得更为准确、翔实。然而，由于作者本身素养有差别，写书动机不一，使得这些作品质量很不一致。其中具有代表性的，是王韬的《法国志略》和黄遵宪的《日本国志》。

中日甲午战争以后，维新派为了从欧美的史事中取得经验教训，以促进自己开展的政治斗争，积极翻译、撰写有关外国史方面的文章、书籍。如康有为的《波兰分灭记》、《突厥削弱记》、《日本变政考》、《俄国彼得变政记》，唐才常的《日本安政以来大事略述》，梁启超的《波兰灭亡记》、《古议院考》等，便是其中的代表作。康有为还把《日本变政考》、《俄国彼得变政记》进呈光绪帝，希冀他能以俄国彼得大帝为榜样，"知时从变，应天而作，奋其武勇，破弃千年自尊自愚之习，排却群臣阻挠

① 王韬：《弢园文录外编》，273 页。

大计之说”。① 戊戌变法失败后，康有为、梁启超等人逃亡海外，继续鼓吹政治改良，并与以孙中山为首的革命派相对立。双方展开激烈的论战。在此期间，两派从不同的政治需要出发，都发表和出版了有关外国历史方面的文章和著作。改良派著译的书籍主要有：康有为的《法国革命史论》，梁启超的《斯巴达小志》、《雅典小史》、《朝鲜亡国史略》、《越南小志》。其他译著还有：《日本维新史》、《日本维新三十年史》、《欧美各国立宪史略》、《英国宪政史》等。与此同时，革命派也编译了外国史论著，以反驳康、梁等人对革命的指责，为民主革命寻找历史根据。主要有宋教仁翻译的《一九〇五年露国之革命》、《万国社会党大会略史》，朱执信的《德意志社会革命家小传》，汪东的《正明夷法国革命史论》等，以及《波兰衰亡史》、《法兰西革命史》等。在革命派与改良派论战的带动下，一批有关外国史、革命史的编译作品出版刊行，风行海内，有力地推动了学界对于外国史的研究。可以说，20 世纪初中国学界对于外国史的翻译、研究已经取得进展，其成就、规模远远超过了中日甲午战争以前的水平。

概言之，近代中国的外国史研究主要表现出以下几个特点。

第一，研究领域初步开拓，取得一批成果。鸦片战争以前，外国史的研究非常薄弱，不仅有关著述稀少，而且许多研究领域长期处于空白状态。外国史研究的这种落后状况，在近代时期得到扭转。随着近代社会的不断开化，以及人们对域外知识日益强烈的追求，各种介绍世界史地的译著大量出版，既有通史、断代史，又有专史、人物传记。通史类有：《万国历史》(1902 年作新社出版)、《万国史》(1908 年上海新学会社出版)、《世界通史》(1903 年上海通文图书发行公司出版)、《万国兴亡史》(1903 年大宣书局出版)。断代史类有：《世界近代史》(1903 年作新社出版)、《世界近代史》、《十九世纪革命时代》(1904 年出版)等。专史类(含国别史)有：《法国志略》(1890 年出版)、《日本国志》(1887 年成书)、《法兰西革命史》(1903 年上海明权社出版)、《英国革命战史》(作

① 康有为：《进呈俄罗斯大彼得政变记序》，见《戊戌变法》第 3 册，2 页。

新社出版)、《日本维新慷慨史》、《美国独立战争史》(1903 年商务印书馆出版)、《欧洲外交史》(上海广智书局译)、《万国宗教志》、《万国商业史》、《东西洋伦理学史》等。人物传记类有:《泰西历代名人传》(上海鸿宝斋出版)、《林肯传》、《拿破仑传》(上海文明书局出版)、《匈加利爱国者噶苏士传》、《意大利建国三杰传》(《新民丛报》登载)等。这些作品的作者除有资产阶级革命派和改良派外,还有分布在知识界的各种学人。出版外国史的机构也很多,如商务印书馆、上海广智书局、上海文明书局等都曾争相出版外国史译著、读物,受到读者的欢迎。

第二,贯彻了“详今略古,详近略远”[①]的治史原则。这表现在两个方面:一是从近代出版的各种外国史书籍所述内容来看,叙述近世、当世的历史、事件、人物的译著多于古代方面的著述;二是在一些通史著作中体现了“详今略古”的原则,对近世历史的叙述远详于古代。王韬的《法国志略》和黄遵宪的《日本国志》是两部影响颇大的国别史,都具有“详今略古”的特点。王韬的《法国志略》主要笔墨放在欧洲资产阶级革命以后的历史上,详述了法国大革命和拿破仑一世发迹、征战、称帝及失败、复位和流放的历史,对《拿破仑法典》也作了肯定性介绍。《日本国志》的作者黄遵宪初到日本时,并不了解明治维新,经过深入考察后,才认识到日本之所以能由弱转强,全赖于维新变法。他感慨地说:“及阅历日深,闻见日拓,颇悉穷变通久之理,乃信其改从西法,革故取新,卓然能自树立。”[②]于是,他把日本明治维新作为这本书撰述的重点内容。正如梁启超所说:“以吾所读《日本国志》,其于日本之政事、人民、土地及维新变政之由,若入其闺闼而数米盐,别黑白而诵昭穆也。其言十年以前之言也,其于今日之事,若烛照而数计也。”[③]王韬、黄遵宪倡导的“详今略古”原则,被甲午战争后的维新派、革命派所发扬。他们认为,欧美各国的历史,距离现实越近的内容,与中国的关系越密

① 黄遵宪:《日本国志·凡例》,光绪二十四年浙江书局刻本。

② 黄遵宪:《日本杂事诗自序》,见《人境庐诗草笺注》下册,1095 页,上海,上海古籍出版社,1981。

③ 梁启超:《日本国志后叙》,见《饮冰室合集》文集之二,50 页。

切，可法可戒之处更多。如《浙江潮》刊登《最近三世纪大势变迁史》，概括地论述了欧洲 18 世纪的政治革命、产业革命、思想界的革命，以及在这些革命中产生的一些著名的政治活动家、思想家、科学家、文学家等，指出："十八世纪之特色，革命时代是也，于欧罗巴大革命，于人类之历史，最大变化之成熟时代也。"①欧洲近世变革的历史，对于中国来说最有借鉴意义，应该详尽地了解和研究。"详今略古"原则为不少研究撰述外国史的学者所接受，所以在 19 世纪末 20 世纪初出版的外国史译著中，有关近世史和最近世史的著作数量最多。

第三，紧密配合政治斗争。这一特点，在中日甲午战争以后出现的外国史译著中表现得尤其突出。无论是维新派，还是革命派，都把译著外国史视为向国民进行思想启蒙，宣传自己的政治主张的重要途径。20 世纪初，鉴于中国遭受帝国主义列强的疯狂侵略，民族危机空前严重，不少爱国知识分子撰述翻译了数量众多的亡国史著，沉痛地叙述朝鲜、越南、印度、波兰等国遭受外敌入侵，亡国灭种的历史，宣传爱国救亡思想，以唤起广大民众的民族意识。柳人权在《波兰衰亡史》序中指出："痛莫痛于丧心，哀莫哀于亡国。……自台澎倾覆以来，神州陆沉，朝虏横行二百年矣。漫漫长夜，中原之王气全消，粥粥群雌，大王之雄风安在？我可怜之同胞并种族华夷之界而沦胥于黑龙江祸水之中，遑问驱除光复之事哉。……而曰中国将如波兰，中国将蹈波兰之覆辙。……我民族其独省，我民族其借鉴，其毋自馁。"②宣传爱国救亡思想，是改良派与革命派共同关注的问题。在更多的译著中，他们双方都以说史的形式，宣传自己的政治主张。《新民丛报》在介绍《英国宪政史》时指出："今日稍有识者，论中国自强之道皆曰莫急于立宪。英国为宪政政治之祖国，凡世界立宪国皆于此取法焉。然则研究宪政莫要于英国。"③讲英国的宪政史是为"助今日维新之业"，"以史为鉴"的用意表达得非常清

① 《浙江潮》第 3 期。
② 薛公侠译：《波兰衰亡史》，上海镜今书局版。
③ 《新民丛报》第 31 号，1903 年 5 月。

楚。革命派编译外国史和欧美革命史，则是出于“鼓吹革命主义”的需要，从西方国家资产阶级革命中汲取经验教训，为反清革命作借鉴。《浙江潮》在介绍由青年会编译出版的《法兰西革命史》时说：“是书……欲鼓吹民族主义，以棒喝我国民。……其中叙法国革命流血之事，慷慨激烈，奕奕欲生，正可为吾国前途之龟鉴云云。购而读之，不觉起舞，真救吾国之妙药，兴吾国之主动机关也。”[①]尤其在1905年革命派和改良派进行的论战中，双方都从各自的需要出发，从历史上寻找依据，支持自己的政治主张。为了反对民主革命，康有为曾以明夷为笔名，在《新民丛报》第85、第87号(1906年)连续发表《法国革命史论》，以论史的形式，盛赞欧洲君主立宪国家，称赞它们“为民之仁政，备举周悉，法律明备，政治修饬，彬彬喬喬，光明妙严”，而对民主革命和共和制度则大加抨击，把法国资产阶级大革命说成是“妄行杀戮，惨无灭日”的“恐怖之世”。他咒骂法国大革命的领导人无异“酷毒民贼”，“追源祸首，吉伦特党诸志士仁人，不虑事变，妄倡革命，大罪滔天，无可逭也”。在他看来，革命党人比专制君主更坏，民主共和比君主专制更糟。他的结论是：君主制固然不好，民主制更加糟糕，最理想的政体“唯有君主立宪之一途”。他讲法国大革命的历史主要是为反对当时中国兴起的民主革命提供历史依据，以改良取代革命。为了反驳康有为的责难，革命派用历史事实予以反驳。汪东在《民报》上发表《正明夷〈法国革命史论〉》，也以论史肯定法国大革命，批判康有为的观点。汪东指出：法国大革命绝不是暴民作乱，而是“有道诛无道”，因为“法国自十八世纪以降，王族贵族之骄恣暴戾，已非一日，至路易十四即位，益张王权，豪奢既极，复横挑强邻，暴骨于外。……加以重征苛敛，民不聊其生，怨嗟之声，相属于道。”革命虽有破坏，但所起的积极作用是巨大的。他说：“虽谋之者有不臧，然一洗旧弊，遂能去虐政、均利权，率达改革之首志，其功抑亦赫然可观哉!”至于指责革命中的“杀人流血”，汪东认为：“革命即不能不杀人流血，杀人流血忍事也。忍而为之，即将以达

---

① 《浙江潮》第7期。

其舍身拯民，不忍人之心也。……则小不忍而乱大谋，两者必居其一，是终无所逃罪已。然而此非革命之咎也。”意思是说，革命尽管会“杀人流血”，但只是小忍，使人民长期遭受专制统治虐待，则是大不忍。以革命的小忍，废除置民于水火中的大不忍，才是真正“仁贤”的革命者之所为。而康有为之所以颠倒黑白，是由于“其尊君之心理实使然”。[①] 同样是论法国大革命，康有为和汪东得出完全相反的结论，反映出不同立场对历史的不同态度和认识。

总之，鸦片战争以后，关于外国史的研究有了发展，不仅开辟了一系列新的研究领域，取得初步性的研究成果，而且形成了自己的历史特点，对于中国史学的进一步发展，起到积极作用。

三、当代史的研究和编纂

鸦片战争前后，由于西方资本主义势力的入侵，中国社会发生的剧烈变化，以及经世致用思潮的影响，促使不少史家把治史兴趣转移到当代，试图通过对当代历史事件、人物的研究，总结出切于实际的经验教训，写当代史、论当代事遂成为一种风气。

当代史的研究主要是围绕近代发生的重大事件而展开的，包括对两次鸦片战争、太平天国、中法战争、中日战争、戊戌变法、义和团运动及辛亥革命等影响深远的重大事件，都出版了众多的研究著作、资料汇编。如记载两次鸦片战争的有：魏源的《道光洋艘征抚记》、夏燮的《中西纪事》、梁廷枏的《夷氛闻记》、佚名的《英夷和议纪略》等；记载太平天国的有：罗惇曧的《太平天国战记》、刘成禺的《太平天国战史》，以及与此有关的王闿运的《湘军志》、王定安的《湘军记》、杜文澜的《平定粤匪纪略》，清朝官方修纂的《钦定剿平粤匪方略》和《钦定剿平捻匪方略》等；记载中日战争的有：孔广德的《普天忠愤集》、姚锡光的《东方兵事

① 《民报》第11号，1907年1月。

纪略》、罗惇曧的《中日兵事本末》等；记载戊戌变法、义和团运动的有：梁启超的《戊戌政变记》、胡思敬的《戊戌履霜录》、李希圣的《庚子国变记》、劳乃宣的《义和拳教门源流考》等；记载辛亥革命的有：郭孝成的《中国革命纪事本末》、上海自由社编的《中国革命记》和《革命党小传》、苏生的《中国革命史》等。记载辛亥后重大事件的有：黄毅的《袁氏盗国记》、许指岩的《复辟半月记》等。另外，在一些通史类的著作中，也都把对当代史的论述作为全书的重要内容，如徐念慈在1908年出版的《中国历史讲义》中，从夏、商、周一直写到清末预备立宪。作者把中国历史分为7个时期，即上古纪（夏至战国）、中古纪（秦至唐亡）、近古纪（五代至北宋）、近世纪（南宋至元亡）、近代纪（明代）、现世纪（满族初兴至同治十二年）、今代纪（光绪即位至预备立宪）等。其中后两个时期所记的就是当代史的内容。陶成章的《中国民族权力消长史》把中国民族的历史也分为7个时代，即邃古时代（从盘古迄榆罔）、太古时代（自黄帝迄大禹）、上古时代（自夏启迄战国末）、中古时代（自秦统一迄唐玄宗天宝十三年）、近古时代（自唐玄宗天宝十年迄明台湾之永历三十七年）、近世时代（自台湾覆亡之明年迄甲午战争前一年）、近今时代（自甲午迄甲辰）。记载当代民族史的是“近世时代”和“近今时代”两部分，但是收入《陶成章集》的《中国民族权力消长史》只写到第三章“上古时代”。除此以外，还有陈庆年编写的《中国历史》（又名《中国历史教科书》）、姚祖义的《最新中国历史教科书》等，也都列有当代史的章节。需要指出的是，清末出版的这类著作，多数是学堂中使用的教科书。

在以上著作中，有两类书值得重视：一是记叙资本主义列强侵略中国，总结反侵略斗争经验教训，激发爱国主义精神的作品；二是正面阐述太平天国、戊戌变法、辛亥革命等重大政治事件，直接服务于近代的改革与革命斗争，反映出史学与现实政治之间的密切联系的作品。

在记叙资本主义列强侵略中国，总结反侵略斗争经验教训的当代史著述中，魏源的《道光洋艘征抚记》很有代表性。《道光洋艘征抚记》成书于鸦片战争结束后不久，初时未署作者魏源的姓名。1878年上海申报馆把该文收入《圣武记》排印出版，定名为《道光洋艘征抚记》，并首次确认魏源为此文作者。全书共2万余字，以大量事实揭露了英国鸦片贩子向中国走私鸦片的罪恶活动，揭示了这场战争发生的真正原因。书中对林则徐等爱国官员的抗英功绩，三元里人民的反英斗争，都予以肯定和称赞；对清政府腐败无能给国家和民族造成的损害，作了尖锐的抨击。作者还在书中提出了购买和仿造外国船炮、“师敌长技以制敌”的主张，为探索中国御侮致强之道开辟了新途径。它是中国方面最早系统记述鸦片战争史的著作，后来流传的有关鸦片战争的记载，不少都受其影响。因此，这本书在鸦片战争史乃至中国近代史的研究中占有重要的地位。

1904年6月，《宁波白话报》刊登了松隼的《洋人入华史》[①]一文，记述了帝国主义列强侵华的历史。从明清之际葡萄牙、荷兰殖民主义者对中国的侵扰，到两次鸦片战争和中法战争，文章都作了简明扼要的论述，不仅揭露了西方列强侵华的历史过程，而且指出了原因和危害性。如在谈到鸦片战争的后果时，文章指出：“自从江宁条约订成以后，中国的国权、主权都失了本位。英人的势力就圈在扬子江一带，我中国好像喉咙内鲠着鱼骨，咽也咽不下，吐也吐不出。”“从此以后，中国就像一个吸鸦片的人，逐日逐年，萎靡过去，没有再振作精神的时候。”作者揭露列强对华的侵略事实，目的在于唤醒人民的民族意识，抵制外敌侵略，维护国家和民族的利益。指出要有效抵御外敌，就必须振兴国家，走富国强兵之路，“强了然后可以和强人抵敌。”可以说，《洋人入华史》是第一篇白话西方列强侵华史。

从正面阐述近代中国政治事件的史作，主要有梁启超的《戊戌政变记》和刘成禺的《太平天国战史》等。梁启超研究中国历史，善于古今贯通，尤重视当代史的探究。《戊戌政变记》是他在戊戌变法运动失败后写成的，在1898年、1899年的《清议报》连载，后出单行本，收入《饮冰室合集·专集》中。全书共10余万字，正文5篇，附录3篇。作者以亲身经历记述了戊戌变法的经过，对变法的历史背景、原因、政治倾向、成败得失等问题，都作了探讨，提出了自己的观点。关于政变的原因，

① 《宁波白话报》改良第1期。

梁启超认为，“政变之总原因有二大端：其一由西后与皇上积不相能，久蓄废立之志也；其二由顽固大臣痛恨改革也。”[①]他所指的“守旧之徒”，既包括以西太后为首的封建顽固派，又包括洋务派以及社会上的保守势力。他指出：“中国向来守旧之徒，自尊自大，鄙夷泰西为夷狄者无论矣，即有一二号称通达时务之人，如李鸿章、张之洞之流，亦谓西法之当讲者，仅在兵而已，仅在外交而已，曾无一人以蓄养民力，整顿内治为要务者。此所谓不务本而欲齐其末，故虽日日言新法，而曾不见新法之效也。而彼辈病根之所在，由于不以民为重，其一切法制，皆务压制其民，故不肯注意于内治。盖因欲兴内治，不能不稍伸民权也。”[②]在这里，梁启超不仅把洋务派归于守旧势力之列，而且指出了戊戌变法与洋务运动的根本区别就在能不能“稍伸民权”。

刘成禺的《太平天国战史》成书于1904年，由祖国杂志社出版。是书采用编年体，记述了1851年金田起义至1861年安庆失陷前后太平天国斗争的史实。书中所述以各地战事为主，间有洪秀全等人的小传，并录太平天国颁发的告示、文书。纪年以太平天国“天历”为正，清朝纪年附之于后。《太平天国战史》的意义就在于作者用反清革命的观点研究、评价太平天国，肯定其反清革命立场，总结太平天国的经验教训。如书中盛赞太平天国揭竿而起，反抗清王朝的革命精神，高度评价其实行的男女平等制度，并认为继林凤祥、李开芳之后，不复遣军北伐是一大失策。由于清政府的禁止，国内流行的有关著述论及太平天国，或者取官方立场，对之歪曲污蔑，或者埋没隐讳，避而不论。刘成禺所著，充分肯定太平天国起义，这无论对当时革命派的反清革命宣传，还是对太平天国史研究，都有重要的意义。孙中山为此书作的序文指出：“汉公(刘成禺笔名)搜辑东西太平遗书，钞译成册，中土秘本考证者不下数十种，虽当年遗老所见所闻异辞，文献足征大备，史料官书可据者录之，题曰《太平天国战史》，洵洪朝十三年一代信史也。太平一朝，与战相终始，

---

① 梁启超：《戊戌政变记》，见《饮冰室合集》专集之一，69页。

② 同上书，143页。

其他文艺官制诸典不能蔚然成帙；又近时官书伪本流行，关于太平战绩，每多隐讳。汉公是编，可谓扬皇汉之武功，举从前秽史一澄清其奸，俾读者识太平朝之所以异于朱明，汉家谋恢复者不可谓无人。洪门诸君子手此一编，亦足征高曾矩矱之遗，当世守其志而勿替也。”①从所用材料来看，此书不仅引用了大量中文资料，而且还广征英、日各书，如《太平王传》、《太平天国亲历记》、《东方革命史》、《满清纪事》等外文书籍，比其他同类作品取材较为广泛。但在一些情节、时间上，与史实颇有出入。《太平天国战史》是清末革命派阐述当代史的一个积极成果。

总之，鸦片战争以后，关于当代史的研究活跃。人们不仅日益关注当代的重大问题，而且写出大量记载当代历史、阐述现实问题的著述，给近代史学打上强烈的时代烙印。

四、资产阶级新史学的兴起

中日甲午战争后兴起的戊戌维新运动，是中国近代新文化兴起的重要标志，也是中国近代资产阶级新史学的发轫。甲午战败以及战后出现的民族危机，迫使国人重新思考中国的问题，从欧美、日本致富求强的历史经验中取得借鉴。这样，在中日甲午战争前后流行的一些西方史学译著，如《泰西新史学揽要》(李提摩太译)、《英法俄德四国志略》(沈敦和译)、《中东战记本末》(林乐知著)、《华盛顿传》(黎汝谦译)、《意大利兴国侠士传》(松井广吉著)等，理所当然地受到维新志士们的重视，成为他们汲取思想营养的重要源泉。

1901 年至 1902 年，梁启超发表《中国史叙论》和《新史学》两篇文章，正式打出了“史界革命”的旗帜。新史学的鼓吹者，除了梁启超外，还有夏曾佑、章太炎、刘师培等人。他们的政治立场虽有改良与革命的区别，但于新史学的主张却大体相同。

---

① 《孙中山全集》第 1 卷，259 页。

新史学的兴起除了受到民族危机和国内爱国救亡运动的驱动外，还受到西方史学思想的影响。20世纪初，中国出现了译介西方哲学及社会科学知识的热潮，西方史学论著也被大量引进。1903年，西方实证主义史学的泰斗博克尔的著作《英国文明史》被译成中文出版。作者主张把民族、社会以及文化作为历史的主体看待，“历史家的责任就是显示一切民族的活动都是有规律的”。[①] 1902年留日学生汪荣宝在《译书汇编》上发表的《史学概论》，1903年李浩生译出的日本史学家浮田和民著的《史学通论》，都具体地介绍了西方史学的一些理论、方法和成果。这些介绍为思想界批判旧史学、建立新史学提供了启示。

对旧史学的批判，既是在思想领域内对封建思想的斗争，又是为创建新史学而进行的学术清理。梁启超首先对旧史学作了尖锐的抨击，指出旧史学有“四弊”、“二病”。“四弊”是“知有朝廷而不知有国家”，“知有个人而不知有群体”，“知有陈迹而不知有今务”，“知有事实而不知有理想”。“二病”由“四弊”而生，即“能铺叙而不能别裁”，“能因袭而不能创作”。[②] 由于有“四弊”、“二病”作怪，丰富多彩的历史被写成“帝王将相家谱”、“相斫书”、“墓志铭”、“蜡人院”。章太炎则抨击清朝统治者“欲褒扬其祖考”，焚史隐恶，迫使史家作“浮虚之颂”，“卒使一家之史，捇焉以斩，遗美往恶，黭默而同尽。”[③]

在批判旧史学的同时，梁启超等人从以下四个方面阐明了资产阶级新史学的理论和内容。

第一，以西方进化论的历史观为指导，指出自从达尔文的进化论问世后，人们知道了一切事物的发展皆循“进化之公理”，由野蛮日趋文明，包括政治法制、宗教道德、风俗习尚在内的整个人类文明史，都是“进化之历史”。梁启超指出，历史学应该“叙述人群进化的现象而求得其公理公例”。他们认为以进化论为基础的西方社会学理论，不仅指出

---

① 转引自谭英华：《试论博克尔的史学》，见《英国史论文集》，279页，北京，生活·读书·新知三联书店，1982。

② 梁启超：《新史学》，见《饮冰室合集》文集之九，3～4页。

③ 章太炎：《哀清史》，见《章太炎全集》(三)，328页。

了“人类举止悉在因果律之范围”，一律进化的规律，而且借助逻辑上的归纳法和演绎法，形成了人们可据以正确认识人类社会历史内在规律的一整套理论。“斯学既昌，而载籍所诠列，均克推见其隐，一制一物，并穷其源……可谓精微之学矣。”[①]中国旧史之所以满足于侈陈往迹，无所发明，是由于“不明社会学之故”，而陷于循环论的历史观。新史学要想避免重蹈覆辙，必须改弦更张，以进化论的历史观取代传统的历史循环论。

第二，主张治史必须打破仅为封建帝王修家谱的旧史学的格局，转而以修“民史”为己任。在他们看来，社会的进化即是群体的进化，而非少数帝王将相的行为，因此，历史的本质应是“群体的现象和影响”。史学理所当然地要以全体国民及由国民组成的社会为研究对象，阐明群体及社会兴亡盛衰之理，以增进文明进步，造福于国家和民族。章太炎说，他拟著《中国通史》，便是“发明社会政治进化衰微之原理”，“以鼓舞民气，启导方来”。[②] 邓实认为：“是故，所贵乎民史者何？贵其能叙述一群人所以相触接、相交通、相竞争、相团结之道，一面以发明既往社会政治进化之原理，一面以启导未来人类光华美满之文明，使后之人食群之幸福，享群之公利。”[③]他们的结论是，史家写民史，既是为了反映历史的本来面目，又是为了充分发挥史学作为“天下公器”的社会功能。

第三，提出扩大史学研究的领域的主张，认为旧史学对于“史”的理解和实际研究领域过于狭隘，导致它的偏枯衰微。针对此弊，马叙伦提出“析史”之名，实现“史学大同”。他认为，史乃群籍的总称，可析史之名于万殊，以求史界的开拓，不必拘守于政治、教育、宗教、学术四部分的传统划分。凡历史上的事物能引起今人的研究兴趣，且能成一家之言的，都可以谓之“史”。“若是析史，则何必二十四史而为史？何必三

---

① 刘师培：《论中土文字有益于世界》，载《国粹学报》第 4 年，第 9 期。

② 章太炎：《致梁启超书》，见汤志钧编：《章太炎政论选集》上册，167 页。

③ 邓实：《史学通论》(四)，见《政艺通报》史学文编，1902 年第 1 卷。

通、六通、九通而为史？更何必六经为史宗？凡四库之所有，四库之未藏，通人著述，野叟感言，上如老、庄、墨翟之书，迄于《水浒》诸传奇，而皆得名之为史。于其间而万其名，则饮者饮史，食者食史，文者文史，学者学史，立一说成一理者，莫非史。若是观史，中国之史亦夥矣，而史界始大同。”[①]马叙伦的“史学大同”说，实际上是主张打破传统史学观念和旧史体系的束缚，把更多的领域包括到史学研究范围中来，从而丰富史学的内容。梁启超拟撰《中国通史》，从已确定的目录来看，的确是规模宏大，包罗万象。其书计划分为三大部：一为政治之部，包括朝代、民族、地理、军政、藩属、国际、清议、政党等12编；二为文化之部，包括语言文字、宗教、学术思想、文学、美术、音乐剧曲、图籍、教育8编；三为社会及生计之部，包括家族、阶级、乡村都会、礼俗、商业、货币、通运等13编。由此可见，梁启超等人对治史领域的理解及视野，突破了传统史学的范围。

第四，变革史书编写体例，也是“史界革命”的重要内容之一。中国传统的编年、纪传、纪事本末三大编史体例，都存在着局限性，不能适应新时代的要求。新史书应当另辟蹊径，创立新的体例。对此，多数人主张在继承我国传统历史编写体例的基础上，吸收西方史学编撰体例的优点，“折中贵当，创成史例”。[②] 即以“上古”、“中古”、“近世”三段来划分时代，将分时与分类结合起来，采用篇、章、节的新体例。梁启超在他的一些史著中便使用了新的历史分期法，如把中国历史划分为“上世”（从黄帝到秦统一）、“中世”（从秦汉到清乾隆）、“近世”（清乾隆以后）三个阶段；把中国学术思想史划分为“胚胎时代”（春秋以前）、“全盛时代”（春秋战国）、“儒学统一时代”（两汉）、“玄学时代”（魏晋南北朝）、“佛学时代”（隋唐）、“理学时代”（宋元明）、“近世学术时代”（明末至清末）七个时代。他在撰写《论中国学术思想变迁之大势》等书时，就破除了旧的写史方法，采取当时在欧美、日本流行的章节体，在创立新的史

---

① 马叙伦：《史学大同说》，载《政艺通报》，1903年第16期。

② 陈黻宸：《独史》，载《新世界学报》，1902年第2期。

书体例方面进行了有益的尝试。

用新史学观点编写中国历史的第一部著作，是夏曾佑于1904年至1906年陆续出版的新著《最新中学中国历史教科书》(后改名《中国古代史》)。该书贯彻了历史进化论的观点，把中国古代史分为三个时期：草昧至周为“上古之世”；秦至唐为“中古之世”；宋至清为“近古之世”。上古之世又分为二期，草昧至周初为传疑期，周中叶至战国为化成期。中古之世又分为三期，秦至三国为极盛期，晋至隋为中衰期，唐为复盛期。近古之世又分为二期，五代宋元为退化期，清为更化期。这种时期划分虽然并不够准确，但却从整体发展过程的角度来考察中国历史，强调古今历史演变的趋势。在编写体例上，夏曾佑改变了传统编史方法，采用西方史学通行的章节体，以时间发展为序，陈述历史的演变递嬗，展示新的风貌。是书影响颇大，被誉为新史学的创构。刘师培编著的《中国历史教科书》，也是新史学创立时的一个成果。除了上述提到的通史著作外，还出版了一些专史类著作，如柳诒徵的《中国商业史》、《中国教育史》，刘师培的《周末学术史序》等。

19世纪末20世纪初，中国史学界发现了一系列重要的新史料，包括殷墟甲骨、敦煌文书、汉晋木简、商周铜器、史前遗址遗物等。这些史料的发现与整理对于深入开展古代史研究提供了珍贵的资料。如殷墟甲骨于1899年出土后，曾经引起一些学者的关注。康有为、章太炎都曾肯定这批历史遗物的史料价值。后经刘鹗、孙诒让、罗振玉等人搜集、考释，打开了初步研究的局面。不过，甲骨文研究成为一专门学问，其史料价值为学界所公认，则始自王国维。王国维的甲骨文研究是从辛亥革命后开始的。当时他随罗振玉流亡日本，在罗的影响下，对甲骨文产生浓厚兴趣。他运用传统考据方法和近代实证方法，对甲骨文、金文作了进一步的考辨、整理，并首先利用这些史料对中国古代史(主要是殷周时期)进行了新的学术探讨，主要论著有《殷卜辞中所见先公先王考》、《两周金石文韵读》、《殷周制度论》等。在这些著作中，他最先证明了《史记》的《殷本纪》、三代世表等所记载的商代帝王世系的正确可靠，证明了《尚书》中的《汤誓》、《盘庚》、《高宗肜日》诸篇的确凿可信。

他还把甲骨文和《山海经》、《竹书记年》、《楚辞》、《吕氏春秋》等古书参比互证，用甲骨文等地下材料订正文献材料的讹缺，又用文献材料补足地下材料的脱略，证明殷周史的信而有证，从而把中华民族可信历史上推到四千年以前。王国维是我国利用甲骨文、金文解释中国历史的前驱者，是近代考古学的奠基人。

梁启超等人倡导的新史学，以近代资产阶级史学观点猛烈抨击封建传统史学，初步阐述了近代新史学的理论主张，并在治史宗旨、方法乃至体例结构等方面都突破了旧史学的框框，无疑是中国史学发展进程中的一大进步。这个时期的新史学尽管还未完全摆脱旧史学的影响，还有许多不成熟的地方，但它所起的承上启下的历史作用，是不容忽视的。

第八章　社会科学新学科

19 世纪末 20 世纪初，随着西方近代哲学、政治学及其他社会科学的介绍及传播，新兴学科哲学、逻辑学、伦理学、美学、政治学、社会学、经济学等在中国先后建立，使中国近代学术文化领域发生了重大的变化。

一、哲学

把哲学作为近代出现的新学科，并不是说中国过去没有哲学，恰恰相反，在中国传统学术中包含着极其丰富的哲学思想。只是这些哲学思想都被包含在儒学等传统学术的思想体系内，没有形成像西方哲学那样的独立学科。在鸦片战争后相当长的一段时期内，儒学仍然保持着统治地位，哲学与儒学的分化尚不明显。甚至连早期维新思想家王韬、郑观应对近代哲学也深感隔膜，不甚了解。自中日甲午战争以后，中国人对西方社会科学予以关注，西方哲学成为国人探究的对象。当时人们还未用“哲学”一词来称谓这一学科，使用的译称驳杂不一，见诸刊行书报上的有“理学”、“心灵之学”、“心智之学”、“思维之术”、“心理学”等。进入 20 世纪后，“哲学”一词从日本传入，使用频率逐渐增多，最后固定下来，一直沿用至今。中国学界对“哲学”一词的认同，不仅表明对这一外来词汇的接纳，而且标志着哲学从儒学中分离出来。接受和研究这门新学科的主要是新型知识分子，他们已经具有一定近代哲学的观念。

《浙江潮》第4期刊登了一篇题为《希腊古代哲学史概论》的文章，对“哲学”下了这样的定义：“哲学二字，译西语之philosophy而成，自语学上言之则爱贤智之义也。毕达哥拉士所下之定义，以为哲者因爱智识而求智识之学也；亚里士多德亦以为求智识之学；而斯多噶学派以为穷道德之学；伊壁鸠鲁学派以为求幸福之学。哲学之定义如此纷纷不一，虽然，希腊人哲学之定义，则以相当之法研究包举宇宙与根本智识之原理之学也，约言之，则哲学可称原理之学。”所谓“原理之学”，就是探求事物一般规律之学。

当时译介西方哲学的工作主要有两方面：一是系统地介绍西方哲学的原理、体系，二是介绍西方哲学的重要流派和哲学家。关于西方哲学原理、体系方面，如王学来译日本井上园了著的《哲学原理》(1903年日本闽学会印)、师孔的《哲学纲领》(载《浙江潮》)等。这些译著的内容，包括哲学的定义、研究对象、基本原理和范畴、研究方法及哲学与其他学科的关系等。有人撰文论述哲学基本问题时写道：哲学的“根本原理有二种，即实在之原理，即自然及认识之原理是也。前者曰本体论，后者则认识论是也。而本体论之以实在原理为唯一而说明万有者，曰一元论；以实在原理为二者，则曰二元论”。[①] 与此同时，“物质”、“精神”、“唯物论”、“唯心论”、“无机界”、“有机界”等近代哲学范畴不断被引用、阐释。更多的是对西方哲学流派和哲学家的介绍，几乎涉及此前所有西方重要的哲学家和流派。1903年国民丛书社译日本文学士著的《哲学十大家》，介绍了苏格拉底、柏拉图、亚里士多德、培根、牛顿、孟德斯鸠、亚当·斯密、边沁、达尔文、斯宾塞十位西方著名学者的生平、思想，其中大多数是哲学家。同年，马君武撰《唯新(心)派巨子黑格尔学说》。而梁启超、王国维等人对德国另一位哲学家康德尤为推崇。至于实验主义哲学，大约是在1906年传入的。是年，张东荪、蓝公武等人在日本东京《教育》杂志创刊号上登载了詹姆士的《心理学原理》，同时发表了一些介绍实验主义哲学的文章。不久，张东荪又发表了《真理

① 野蛮：《教育辞书粹》，载《东吴大学堂梓》，第2年第2期。

论》，较系统地介绍了詹姆士的实验主义观点。1907年，楞公编辑《万国名儒学案》一书，其中第一篇为哲学，介绍了欧洲从古代至近世主要哲学流派和代表人物。

在19世纪末20世纪初，西方进化论对中国哲学思想产生了很大的影响，中国近代哲学在这个时期可称为“进化哲学”。还在19世纪70年代，中文读物就介绍过达尔文的作品。1873年8月21日(同治十二年闰六月二十九日)的《申报》，登载了一则《西博士新著〈人本〉一书》的书讯，介绍说：“英国有博士名大蕴者，撰著各书，大显于世。近世新作则又有《人本》一书。盖以探其夫宇内之人，凡属性情血气，是否皆出于一本也。”文中提到的“大蕴”，即达尔文；《人本》一书，即达尔文于1871年发表的《人类起源及性的选择》。其后，传教士丁韪良，中国人郭嵩焘、钟天纬等都曾介绍过达尔文及其进化论。但是，这些介绍只是一鳞半爪，影响不大。进化论真正在中国产生影响，是从严复开始的。1895年，严复在《原强》一文中介绍并称赞达尔文及其学说：“达尔文者，英之讲动植之学者也……垂数十年，而著一书，曰：《物种探源》(今译《物种起源》)。自其书出，欧美二洲几于家有其书；而泰西之学术政教，一时斐变。……其一篇曰物竞，又其一曰天择。物竞者，物争自存也；天择者，存其宜种也。”[①]1898年，严复翻译的《天演论》出版，达尔文的进化论至此被系统地介绍进中国。《天演论》译自英国生物学家赫胥黎的《进化论与伦理学》一书，这是一部宣传达尔文主义的著作，严复只译了该书的前半部分，并加了许多按语和注释。他把“物竞天择，适者生存”的生物进化规律引进中国，目的在于唤醒世人奋发图强，挽救民族危亡。1901年至1902年，留日学生马君武将达尔文《物种起源》中的第三章“生存竞争”和第四章“自然选择”译成，分别冠以《达尔文物竞篇》、《达尔文天择篇》的名称出版发行，成为达尔文原著最早的中译本。它们虽然只是原著的节译本，但《物竞篇》是讲达尔文关于生物生存竞争的观点，《天择篇》则叙述自然淘汰的思想，二者均为达尔文原著中的核

① 王栻主编：《严复集》第1册，15～16页。

心部分。马君武翻译时用半文半白的语言，借鉴了日本通行的名词术语的译法，使译文更为通俗化。进化论被严复等人介绍到中国之后，成为一种新的哲学世界观和方法论，震动了中国的思想界。以康有为为代表的维新派和以孙中山为代表的革命派，都接受了这种新观点，形成了各自的哲学思想。

在近代中国，最先把进化论摄入自己思想学说内的思想家是康有为。不过康有为最初了解进化论不是来自严译《天演论》，而是通过阅读《谈天》、《地学浅释》、《格致汇编》等出版于中日甲午战争前的科学读物。他把西方进化论观点和儒家今文经学结合起来，阐释了“三世说”的历史进化观。但是，康有为的进化论只承认事物的量变、渐变，否认事物的质变、突变，属于形而上学的庸俗进化论。以孙中山为首的资产阶级革命派则把革命论与进化论相结合，作为自己的世界观和理论基础。孙中山批驳了康有为的庸俗进化论，指出康氏的观点“是反夫进化之公理也，是不知文明之真价也”。他认为，渐变和突变都是事物进化的形式，因此，体现进化精神的改革应当“取法于上”，学习最先进的文明，“从最上之改革着手”。[①] 邹容在《革命军》中盛赞革命，指出：“革命者，天演之公例也；……革命者，由野蛮而进文明者也。”[②]意思是说，革命体现了进化的真谛。《新世纪》的一篇文章阐述了革命与进化的关系，认为：“进化者，前进而不止，更化而无穷之谓也。无一事一物不进者，此天演之自然。苟其不进，或进而缓者，于人则谓之病，于事则谓之弊。夫病与弊皆人所欲革去者。革病与弊无他，即所谓革命也。革命即革去阻进化者也。故革命亦即求进化而已。”[③]也就是说，革命是为了进化，进化离不开革命，二者紧密相连，不可分割。达尔文进化论之所以在中国产生如此巨大的影响，一方面是由于这种学说本身具有唯物论和辩证法的合理因素，是19世纪西方科学发展的积极成果，有可供学习、

① 孙中山：《在东京中国留学生欢迎大会的演说》，见《孙中山全集》第1卷，283页，北京，中华书局，1981。

② 《辛亥革命》第1册，333页，上海，上海人民出版社，1957。

③ 真：《进化与革命》，载《新世纪》第20期。

借鉴之处；另一方面则是因为当时中国面临着帝国主义列强瓜分的严峻局势，救亡图存成为中华民族头等重要的问题。进化论不仅包含了以强制弱的思想，而且也包含了弱者要想存在下去必须转变为强者的道理。这对于处在民族危亡关头的中国人民来说，无疑是一种激励奋进的精神力量。进化哲学是中国近代哲学形成、发展过程中的一个里程碑。

二、逻辑学

中国古代学术具有悠久的逻辑思维传统，先秦的墨家、名家学说就包含着丰富的逻辑思想。然而，自汉武帝采取“罢黜百家”的政策后，墨、名诸家的著述连同包括在其中的逻辑思想遭到长期的压抑。直到清朝乾嘉时期，一些考据学家对诸子百家的典籍进行整理，古代逻辑思想才重受重视，并成为近代逻辑学形成的一个思想来源。中国近代逻辑学形成的另一主要来源，是这时期传入的西方逻辑学。

输入的西方逻辑学在当时被称为辨学、名学、论理学。1895 年，广学会出版了英国传教士艾约瑟翻译的《辨学启蒙》。该书译自英国思想家耶芳斯的著作《逻辑学初级读本》，但译文粗糙，晦涩难懂，无甚影响。对引进西方逻辑学作出重要贡献的是严复。1900 年，严复离开天津水师学堂到上海，开“名学会”讲逻辑学，并译西方逻辑学著作。他先翻译出版了《穆勒名学》(上半部，1905 年金陵金粟斋出版)，其后又翻译了耶芳斯的《逻辑学初级读本》，取名《名学浅说》(1909 年上海商务印书馆出版)，影响很大。有人认为：“自严先生译此二书，论理学始风行国内，一方学校设为课程，一方学者用为治学方法”。[①] 而王国维译耶芳斯的《逻辑学初级读本》更名为《辨学》，也于 1908 年公开出版。此外，当时不少学者还翻译了日本的逻辑学著作，如《论理学达恉》(日人清野勉著，林祖同译)、《论理学纲要》(日人十时弥著，田吴炤译)、《论理

① 郭湛波：《近五十年中国思想史》，246 页，北平，人文书店，1936。

学》(日人大西祝著，胡茂如译)等。它们中的多数属于教科书性质，以讲形式逻辑基础知识为主，内容虽浅，但对处于启蒙阶段的中国学界来说，还是有助益的。

中国近代逻辑学所奠定的第一块基石，是西方的形式逻辑，尤其是归纳逻辑。严复为此做了大量的工作。他不仅是系统地介绍西方形式逻辑的传播者，也是阐发西方逻辑思想及归纳逻辑的启蒙者。他翻译的两部逻辑学著作，讲的都是归纳逻辑。《穆勒名学》是英国著名思想家约翰·穆勒论述形式逻辑的名著。约翰·穆勒继承了培根的哲学观点，建立起自己的归纳逻辑思想体系。他与培根一样，对演绎逻辑持批评态度，但又未完全排斥之，主张将演绎逻辑置于实验和归纳逻辑的基础上加以改造。这些观点对严复产生了较大影响。严复的另一部译著《名学浅说》，是英国思想家耶芳斯写的介绍形式逻辑的入门读物，同样推崇归纳逻辑，称之为最科学的求知方法。从译本的选择就可以看出严复逻辑思想的倾向性。严复高度评价归纳逻辑，认为它是达到科学地认识事物本质的唯一途径。他说："明者著论，必以历史之所发见者为之本基。其间抽取公例，必用内籀归纳之术，而后可存。"[①]又说："公例无往不由内籀，不必形数公例而独不然也。"[②]"内籀"和"外籀"分别是严复译著中对"归纳推理"和"演绎推理"所使用的译称。"公例"是指概括事物内在本质的公理、法则。在他看来，无论是社会历史方面的"公例"，还是自然科学方面的"公例"，都应该是通过归纳法取得的。他还把归纳逻辑看作在中国开民智、破旧习，改变传统思维方法的有力武器。他认为，中国传统思维方法以演绎推理为主，但其所依据的前提并非用科学的归纳法而得来，"第其所本者大抵心成之说，持之似有故，言之似成理，媛姝者以古训而严之，初何尝取其公例而一考其所推概者之诚妄乎？此学术之所以多诬，而国计民生之所以病也。"[③]

① 严复：《民约平议》，见《严复集》第2册，337页。
② 严复：《穆勒名学》按语，见《严复集》第4册，1050页。
③ 严复：《穆勒名学》按语，见《严复集》第4册，1047页。

严复重视归纳法，认为演绎要以归纳为前提，这对当时中国思想界无疑是有积极意义的。但他把演绎只作为归纳的一个组成部分，则有偏颇。归纳和演绎二者既有区别，又互相联系、互为补充，“不应该在两者之中牺牲一个而把另一个高高地抬到天上去。”①严复很重视正确使用概念的问题，认为准确地判定、使用概念是进行科学思维最起码的条件。他说：讲科学“有二种功夫，一是区别定名之事，一是考订沙汰之事。盖不为其前，将虽有事实，而无纲纪；不为其后，将所据已误，而立例自非”。② 他强调科学概念的严密性，说：“科学名词，含义不容两歧，更不容矛盾”。又说：“既云科学，则其中所用字义，必须界线分明，不准丝毫含混”。③ 针对当时社会上不分名实、滥用词语的现象，他批评说：“盖西学自希腊亚理斯大德勒以来，常教学人先为界说，故其人非甚不学，尚不至偭规畔矩而为破坏文字之事也。独中国不然。其训诂非界说也，同名互训，以见古今之异言而已。且科学弗治，则不能尽物之性，用名虽误，无由自知。故五纬非星也，而名星矣；鲸、鲲、鲟、鳇非鱼也，而从鱼矣；石炭不可以名煤，汞养不可以名砂，诸如此者不胜偻指，然此犹为中国所前有者耳。通海以来，遐方之物，诡用异体，充牣于市；斯其立名尤不可通。”④要避免这种情况，准确地使用概念，就要在划分概念时以客观事物共有之点为基础，“因科学于物，所据以分类者，应取物中要点为之基”。⑤ 这种看法对当时的中国学人有启发意义。

严复首先系统地介绍和引进西方逻辑学，阐述了自己的逻辑思想，对我国逻辑学的研究和发展作出了重要贡献，开辟了把中国学术思想研究工作建立在科学基础上的途径，在近代中国的思想启蒙中具有特殊的意义。正如有人所评论：“吾国逻辑之学素不发达，思想笼统，成为心

---

① 恩格斯：《自然辩证法》，189页。

② 严复：《政治讲义》，见《严复集》第5册，1250页。

③ 同上书，1280页。

④ 严复：《穆勒名学》按语，见《严复集》第4册，1031页。

⑤ 严复：《政治讲义》，见《严复集》第5册，1264页。

习。先生(严复)首先翻译西洋逻辑名著，提倡慎思明辨之风，其功实伟。”①

三、伦理学

鸦片战争以后，西方伦理思想陆续传入国内，对中国近代伦理学的形成起到催生的作用。特别在进入20世纪以后，在西学输入的大潮中，西方伦理学著作被大量译介，风行于海内。其主要译本有《道德进化论》(日本户水宽人著，上海广智书局译印)、《伦理学原理》(德国保尔孙著，蔡元培译)、《伦理学》(日本元良勇次郎著，麦鼎华译)、《伦理书》(日本文部省编撰，樊炳清译)等；见诸报刊的有《伦理学概论》(译自英国模阿海特所著书，载《教育世界》101号)、《汗德(康德)之伦理学及宗教论》(载《教育世界》123号)、《包氏伦理学》(德国包尔城著，蓝公武译，载《学报》第1年第9号)、《男女交际论》(日本福泽谕吉著，张肇桐译，载《女子世界》第2年第6期)等。这些译著介绍了西方伦理学的一系列基本内容，包括研究对象、内容、原理、方法、学派及当前发展动态等问题。如黄国康译的《泰西伦理学变迁大势》一文，介绍了从霍布斯到斯宾塞的各家伦理思想，当时欧洲流行的“良心论”、“理想论”、“本务论”、“快乐说”、“克己说”、“实现说”等都有所涉及。文章在介绍西方伦理学发展动态时，强调伦理学借鉴其他学科的研究成果和方法，各学科在纵向发展的同时，要进行横向渗透。文章指出：“今日之伦理学既如斯复杂，故研究伦理学者若徒注重于伦理学之一方面，而不研究他之诸学，则伦理之研究终不能有了解之时。”研究伦理学必须了解、借鉴生物学、心理学、社会学、哲学、政治学、法律学等。“不知此等学之大要，则伦理学之研究不能完美。……今日之伦理学虽已成为一科之学问，然不

① 郭斌：《严几道》，载《国风月刊》第8卷，6期(1936年)。

可专读伦理书而不通以上诸学之大体也。”①

西方伦理思想的介绍，给中国知识界发动“道德革命”，建立近代伦理学提供了思想武器和理论依据。以戊戌维新运动为起点，康有为、梁启超、严复、谭嗣同等人提出一系列新的伦理道德观点，猛烈批判封建纲常名教，喊出了近代中国“道德革命”的先声。辛亥革命时期的资产阶级革命派及进步知识分子，进一步把“道德革命”引向深入，从而使近代伦理思想在社会变革中初步形成，对资产阶级民主革命产生了积极的影响。五四新文化运动时，陈独秀等人针对封建复古逆流，以伦理觉悟为“吾人之最后觉悟”，批判三纲五伦，提倡民权、平等、独立人格，把“道德革命”推向又一个高潮。

梁启超是中国近代伦理学的重要奠基人之一。1902 年至 1904 年，他在《新民丛报》发表《新民说》，系统地阐述了道德起源、道德标准、道德的地位和作用、新道德的内容、培养新道德的途径、道德与社会生活的关系等问题，全篇以“新民”为主题。所谓“新民”，最主要的意义是指更新民德。梁启超把“新民”问题与挽救民族危亡紧密联系起来论述，带有强烈的时代精神。他认为，由于封建专制的长期统治，中国民德备受摧残，颓堕浇薄，从而导致了国家长期贫弱，屡受外侮，所以“今日欲抵当列强之民族帝国主义，以挽浩劫而拯生灵，唯有我行我民族主义之一策。而欲实行民族主义于中国，舍新民末由”。② 他把“新民德”说成“今日中国第一急务”，以引起国人的注意。梁启超用近代社会学理论阐述了道德产生于一定的社会关系，把是否有益于整个群体作为判断善恶的标准。他指出：“道德之立，所以利群也。故因其群文野之差等，而其所适宜之道德，亦往往不同，而要之以能固其群、善其群、进其群者为归。”③这种观点突破了封建旧道德的藩篱，反映了他的伦理道德思想的进步性。他认为，处于近代社会中的国民必须具备“新道德”，包括树

① [日]中岛立造：《泰西伦理学变迁大势》，载《新民丛报》，第 4 年第 21 号(1906 年)。

② 梁启超：《新民说》，见《饮冰室合集》专集之四，4～5 页。

③ 同上书，14 页。

立平等、自由观念，发展个性，培养公德私德，提倡创新、竞争精神，明确权利与义务、爱国与爱群、利己与爱他等关系准则，渗透着新兴资产阶级的进取精神。在如何培养“新民德”的问题上，他既不“墨守故纸”，也不“醉心欧化”，而主张“淬厉其所本有而新之”，“采补其所本无而新之”，兼采古今中外之长，更新改造国民道德之路。这是很有见地的主张。

蔡元培在德国留学期间写成《中国伦理学史》，1910年由商务印书馆出版。这是中国学者撰写的第一部伦理学史。作者把中国伦理学说的演变分成三个时期，即先秦创始时代、汉唐继承时代和宋明理学时代，而以清代的黄宗羲、戴震、俞正燮为附录。蔡元培突破了封建传统道德伦理观念的束缚，反对把伦理道德看作从来就有的、凝固不变的神秘物，而是把它看作人类社会发展的产物。在作了大量历史考察的基础上，他提出中国伦理思想形成于家长制度的观点。他说：“家长制度者，实行尊重秩序之道，自家庭始，而推暨之以及于一切社会也。一家之中，父为家长，而兄弟姊妹又以长幼之序别之。以是而推之于宗族，若乡党，以及国家。君为民之父，臣民为君之子，诸臣之间，大小相维，犹兄弟也。名位不同，而各有适于其时地之道德，是谓中。”[①]在论述中国伦理思想的时候，他破除儒学本位观念，对儒家及其他各家予以同样的注意，一方面承认“儒家言，足以代表吾民族之根本理想者也”；另一方面又承认“自儒家以外，成一家言者有八。而其中墨、道、名、法，皆以伦理学说占其重要之部分者也”。[②] 力求全面反映我国伦理学史的全貌，摆脱了以往只尊儒学一家的狭隘性。作者用进步的学术观点总结历史，评价人物，大胆肯定了王充、王安石、黄宗羲、戴震等人进步的伦理观点。他称赞王充“颇与近世唯物论以精神界之现象悉推本于生理者相类，在当时不可谓非卓识”，[③] 认为黄宗羲、戴震、俞正燮诸家“则

① 蔡元培：《中国伦理学史》，见《蔡元培全集》第2卷，11页，北京，中华书局，1984。
② 同上书，9页。
③ 同上书，63页。

已渐脱有宋以来理学之羁绊，是殆为自由思想之先声”。最后，作者总结出中国传统伦理思想的缺陷：“（一）无自然科学以为之基础。先秦唯墨子颇治科学，而汉以后则绝迹。（二）无论理学以为思想言论之规则。先秦有名家，即荀、墨二子亦兼治名学，汉以后此学绝矣。（三）政治宗教学问之结合。（四）无异国之学说以相比较。佛教虽闳深，而其厌世出家之法，与我国实践伦理太相远，故不能有大影响。”他肯定清末学界吸收西方伦理学取得的成绩，断言：“吾国之伦理学界，其将由是而发展其新思想也，盖无疑也。”[①]这部著作是中国近代学者用新观点第一次对伦理学及伦理思想史所作的综合性研究，初步清理了传统伦理思想的历史遗产，为近代伦理学史研究构筑了最初的框架，在学术史上具有开创性的意义。

四、美学

就美学的历史渊源而言，无论在古代中国，还是在古代西方，都有丰富的美学思想，但在相当长的历史时期内，美学思想处于零散状态，没有形成一门独立的学科。直至 18 世纪德国哲学家鲍姆加登的美学专著《Aesthetik》出版，美学才进入新的发展阶段。鲍姆加登认为：人的心理活动包括知、意、情三个方面，应该有相应的三门学科来加以研究。研究“知”的学科是逻辑学，研究“意”的学科是伦理学，研究“情”的学科则是“Aesthetik”——感性学或美学。从此，“美学”这个名词流行于学界，美学也就成为有别于哲学、逻辑学、伦理学、艺术理论等领域的一门独立的学科。以后经过康德、黑格尔、车尔尼雪夫斯基等人的发展，美学研究不断深化，具有严密的理论形态。而中国近代美学的萌发则是在 20 世纪之初。

西方美学思想是在 20 世纪初开始被介绍入中国的。当时流行的美

① 蔡元培：《中国伦理学史》，见《蔡元培全集》第 2 卷，63 页。

学译著主要有王国维的《叔本华与尼采》、《叔本华之哲学及其教育学说》、《汗德(康德)画像赞》，日本学者高山林次郎著、侯毅译的《近世美学》，蓝公武的《斯宾塞之美论》，日本大濑甚太郎等著的《心理学教科书》，章行严著的《康德美学》等。它们数量虽然不多，但却对西方美学及其思想流派作了系统的介绍。

王国维对中国近代美学的形成发展多有建树。在西方美学思想家中，他最服膺康德。他介绍了康德美学的基本原理，如美的性质、美的范畴等内容，而倍加推崇的是康德“审美超利害”说和天才论。他在《古雅之在美学上之位置》一文中，把康德“审美无利害”说表述为“美是可爱玩而不可利用者”。除康德之外，王国维对席勒、叔本华、尼采等人的美学思想也很注重研究。他称赞叔本华的唯意志论和悲剧主义哲学，认为：“自汗德以降至于今百余年，哲学上之进步几何？其有绍述汗德之说而正其误谬，以组织完全之哲学系统者，叔本华一人而已矣。”①王国维不仅介绍西方美学思想，而且还运用西方美学观点研究和评论中国文学，撰写了《红楼梦评论》、《人间词话》、《宋元戏曲史》等。在《红楼梦评论》中，他从审美的角度，用叔本华悲剧论的美学观点系统地研究了《红楼梦》这部名著，揭示出其基本精神在于用悲剧形式显示了人生的真谛，最早阐述了这部小说的悲剧美学价值。他说：“《红楼梦》者，可谓悲剧中之悲剧也。”②他用深邃的见解，批评了前人“以考证之眼”评论《红楼梦》的错误倾向。其意义不仅在于开拓了文学研究的又一个新领域，而且还在于开阔了中国人的审美视野。《人间词话》是王国维对唐宋时期词的形成发展，对重要的词家、作品的风格、流派、历史地位等方面进行的分析研究，阐述了作者的“意境”思想，使中国传统文艺理论的这一重要范畴具有新的意义，即美学色彩和哲学深度。但是，王国维深受叔本华悲观论和禅、道思想的影响，其美学观带有浓厚的悲观主义

---

① 王国维：《叔本华之哲学及其教育学说》，见《王国维遗书》(五)，26页，上海，上海古籍出版社，1983。

② 王国维：《红楼梦评论》，见《王国维遗书》(五)，51页。

色彩。

蔡元培也是近代中国的美学思想家。他的美学思想主要渊源于康德，特点是强调美育(美感教育)，主要著述有《以美育代宗教说》、《美术的起源》、《对于新教育之意见》、《文化运动不要忘了美育》、《养成优美高尚思想》、《康德美学述》等。蔡元培认为：人类及人类社会的发展离不开美，美是人类道德的重要组成因素。他说："大凡生物之行动，无不由于意志。意志不能离知识与情感而单独进行。凡道德之关系功利者，伴乎知识，恃有科学之作用；而道德之超越功利者，伴乎情感，恃有美术之作用。美术之作用有两方面：美与高是。"[①]基于此，他把"美育"看作培养高尚道德的一种重要手段，认为："纯粹之美育，所以陶养吾人之感情，使有高尚纯洁之习惯，而使人我之见、利己损人之思念，以渐消沮者也。"[②]正由于此，他把"美育"纳入"德育"之中，成为培养学生美好道德情操的重要方面。他在《对于新教育之意见》一文中明确指出："以教育界之分言三育者衡之，军国民主义为体育；实利主义为智育；公民道德及美育皆毗于德育；而世界观则统三者而一之。"[③]美育的具体课程包括图画、唱歌、游戏等，手工既属"实利主义，亦可以兴美感"。通过这些课程达到培养学生美感、美而高尚的情操的目的。在新文化运动中，蔡元培为提倡"美育"不遗余力，并发表《文化运动不要忘了美育》一文，提醒国人注意。他说："文化进步的国民，既然实施科学教育，尤要普及美术教育。"[④]至此，他的美育思想又有了新发展，不再把美育看作单纯的学校艺术教育，而包括了发展美术、音乐、文学、舞蹈及美化生活环境在内，具有更广泛更深刻的含义。提高全体人民的美感及美的情操，成为他倡导美育的重要出发点。

---

① 蔡元培：《我之欧战观》，见《蔡元培全集》第3卷，3页。

② 蔡元培：《以美育代宗教说》，见《蔡元培全集》第3卷，33页。

③ 《蔡元培全集》第2卷，135页。

④ 《蔡元培全集》第3卷，361页。

五、政治学

西方资产阶级政治学说，包括“天赋人权”、“社会契约”、“三权分立”、“自由、平等、博爱”等在内的民主思想理论体系，是由英国洛克和法国卢梭、孟德斯鸠等思想家创立的，曾在西方资产阶级反对封建制度的斗争中发挥过重大进步作用。作为一种政治制度，民主体现“主权在民”的原则。不论君主立宪政府、民主共和政府，它们都具有由选举产生国家领导人、实行法治与分权制度、保障公民的自由人权等基本特征。最早介绍西方资本主义政治制度的有魏源、徐继畬等人。19 世纪 40 年代，魏源在《海国图志》中介绍和评论了西方的政治制度，例如称赞美国的民主共和制的优点是废除了世袭制和终身制，打破了封建的家天下的局面，议员和总统皆自下而上由民众选举，议会的议事尊重多数的意见，“三占从二”。徐继畬在《瀛环志略》中，也对欧美国家的政治制度作了介绍。19 世纪六七十年代，对西方政治制度有较多的评介，其中如早期维新思想家王韬、郑观应等对西方政治制度进行了考察，并主张在中国实行君民共主制度，把它看成是中国的“自强之道”。

关于西方政治学理论的介绍，要比对西方政治制度的介绍为晚。1894 年中日甲午战争以前，在一些译著中虽已有所涉及，如丁韪良译的《万国公法》、李提摩太译的《泰西新史揽要》等书，即对卢梭、孟德斯鸠等人的生平、学说作了介绍，但都是零星、片断的。甲午战争以后，也就是从戊戌维新运动到辛亥革命期间，掀起了一股介绍西方政治学的热潮。如卢梭的《民约论》，1898 年上海同文书局出版了日本中江笃介的第一章中文译本，称为《民约通义》，是最早的中文译本。1900 年年底至 1901 年年初，留日学生杨廷栋据日译本转译此书的一部分，在《译书汇编》上连载。1902 年上海文明书局印刷了杨廷栋的全译本，书名为《路索民约论》。孟德斯鸠的《论法的精神》，1903 年上海文明书局出版了地学家张相文据日文本转译的本子，取名《万法精理》，原著 31 章，该书只译了前20章；1909年商务印书馆出版了严复据英文本翻译的此书，取名《法意》。英国思想家约翰·穆勒的《自由论》，是19世纪资产阶级政治学说中的重要著作。此书最早的中译本是严复和马君武分别翻译的。严译本取名《群己权界论》，1903年商务印书馆刊行；马译本名为《自由原理》，同年由译书汇编社出版。英国甄克思的《政治史》，1904年商务印书馆出版了严复的译本，取名《社会通诠》。至于约翰·穆勒的《代议政体论》、德国伯伦知理的《国家学纲领》等，都被译成中文刊行。对洛克、孟德斯鸠、卢梭、斯宾塞、约翰·穆勒等人，都有专文介绍其生平及学说。

引进的西方政治学说在近代中国产生了很大的影响。严复在1895年发表《辟韩》一文，提出君主是人民根据“通功易事”的原则“择其公且贤者”而立的，是为了“卫民”，如果君主不能卫民，就可以把他废除。君民之间不是主仆关系，而是契约关系。① 而“国者，斯民之公产也，王侯将相者，通国之公仆隶也”，只有人民才是“天下之真主”。② 谭嗣同也认为君是由民共举的，既然如此，“则且必可共废之”，所以“君末也，民本也”。③ 这显然是受了卢梭主权在民思想的影响。辛亥革命期间，天赋人权、社会契约等思想广泛流传，如柳亚子在《民权主义！民族主义！》一文中说：“讲起上古时候，一个部落里面，没有什么皇帝，没有什么长官，人人都是百姓。后来因为事体很多，或者内部的争执，或者外部的劫掠，没有一个总机关，一定和乱丝一般，无从下手，所以从百姓中间公举几个有德行有才干的人出来，教他代全体办事……谁知到了后来，那几个办事人弄起权来……办事人也不要你们公举了，靠着拳头大，臂膊粗，强占了第一把交椅，就世世代代传下去。碰到子孙昏庸，又有人来抢劫，抢到手的就是帝王，抢不到手的就是盗贼。你想这帝王既不是大家公举的，他还肯来顾恋百姓么？自然作福作威，无所不为，

① 《严复集》第1册，33～34页。
② 同上书，36页。
③ 《仁学》，见《谭嗣同全集》(增订本)下册，339页。

摆出这豪奴欺主的样来。”[1]严复、谭嗣同、柳亚子等都提倡民权，批判“君权神授”，批判君主专制制度。

批判君权，提倡民权，在实践上就是要在近代中国改变封建君主专制制度，实行资产阶级政治制度。改良派接受的是英、日等国的君主立宪制，革命派则受法国、美国的影响，提出建立共和国方案。这一共和国方案，是和孙中山的名字联系在一起的。孙中山的共和思想彻底地否定了封建君主专制制度，肯定了人民在国家中的主人翁地位，贯彻了资产阶级的民主、平等精神。他顺应历史潮流，肯定西方“三权分立”政治原则，但又不盲目照搬，并根据中国的具体情况作了新发展，在“三权分立”之外，又提出“考选权”和“纠察权”独立，形成“五权分立”思想。

在西方政治学说的传播中，无政府主义学说和社会主义学说也被介绍进来。关于无政府主义学说，除发表《克鲁泡特金学说》、《巴枯宁学说》、《无政府主义两派》等文章介绍外，还翻译了英国克喀伯的《俄罗斯大风潮》、克鲁泡特金的《互助论》、《国家及其过去之任务》等著作。在国外无政府主义思潮的影响下，吴稚晖、刘师培等人于1907年正式打出无政府主义的旗号，进行宣传活动。刘师培、何震在日本东京出版《天义报》，鼓吹：“今日欲为人民谋幸福，舍实行无政府制度外，别无改造世界之方，中国亦然。”[2]刘师培把西方无政府主义与中国传统的老庄等思想糅合在一起，形成有自己特点的无政府主义思想体系。吴稚晖、李石曾等在法国巴黎刊行《新世纪》，主要介绍蒲鲁东、巴枯宁、克鲁泡特金等人的学说，带有浓厚的西方色彩。辛亥革命后，无政府主义团体、书刊增多，其中影响较大的是刘师复。刘师复先后组织“晦鸣学舍”、“民声社”、“心社”等无政府主义团体，出版《晦鸣录》、《民声》等杂志鼓吹无政府主义，建立了较完整的无政府主义思想体系——师复主义。

关于社会主义学说，《新民丛报》、《浙江潮》、《民报》、《天义报》等

---

① 《复报》第9期，1905年5月。

② 《论新政为病民之根》，载《天义报》，8～10卷合刊。

刊物都刊载过介绍马克思和社会主义的文章。其中对马克思、恩格斯及他们的学说介绍较详细的是朱执信。他在《德意志社会革命家小传》一文中，介绍了马克思、恩格斯的生平，并评述了《共产党宣言》和《资本论》。宣传无政府主义的《天义报》，刊登过恩格斯 1888 年为《共产党宣言》英文版所写的序言译文，还译载过《共产党宣言》第一章“资产者与无产者”。俄国十月革命后，《新青年》逐渐变成宣传马克思主义的刊物，李大钊和陈独秀等开始传播马克思列宁主义。

六、社会学

社会学是形成于 19 世纪中叶的一门新兴学科。法国实证主义哲学家孔德是社会学的创始人，他在《实证主义哲学大纲》一书中首次使用了“社会学”一词。随后，英国学者赫伯特·斯宾塞在吸取达尔文进化论和边沁功利主义思想的基础上发挥了孔德的学说，建立起自己的社会学体系，成为 19 世纪下半叶西方社会学的代表人物。

早在 19 世纪 80 年代前后，西方社会学的片断信息已经见诸《申报》、《万国公报》等报刊。钟天纬《刖足集外篇》中的《格致说》，概述了达尔文、斯宾塞的学说(文中达尔文译作达文，斯宾塞译作施本思)。康有为在 1891 年于长兴里聚徒讲学，设“群学”一科。“群学”是当时对社会学的通行称呼。中国学界对社会学的系统介绍是在戊戌维新运动兴起之后。1895 年，严复在天津《直报》发表了《原强》一文，扼要介绍了达尔文进化论和斯宾塞的社会学，这是他最初涉及社会学的文字，也是首次在文中提出“群学”一词。而“社会学”一词最早出现于谭嗣同《仁学》一书，他说：“凡为仁学者，于佛学当通《华严》及心宗、相宗之书；于西书当通《新约》及算学、格致、社会学之书”。[①]

1903 年，严复翻译了斯宾塞的《社会学研究法》，名以《群学肄言》，

---

① 《谭嗣同全集》(增订本)下册，293 页。

由上海文明编译书局出版。该书是斯宾塞《社会学原理》的绪论，是学习社会学的入门之作，用译者的话来说："《群学肄言》非群学也，言所以治群学之涂术而已。"[①]在近代中国，在译介西方社会学方面，影响较大的当属严复；而翻译出版第一部西方社会学著作的则是章太炎，他翻译了日本学者岸本能武太的《社会学》(上、下两卷)，1902年由上海广智书局出版。章太炎在序中说："日本言斯学(指斯宾塞的社会学)者，始有贺长雄，亦主斯氏(指斯宾塞)。其后有岸本氏，卓而能约，实兼取斯(指斯宾塞)、葛(指美国社会学家葛通哥斯)二家。"此外，社会学译著主要还有：马君武译的《社会学原理》(斯宾塞著)、吴建常译的《社会学理论》[美国吉丁斯(一译葛通哥斯)著]、金鸣銮译的《社会学》(日本涩江保著)、林纾与魏易合译的《民种学》(德国哈伯兰著)、东文译书社出版的《人与猿》(日本寺田宽二著)等。19世纪末20世纪初，西方社会学是中国学界热切关注的学科之一。

社会学是研究人类的社会生活及其变化的一门新兴学科，有着自己特有的研究领域和研究方法。在西方，社会学主要为医治资本主义发展中出现的种种社会弊病提供方法；而在中国，除了医治由于封建专制制度产生的各种社会病态之外，还有重新组织社会的问题。社会学在这两个方面都为新兴资产阶级提供了新的思路和方法。严复译的《社会通诠》提到社会发展进化要经历三个阶段，即图腾社会、宗法社会和军国社会。这一观点受到中国学界的重视，成为观察、分析中国社会现状及历史的理论依据，从而提出中国社会属于"宗法社会"的论断。严复指出：中国社会"固宗法之社会也"，"周孔者，宗法社会之圣人也"。[②] 蔡元培进一步说明中国的宗法社会是以家长制为特征，说："吾族于建国以前，实先以家长制度组织社会，渐发展而为三代之封建。而所谓宗法者，周之世犹盛行之。"[③]按照甄克思的观点，"宗法社会"的文明程度要低于

① 严复：《〈群学肄言〉译余赘语》，见《严复集》第1册，125页。

② 严复：《社会通诠》按语，见《严复集》第4册，926、928页。

③ 蔡元培：《中国伦理学史》，见《蔡元培全集》第2卷，11页。

“军国社会”，还处在人类社会发展的“草昧”时期。处于“宗法社会”阶段的中国呈现出严重病态状况：“夫自旧社会观之，京师番壤也，守令蛇虺也，固揆之万喙而一致也。由无意识生贪欲，贪欲生欺诈、生罪恶、生奴隶、生淫、生盗贼，而媚异族，而杀同种。种种败德，不暇覼缕。”[①]如果继续保持这种社会状态，中国势必会在列强争雄、弱肉强食的时代处于危险的境地。因此，必须要改造传统社会，克服“宗法社会”造成的弊病，组织新的“军国社会”，即资本主义社会。这种学说在当时成为各种改革中国封建社会主张形成的理论依据，如资产阶级革命派提出的建立共和国方案，改良派提出的君主立宪方案，小资产阶级激进派提出的改造社会方案，大都深受社会学理论的影响。由于近代社会学的传播，中国许多社会问题受到人们的重视，如人口、婚姻、宗教、民俗、灾害、社会保障等问题，成为研究的对象，涌现出一些研究成果。一些学校还开设了社会学课程，如 1906 年京师政法学堂所订章程，在正科政治学第一学年的课程表内，就把社会学列入其中。

七、经济学

西方经济学是中国近代经济学形成的一个重要来源。西方经济学传入中国，是在 19 世纪末 20 世纪初。英国古典学派的经济学说，19 世纪庸俗经济学说，先后得到译介。严复翻译的《原富》，是英国古典经济学家亚当·斯密的经典著作《国富论》。该书以经济自由为中心思想，以国民财富为研究对象，从分工开始，依次论述交换、货币、价值、价格、工资、利润、地租、资本、重农主义、重商主义等问题，完整地阐述了西方古典经济学的理论体系。在 19 世纪的西方经济学界，庸俗经济学曾盛行一时。梁启超的《生计学说沿革小史》、陈昌绪译的《计学平议》等论著，对此作了介绍。陈氏的译著把经济学家分为新旧两派，旧

---

① 大我：《新社会之理论》，载《浙江潮》第 8 期，1903 年 10 月。

派“即英国学派，或尔曼奢斯达学派，又称正宗学派”，是指亚当·斯密、大卫·李嘉图等古典派经济学家及其后继者；新派“即德国学派，或称引申学派，又称历史学派”，包括庸俗经济学派的代表人物李斯特、李威利、罗杰斯等。出版于宣统年间的《经济学概论》(熊崇煦、章勤士合译)，集中介绍庸俗经济学中的德国历史学派、奥地利学派的思想观点。

中国近代经济学的多数学者，在发展资本主义工商业，使中国走上富国强兵之路的问题上，都持肯定的态度。但在发展经济的具体方法和道路上，则存在一些分歧，有的鼓吹古典经济学的主张，有的则推崇庸俗经济学的观点。异说迭起，各行其是。

严复深受亚当·斯密经济思想的影响，主张经济自由主义。他虽然没有经济学专著行世，但在翻译的《原富》一书中加了约 6 万字的按语，集中反映了他的经济思想。严复依据亚当·斯密的利己主义思想，结合中国传统的义利观，提出“义利合”的观点，作为他经济主张的理论基础。他说：“治化之所难进者，分义利为二者害之也。孟子曰：‘亦有仁义而已矣，何必曰利？’……自天演学兴，而后非宜不利，非道无功之理，洞若观火。而计学之论，为之先声焉。斯密之言，其一事耳。……天演之道，不以浅夫昏子之利为利矣，亦不以谿刻自效滥施妄与者之义为义，以其无所利也。庶几义利合，民乐从善，而治化之进不远欤。呜呼！此计学家最伟之功也。”[①]基于这种认识，严复认为，财富是由民力创造的，要充分发挥民力，创造更多的社会财富，必须使每个人都能追求自己的利益，给私人经济活动以充分的自由，允许自由贸易和自由竞争。他说：“盖财者民力之所出，欲其力所出之至多，必使廓然自由，悉绝束缚拘滞而后可。”[②]他反对国家对商民经济活动作过多的限制，但也主张国家对经济要有适当的控制权力。这主要表现在以下三个方面：“一，其事以民为之而费，以官为之则廉，此如邮政、电报是已；二，

① 严复：《原富》按语，见《严复集》第 4 册，858～859 页。
② 同上书，888 页。

所利于群者大，而民以顾私而莫为，此如学校之廪田、制造之奖励是已；三，民不知合群而群力犹弱，非在上者为之先导，则相顾趦趄。”[①]此外，他对经济学中的价值、价格、货币、工资、利润、利息、资本及消费与积累等问题都作了论述，有的观点接受古典经济派，有的是吸取庸俗经济派，有的则是他自己的看法。总之，严复是近代中国较系统地研究经济学的第一人。

梁启超在经济学方面的著述较多，其观点受西方庸俗经济学影响颇深。在《论生利分利》一文中，他从理论上探讨了中国“增殖国富”的问题，提出了“生利”、“分利”论。所谓“增殖”是指投入生产的资本及其增殖额。他以资本是否能增殖作为划分标准，凡是能“有所复”、“资母孳子”，即增殖资本者，就是“生利”；如果“无所复”、“蚀母亡子”，使资本销蚀者，就是“分利”。社会成员也依此分成生产人员和非生产人员两类。梁启超认为，一个国家的“岁殖”有一定数量限制，只有花费于“徒食者数寡”，用于“能生产者数多”，“岁殖”才能逐年增加。而中国的现状是，“大约四万万人中分利者二万万一千万有奇，自余则为生利者。”[②]以少数“生利者”供养多数“分利者”的经济状况，造成了中国极端的贫困落后。他认为，解决的办法只有国家多开致富之道，使“分利者”“有自新之道，以变为生利者”。需要指出，梁氏对“分利者”、“生利者”的划分标准存在错误，如把妇女、老幼中的绝大多数都称为“分利者”，显然受到庸俗经济学形而上学观点的影响。他研究了19世纪末20世纪初西方垄断资本的发展情况和中国资本主义的发展，认为垄断资本的出现是资本主义经济发展的必然趋势，指出：“生计界之必趋于托辣斯，皆物竞天择自然之运，不得不尔，而浅见者从而骇之，从而尼之，抑亦陋矣。”[③]他罗列了办“托辣斯”的12条优点，认为中国要对付帝国主义列强的经济侵略，必须组织自己的“托辣斯”来和它们抗衡。他说：“抑

① 严复：《原富》按语，见《严复集》第4册，902页。

② 梁启超：《论生利分利》，见《饮冰室合集》专集之四，93页。

③ 梁启超：《二十世纪之巨灵托辣斯》，见《饮冰室合集》文集之十四，38页。

我国中天产之重要品，若丝、若茶、若皮货，其制造之重要品，若磁器、若织物，苟以托辣斯之法行之，安见不可以使欧美产业界瞠然变色也。”[①]他对中国经济的前途寄希望于大资本家，积极主张扶植这个阶层。他的经济学说有着很大矛盾，一方面反映了抵制外来侵略的爱国愿望；另一方面过于夸大垄断资本的作用，代表了民族资产阶级上层集团的利益。

孙中山的经济思想在近代中国进步的经济改革方案中具有典型性。其特点是把发展近代工商业经济与解决土地问题有机地结合起来，并以“节制资本”的措施来克服资本主义社会的弊病，汲取了一定的社会主义因素，反映了中国社会近代化的客观要求。中国发展近代经济首先遇到的问题，就是如何解决封建土地所有制问题。作为真诚的民主主义者，孙中山对这个问题予以高度重视，并在研究中国传统的“均田”思想和西方经济学关于土地国有化学说的基础上，提出了“平均地权”的主张。他在美国经济学家乔治·亨利思想的启发下，认为只要废除土地私有制，实行土地国有，取消一切租税，征收单一的地价税，就可以解决资本主义社会的一切矛盾。“平均地权”主张反映在同盟会的纲领中，成为资产阶级革命派进行反封建斗争的一面旗帜。在中国近代，封建土地所有制是资本主义经济发展的最大障碍，不解决土地问题，一切发展近代经济的宏图良愿只能是空中楼阁。严复、梁启超等人或者回避这个问题，或者迁就大土地所有者，这就不能不使他们的经济思想带有较大的局限性。而孙中山则把“平均地权”与发展近代工商业经济联系起来，彻底否定了地主阶级的土地所有制，把建设近代经济的主张建立在更为现实的基础上，显然高于前人。

值得称道的是，孙中山在谈到经济问题的时候，与克服资本主义经济发展带来的弊病联系起来考察。他对西方国家那些受到资产阶级残酷剥削的工人群众寄予深切的同情，严厉谴责资本家对广大劳动人民的压榨，密切关注欧美国家的工人运动，并设想用社会主义来解决中国社会

---

① 梁启超：《二十世纪之巨灵托辣斯》，见《饮冰室合集》文集之十四，61页。

问题。1905年，他在比利时的布鲁塞尔时曾走访国际社会党执行局(第二国际常设机构)，与该局主席王德威尔得、书记胡斯曼晤谈，表示中国将来“要采用欧洲的生产方式，使用机器，但要避免其种种弊端。……(中国要从)中世纪的生产方式将直接过渡到社会主义的生产阶段，而工人不必经受被资本家剥削的痛苦。”他满怀信心地说：中国人民一定能“生活在最纯正的集体主义制度之中……完整的集体主义制度并不是虚无缥缈的梦想或乌托邦。”[①]孙中山始终坚持限定私人资本经营的范围，主张一切大实业，如铁路、电气、水道等事务，全归国有，不使一私人独享其利。

① 《访问国际社会党执行局的谈话报道》，见《孙中山全集》第1卷，273～274页。

第九章　文学艺术

中国的文学艺术，在鸦片战争后也发生了明显的变化。以 1894 年中日甲午战争为界，中国近代文学艺术发展历程可以分为两个阶段。前一阶段，桐城古文、同光体诗、公案狎邪小说一度充斥文坛；与此同时，反映时代发展的进步文艺思潮和作品间有问世。后一阶段，中国社会经历了戊戌维新运动、辛亥革命、五四新文化运动等一系列重大的社会变革和文化变革。散文、诗歌、小说、戏曲、音乐、美术等领域，从形式到内容，乃至创作理论及方法，都发生了新的变化。

一、中日甲午战争前的文学艺术

在中日甲午战争以前的半个多世纪中，由于西方列强侵略而导致的民族危机，和清皇朝腐朽统治而引发的阶级矛盾尖锐化，造成了中国社会的衰败。开明士人及社会进步势力发出了学习西方、改革内政、抵抗外国侵略的呼吁。由于新的思想意识的产生，反映在文学艺术上也形成了进步文学潮流。

还在鸦片战争之前，文坛的一些有识之士就已经不满当时那种“万马齐喑”的沉闷局面，酝酿着改革文风。而打破这种沉闷局面，首开近代文学新风的，则是龚自珍、魏源等人。龚自珍是力主经世致用的思想家、文学家，他认为文学应该是“以有用为主”，要抒发真挚的感情，表现出对时代盛衰的褒贬之情。魏源也很重视文学的社会作用，认为“文之用，源于道德而委于政事”。[①] 基于经世致用的思想，龚自珍、魏源的散文充满社会批判的思想内容。龚自珍在《明良论》、《乙丙之际箸议》、《古史钩沉论》、《尊隐》等作品中，以寓意深刻的文字，抨击了清皇朝的腐朽，尤其对封建官僚贪黩聚敛、寡廉鲜耻的刻画更是入木三分。龚自珍的散文不仅与社会现实紧密结合，带着浓厚的时代气息，而且想象丰富，风格活泼，有力地冲击了其时弥漫于文坛的拟古主义、形式主义，首开一代文风。

太平天国起义期间，反对浮巧不实的文风，提倡“文以纪实”，“言贵从心”，“朴实晓明”的文风。1861 年洪仁玕等发布《戒浮文巧言宣谕》，要求合朝内外官员士人为文必须“弃伪从真，去浮存实”，“切实明透，使人一目了然。”[②]

19 世纪 60 年代至 90 年代，冯桂芬、王韬、郑观应等人继续了龚、魏改革文风的精神，积极倡导诗文改革。冯桂芬著《复庄卫生书》一文，从理论上否定了桐城“义法”，表现了要求散文解放的强烈意向。王韬、郑观应不仅是早期维新思想家，而且还是散文作家，所作时论文很有影响。他们反对摹拟古人，主张“务归实用，不尚虚文”的写作风格。王韬批评拟古派作品，“撦挦以为富，刻画以为工，宗唐祧宋以为高，摹杜范韩以为能，而于己之性情无有也。”[③]郑观应肯定近代新闻媒介对文风的影响，称赞报刊文章，“据事直书，实事求是，而曲直自分，是非自见，必无妄言谰语，子虚乌有之谈以参错其间。”[④]他们都写了大量时论散文，以清新的笔调、充沛的感情陈述变法图强的政治主张，并发出变通文体的呼唤，为后来“文界革命”的先声。

诗歌创作与散文一样，其风气也发生变化。在龚自珍、魏源、林则徐、张维屏、张际亮、朱琦等人的诗篇中，或反映民间疾苦，或揭露吏治腐败，或谴责西方的殖民侵略，或歌颂军民的反侵略斗争，都表现了

---

① 魏源：《默觚上》，见《魏源集》上册，8 页。
② 《太平天国文书汇编》，101 页，北京，中华书局，1979。
③ 王韬：《蘅花馆诗录自序》，见《弢园文录外编》，212 页。
④ 郑观应：《盛世危言》，见《郑观应集》上册，350 页。

爱国的思想情怀。如龚自珍的“九州风气恃风雷，万马齐喑究可哀。我劝天公重抖擞，不拘一格降人才”(《己亥杂诗》)，批判专制统治造成“万马齐喑”的社会现实，期待着社会变革的到来。林则徐的“苟利国家生死以，岂因祸福避趋之”(《赴戍登程口占示家人》)，则表现了不计个人得失，以国家民族利益为重的爱国情操。魏源的“前时但说民通寇，此日翻看吏纵夷”；“揖盗开门撤守军，力翻边案炽边氛”(《寰海》)，批评清政府官吏在鸦片战争中开门揖盗、腐败误国。张际亮的“青山到沧海，高下皆烟痕。……毒土换黄金，千万去中原”(《浴日亭》)和“传闻同逃者，白刃已加腹。可怜繁华土，流血满沟渎”(《东阳县》)，谴责英国侵略者贩卖鸦片和屠杀中国人民的罪行。张维屏的《三元里》、《三将军歌》和朱琦的《关将军挽歌》，都以炽烈的激情讴歌中国军民不怕牺牲、英勇抗敌的精神。强烈的爱国主义思想，构成鸦片战争后诗歌创作的一个基本特点。

从鸦片战争到甲午战争的数十年间，虽然文风、诗风有了变化，散文、诗歌创作都出现新的气象，但左右着士大夫文学趋向的，仍然是宋诗派、桐城派这些正统诗文派。

道光、咸丰年间，诗坛出现了学习宋诗的运动，也称宋诗派。这一诗派的代表人物是程恩泽、祁寯藻、曾国藩、郑珍、莫友芝、何绍基等。他们反对明代诗坛“诗必盛唐”的极端拟古风气，写诗学宋代诗人苏轼、黄庭坚，尤以宗黄成为风尚。宋诗运动原是针对专事摹仿盛唐而另辟蹊径，同时也是检讨了清初以来各家诗派的利弊得失，提出改变诗风，主张学人之诗与诗人之诗合一，开始时颇有一股振兴诗坛的新气象。他们的诗歌创作有不少好作品，如郑珍的诗反映社会现实之作较多，其中《江边老叟诗》、《经死哀》、《煮海铅厂三首》等，揭露清政府官吏的残酷剥削，反映民间悲惨的遭遇。何绍基的一些山水景物诗，则写得形象自然，饶有韵味。但是，宋诗派作家多是官僚士大夫，在思想上和接触实际生活方面并不比其前辈高明，存在生活贫乏、思想平庸的缺陷，创新仅限于在形式上下功夫。他们中的一些作家喜欢从经史乃至训诂考据中寻找诗材，又好标新立异，以生涩为贵，以险怪为新，便又走上模拟宋诗的形式主义的道路。正由于此，宋诗派虽然在当时为士人所注意，但严格说来并未成为一个具有规模的文学运动。

同治、光绪年间，宋诗运动衍变的末流形成“同光体”，代表人物有沈曾植、陈三立、陈衍、郑孝胥、林旭等。他们作诗与程恩泽、祁寯藻等人一样，以宋诗为宗。陈衍曾说：“同光体者，余与苏堪(郑孝胥)戏目同光以来诗人不专宗盛唐者也。”①他们虽主宋诗，但并不绝对排斥唐诗，对唐代杜甫、韩愈等人的诗作同样推崇。同光体诗人大都具有较深厚的经史根底，又有相当的诗文造诣，其诗作颇得唐宋诗家要领。同光体诗人中有些人曾参加戊戌维新运动，写了一些反映社会现实、关怀国家民族命运的诗篇。但从总体上说，他们多数系封建官僚，受其地位和生活范围的局限，在政治上比较保守，而在诗作上偏重摹拟古人，脱离现实，缺少时代气息。中日甲午战争以后的“诗界革命”派和“南社”诗人，所针对的正是同光体诗。柳亚子说：“从晚清末年到现在，四五十年间的旧诗坛，是比较保守的同光体诗人和比较进步的南社派诗人争霸的时代。”②

清代在散文方面影响最大的是桐城派。桐城派是康熙时期的方苞所创始，经刘大櫆、姚鼐等人的发挥而臻于完善，称雄文坛。他们主张“文以载道”和“义理、考据、辞章”合一的思想原则，强调孔、孟、程、朱的“道统”与韩、柳、欧、苏和归有光的“文统”之间的紧密结合。姚鼐死后，桐城派失去了显赫之势。道光、咸丰年间，代表人物为管同、梅曾亮、方东树、姚莹，称为“姚门四杰”。管同于鸦片战争前去世，方东树主要研究文论，在散文创作上有成就的是梅曾亮、姚莹。而梅曾亮影响尤大，成为继姚鼐后桐城派宗主。桐城派散文颇多清规戒律，语言陈旧，日益与生活脱节，但也有富有爱国主义精神、言之有物的作品，如梅曾亮的《与陆立夫书》、《王刚节公家传》，姚莹的《上邓制府请造战船状》，王拯的《陈将军画像记》，鲁一同的《关忠节公家传》等。这些作品

---

① 陈衍：《石遗室诗话》卷一，1页，民国十八年五月版。

② 《介绍一位现代的女诗人》，见《怀旧集》，238页，上海书店1981年复印本。

揭露了西方殖民主义侵略，赞颂反抗侵略的爱国官兵。咸丰中期，梅曾亮去世，桐城派趋于衰落。

咸丰、同治年间，曾国藩凭借自己的政治地位和声望，网罗文才，广结名士，举起重振桐城派的旗帜，形成一个“中兴”的局面。黎庶昌说：百余年来，桐城古文“有文蔽道丧之患。至湘乡曾文正公出，扩姚氏而大之，并功、德、言为一涂。……使司马迁、班固、韩愈、欧阳修之文绝而复续。”[①]曾国藩深受桐城派的影响，循守“文以载道”的文学观，强调文学以理学为皈依，发挥其教化作用。但他是道一而法不尽同，实际上是凭借桐城派的旗号，以推行自己在文学上的主张和扩展其在文坛上的势力。他把道统和文统相结合，注重经世致用，在姚鼐标榜的“义理、考据、辞章”的基础上，明确提出把“经济”纳入文学的范畴，使其具有更充实的内容和鲜明的政治色彩，以补义理的空疏之弊。这对桐城派的古文风格也有所改变，不是亦步亦趋。由于曾国藩对桐城古文的充实改造和推行，振衰起蔽，使之重新复兴，他也成了这一派的盟主，因而桐城派又被称为湘乡派。曾国藩和他的四位弟子张裕钊、吴汝纶、薛福成、黎庶昌为这时期的中坚，此外，还有郭嵩焘、李元度等人。

这时期的桐城派作家留下了大量的作品，其中既有宣扬封建伦理道德的平庸之作，也有反映现实生活、忧国忧民的佳构良篇。郭嵩焘、黎庶昌、薛福成、吴汝纶等人，或充驻外使臣，或出国游历考察，眼界心胸较为开阔。他们以桐城古文写下的许多日记、游记、笔记、政论类文章，把海外见闻与奇思异想交织在一起，读后使人耳目一新。他们的创作扩大了古文表现的题材范围，为旧文体表现新事物作了有益的尝试。桐城古文在甲午战争后仍有影响，严复、林纾为文皆宗桐城，译作全用古文，译笔简洁、流畅、生动，较好地发挥了桐城古文在文字表达方面的优点。但是，新体散文和白话散文的流传，表明桐城派散文的衰落已

---

① 黎庶昌：《续古文辞类纂序》，见《拙尊园丛稿》卷二，11页，光绪十九年上海醉六堂印本。

是无可挽回，至五四新文化运动时逐渐销声匿迹。

小说在清代自《儒林外史》、《红楼梦》之后，发展从高峰进入低谷，直到中日甲午战争前基本上处于低潮阶段。在此期间，社会上流行的小说主要是侠义公案小说、狎邪言情小说等。

侠义公案小说大致始于嘉庆年间，直到同光年间都盛行不衰。流行的作品甚众，诸如《三侠五义》、《施公案》、《彭公案》、《小五义》、《续小五义》、《英雄大八义》、《英雄小八义》、《七剑十三侠》、《永庆升平》、《圣朝鼎盛万年青》、《刘公案》等。这类小说是侠义与公案题材结合的结果，一般以忠勇仗义的侠义之士和除暴安良的清官为主人公。书中的清官多是忠君思想浓厚的贤良之臣，侠义人物被描写为忠心耿耿地替官府效力的奴才鹰犬，民众多是顺从统治者的义夫节妇。总的思想倾向是宣扬忠孝节义等封建道德，要广大人民把解脱现实社会苦难的希望寄托于封建道德化的理想人物——小说中的侠义之士和清官身上。根据说唱艺人石玉昆的说唱本《龙图公案》修改、润色而成的《三侠五义》，是这类小说中较好的一部。它的思想倾向尽管带有明显的封建性，但在对统治阶级中恶势力的描写方面，具有暴露封建社会黑暗的现实意义。而对包公形象的塑造，也在一定程度上反映了人民群众的愿望。小说在人物塑造方面也有成功之处，正如鲁迅所说："写草野豪杰，辄奕奕有神，间或衬以世态，杂以诙谐，亦每令莽夫分外生色。"①

狎邪言情小说是以写都市优伶、娼妓生活和男女情爱为主要内容的小说。1849 年出版的《品花宝鉴》是晚清较早出现的狎邪小说，此外还有《花月痕》、《青楼梦》、《海上尘天影》、《海上花列传》等。这类小说对以上海为主的半殖民地城市的社会生活，从一个侧面予以表现，对其黑暗面在客观上多少有暴露作用。但其中的糟粕很多，作者大多对封建统治阶级和文人、商贾玩弄妓女、伶人的糜烂生活抱欣赏的态度，借以发泄自己在官场、商场及情场失意的落拓情绪。比较值得重视的是魏秀仁的《花月痕》和韩邦庆的吴语小说《海上花列传》。稍晚出版的《九尾龟》一

① 鲁迅：《中国小说史略》，见《鲁迅全集》第 9 卷，273 页。

类狎邪小说，思想倾向更加颓落，无异于“嫖学教科书”，影响恶劣。满族作者文康写的《儿女英雄传》是这时期言情小说的代表作。全书以侠女何玉凤、显宦公子安骥和民女张金凤三个人物为主人公，以“金玉姻缘”为线索，描写二女嫁一夫的所谓美满婚姻，宣扬封建伦理纲常的思想，希望有这样的英雄儿女、忠臣孝子来维护封建统治秩序。但是，小说也反映了社会现实的某些侧面，在艺术上也有其成就。

此外，还有俞万春成书于晚年的《荡寇志》。《荡寇志》又名《结水浒传》，与施耐庵写的《水浒传》一样，是以北宋末年宋江起义为题材的一部历史小说。但是其主旨为“尊王灭寇”，与《水浒传》的主题思想针锋相对。书中主要内容是写以陈希真、陈丽卿父女为代表的忠臣义士攻灭梁山起义英雄的故事，吹捧陈希真等“扶助朝廷，扫除强梁”，诋毁梁山英雄是大逆不道的“东抢西掳，杀人不眨眼”的盗贼。小说出版后备受封建统治者的青睐，被吹捧为“功德无量”，“救害非浅”。而太平军在1860年攻占苏州后则得其书版焚毁，其政治作用可由此而见。

中日甲午战争之前的艺术，值得强调的是京剧的兴起。明清时期的戏曲舞台，昆腔处于执牛耳的地位。清代中期以后，“皮黄”戏开始流行起来。“皮黄”是“西皮”和“二黄”两种腔调的合称，分别是湖北汉调和安徽徽调的主要腔调。乾隆末年，原在南方演出的三庆、四喜、春台、和春四个徽调戏班陆续进京演出，同来自湖北的汉调艺人合作，并接受了昆腔、秦腔的部分剧目、曲调和表演方法，于道光年间形成了“皮黄戏”，即今天的京剧。道光以后，“皮黄戏”有了较大发展，涌现出一批才艺出众的演员，程长庚、余三胜、张二奎便是其中的佼佼者。程长庚以卓越的艺术成就，被誉为京剧艺术开基创业的大师。他还培养出一批著名的戏剧人才，享有戏界“一代宗师”的盛誉。后来的著名京剧老生谭鑫培、孙菊仙、汪桂芬等均出其门下。

二、中日甲午战争后的文学艺术

严格说来，带有资产阶级性质的中国近代文学艺术是在甲午战争以后才发展起来的。甲午战争后，先进的知识分子为了开展反帝反封建的政治斗争，在文艺领域举起“诗界革命”、“文界革命”、“小说界革命”、“戏剧改良”的旗帜，用进化论、民权平等学说批判封建纲常名教，在继承本国传统和借鉴外来文化的基础上，开辟出近代中国文艺的新天地。散文、诗歌、小说、戏剧、美术、音乐、电影等几个文艺领域，或是新的发展变化，或是处女地的新开拓，都发生了翻天覆地的变化。

甲午战争后，康有为、梁启超等维新派重视散文在舆论宣传中的作用，在“文界革命”的旗帜下进行散文改革，以适应社会变革的需要。康有为、谭嗣同等人对散文革新都起了促进作用，他们的文章感情充沛，气势纵横，笔锋犀利，语言畅达，富有感染力。而梁启超则创“新文体”，从 1896 年起，以《时务报》、《新民丛报》为舆论阵地，以新颖的见解和生动活泼的文字发表了大量散文，主要有《变法通议》、《瓜分危言》、《少年中国说》、《呵旁观者文》、《新民说》等。梁启超的散文完全抛弃桐城派的“义法”，开创了一种自由的、通俗化的文体，在当时文坛上，“耳目实为之一新”。他在《清代学术概论》中曾对“新文体”作了说明：“务为平易畅达，时杂以俚语、韵语及外国语法，纵笔所至不检束，学者竞效之，号‘新文体’。老辈则痛恨，诋为野狐。然其文条理明晰，笔锋常带情感，对于读者别有一种魔力焉。”梁启超的新体散文影响很大，“一时风靡海内”，“自通都大邑，下至僻壤穷陬，无不知有新会梁氏者。”[①]但是，他的散文在语言上仍然是浅显的文言文或文白参半，还不是白话散文。

文学改革运动不仅是内容的革新，也要求形式的革新。提倡文学语

---

① 胡思敬：《党人列传》，见《戊戌履霜录》卷四，民国二年(1913)南昌退庐刻本。

文合一而出现的白话文运动，便是这一改革的表现。诗歌的“我手写我口”，小说的“与口说之语言相近”，散文的“务求平易畅达”等，都近于语文合一的要求。而提倡白话文最力的是裘廷梁。1898 年他在江苏无锡创立白话学会，创办《无锡白话报》，认为“白话为维新之本”，主张“崇白话而废文言”，多办白话报以开通民智、传播新知。虽然前一年上海已创刊《演义白话报》、《蒙学报》，但《无锡白话报》则有较大的影响。1901 年到 1911 年，白话报刊创办不下一百二三十种，几乎遍及全国各地，甚至边疆地区如西藏、新疆也都办有白话报，进一步扩大了白话文的影响。这些白话报刊中，相当一部分是宣传革命思想的，也可以说是为了革命的需要而创办。女革命家秋瑾发表了不少白话散文，明白晓畅，生动形象。如《敬告姊妹们》、《敬告中国二万万女同胞》等，都是宣传民主革命和妇女解放的名篇，是饱含着作者的血和泪写成的，感人至深。陈天华的《警世钟》也是一篇白话通俗读物，激发四万万同胞齐心协力反抗帝国主义侵略。邹容的《革命军》虽然不是用白话文写的，但文字浅显通俗，生动活泼，感情充沛，悲壮淋漓，影响很大。诚如鲁迅所说：“倘说影响，则别的千言万语，大概都抵不过浅近直接的‘革命军马前卒邹容’所做的《革命军》。”[①]革命派为散文解放而进行的努力，为五四时期的白话文运动奠定了基础。

五四新文化运动的倡导者提出了比以往更有革命意义和实践价值的文学革命主张。1917 年，胡适在《新青年》2 卷 5 号上发表《文学改良刍议》，提出文学改良“八事”，即：“一曰须言之有物；二曰不摹仿古人；三曰须讲求文法；四曰不作无病之呻吟；五曰务去烂调套语；六曰不用典；七曰不讲对仗；八曰不避俗字俗语。”不久，陈独秀在同一刊物上发表《文学革命论》，更加明确地提出文学革命的“三大主义”：“曰推倒雕琢的阿谀的贵族文学，建设平易的抒情的国民文学；曰推倒陈腐的铺张的古典文学，建设新鲜的立诚的写实文学；曰推倒迂晦的艰涩的山林文

① 鲁迅：《坟・杂忆》，见《鲁迅全集》第 1 卷，221 页。

学，建设明了的通俗的社会文学。”[①]这两篇文章对文学变革的必要性、内容和意义作了全面阐述，标志着五四时期新文学运动的兴起。他们的主张得到文化界同人的响应，鲁迅、钱玄同、刘半农等人批评以拟古主义、形式主义为特征的旧文学，抨击“选学妖孽”、“桐城谬种”。新文学的倡导者在反对旧文学、提倡新文学的同时，大力提倡白话文，反对文言文。从1918年1月起，《新青年》改为完全刊登白话文稿件，开始使用新式标点。新创刊的《每周评论》、《新潮》等报刊也都改用白话文。从此，用白话文写作蔚然成风。

“诗界革命”是资产阶级维新派倡导的诗歌改革运动。这个口号是梁启超于1899年12月在《清议报》发表的《夏威夷游记》一文中提出的，但在1896年、1897年，黄遵宪、谭嗣同、夏曾佑、蒋智由等即已嗜好作新体诗。维新派诗人厌恶宋诗派、同光体的拟古主义、形式主义，主张在诗歌创作的内容和方法上实行改革，要求“能以旧风格含新意境”，表现新思想、新事物，容纳新词汇，从而使诗歌为维新运动服务。“诗界革命”提出以后，形成了一个颇具声势的新派诗潮流。《新民丛报》在1902年到1904年开辟了“诗界潮音集”专栏，先后刊登了新派诗500余首，作者达40余人。这些诗歌初步显示了“诗界革命”的成绩。初时，新派诗人的创作只追求形式上的“新”，把新名词、新概念生硬地搬用到自己的诗作中，表现出明显的不成熟性。后来他们逐渐认识到文学变革的真谛，主要是变革旧内容，注重提高作品的质量。

黄遵宪是近代中国“诗界革命”的一面旗帜。正如梁启超所说：“近世诗人能熔铸新理想以入旧风格者，当推黄公度。”[②]黄遵宪的诗歌改革思想形成较早。在中日甲午战争以前，他就反对拘守六经、摹拟古人的宋诗派、同光体，写诗批评说：“俗儒好尊古，日日故纸研；六经字所无，不敢入诗篇；古人弃糟粕，见之口流涎。沿袭甘剽盗，妄造丛罪

① 陈独秀：《文学革命论》，载《新青年》第2卷第6号。

② 《饮冰室合集》文集之四十五(上)，2页。

愆。”在批判旧诗传统的同时，他提出“我手写我口，古岂能拘牵”[①]的创作原则，强调写诗要表达自己的真情实感，反映现实生活。他主张诗人只有走出书斋，了解生活，才能写出好作品。他写道：“儒生不出门，勿论当世事。识时贵知今，通情贵阅世。”[②]

黄遵宪的诗作题材广泛，内容丰富，于政治风云、民族战争、异乡情趣、声光化电等无不涉及，用艺术手段生动地展现了中国近代社会的历史。他的许多诗篇真实地反映了中国人民遭受西方列强欺凌的悲惨命运，表达了作者的爱国之情。如《逐客篇》揭露了美国掠夺华工、虐待华工的暴行；《冯将军歌》赞扬了爱国将领冯子材率部英勇抗击法国侵略军的英雄事迹；《台湾行》则以沉痛的心情描写了台湾人民暂时失去祖国的痛苦，热烈歌颂了他们高昂的爱国热情。黄遵宪还擅长写长篇诗，《美国留学生感赋》、《纪事》等诗均是千言长篇，而且多是政治诗、时事诗。读他的诗作犹如读一部诗体中国近代史。因此，他的诗有“史诗”之称，在文学史上占有重要地位。

维新派倡导的“诗界革命”在诗歌创作的内容和形式上，都取得一定的成就。他们以诗歌来记述时事、人物，评说国政，吟咏历史，抒怀中外山川景物，扩展了诗歌的题材范围，增强了时代气息。在诗歌的表现形式上，他们冲破了传统诗词格律的束缚，用词不避方言俗谚，使诗作带有明显的散文化倾向，推动了传统诗歌形式向现代新诗的过渡，对当时的诗歌创作产生了重大影响。辛亥革命时期，革命派的诗人继承了这些新成果，在以诗歌为鼓动民主革命服务以及推动白话诗歌的发展、促进诗体解放方面，取得了新的成绩。

女革命家秋瑾是一位才华横溢的诗人。在投身于革命后，她的诗风为之一变，格调由低沉变为豪迈，炽热的爱国主义和强烈的民主精神，有如冲出闸门的洪水，荡气回肠，撼人心魄。她写的《宝刀歌》、《宝剑歌》、《剑歌》、《红毛刀歌》等诗，借歌咏刀剑来抒发誓与民族及人民的

---

① 《杂感》，见《人境庐诗草笺注》上册，42页。

② 《感怀》，见《人境庐诗草笺注》上册，1页。

敌人战斗到底的情怀，表现了作者钢铁般的革命意志和崇高的献身精神。她还写了《同胞苦》、《勉女权歌》等文字通俗、形式大众化的政治鼓动诗，不仅收到良好的革命宣传效果，而且对推动近代白话诗的发展产生了积极影响。

南社是一个以诗歌创作为主的革命文学团体。1909 年 11 月，同盟会会员陈去病、高旭、柳亚子等在苏州集会，宣布成立南社，并出版发行《南社》。南社活动中心在上海，辛亥革命前有社员 200 多人，民国后增至千余人，骨干成员还有苏曼殊、宁调元、马君武等。他们的诗歌从总体上说，是鼓吹反清革命，宣传民主共和，反映了当时民族民主革命的现实斗争和思潮，起到积极作用。从形式上看，南社诗作既有旧体诗，也有新体诗。如高旭的《女子唱歌》、《新杂谣》、《爱祖国歌》；马君武的《华族祖国歌》、《中国公学校歌》等作品，就是写法通俗、自由的新体诗，有的还是可供配曲的歌词。在南社诗人中，柳亚子成就突出。他幼年学诗，推崇龚自珍超逸奇诡的诗风，尝以“当年龚定庵”自称。因此，他的诗被称为“是非唐非宋的龚定庵体”。① 辛亥革命时期，他以鲜明的民族民主革命立场和杰出的诗歌才华，撰写了大量政治诗、时事诗，追怀民族英雄，纪念革命烈士，抨击封建专制，抒发政治抱负，在反清斗争中发挥了重要作用。他是一位多产诗人，诗作多至万首，仅《磨剑室诗词集》就收辑诗词 5000 余首。民国以后，南社成员发生分化，不少人因看不到革命出路而意志消沉，但柳亚子却能够跟随时代前进，始终不渝地坚持民族民主革命立场，尤其难能可贵。

这个时期，在诗词理论方面取得的成就同样不可忽视。王国维发表于 1908 年的《人间词话》是一部有代表性的作品。他以西方美学和文学理论的观点和方法，对自唐、五代至宋词的形成、发展，以及重要的词家、作品的风格流派、历史地位等问题，进行了分析、比较、评价。而“境界”说的提出，是其最主要的贡献。“境界”一词并不创始于王国维，我国宋元以来的文论、诗论、画论中都有使用，但在论词中对“境界”作

---

① 陈尔冬：《柳亚子遗事》，见《人物》，1981 年第 1 集。

系统阐述的，王国维是第一人。他认为，“非独景物也，喜怒哀乐亦人心中之一境界。故能写真景物真感情者，谓之有境界。否则谓之无境界”。而“词以境界为最上。有境界则自成高格，自成名句。五代、北宋之词所以独绝者在此”。王国维的“境界”说，在中国近代文学批评史上占有重要地位。

在五四新文化运动中，进步文学家反对旧文学，提倡新文学，提倡写白话诗，从而把由晚清“诗界革命”所启动的诗歌改革推向高峰。胡适主张“不作古人的诗，而唯做我自己的诗”，实际是提倡写白话诗。这一主张在社会上引起反响，陈独秀、李大钊、鲁迅、钱玄同、刘半农等人都表示支持。他们不仅探讨了创作白话诗的理论问题，而且还进行白话诗歌创作的尝试。《新青年》从1918年第4卷第1期至1919年第6卷第5期，共发表白话诗60多首，主要有胡适的《老鸦》、《新婚杂诗》；刘半农的《车毯》、《学徒苦》；沈尹默的《落叶》、《除夕》；李大钊的《山中即景》；鲁迅的《爱之神》等。这些成果的出现，说明近代中国的诗歌改革已经从带有过渡性质的新体诗阶段发展到现代白话诗阶段，实现了诗歌发展的现代型转变。

小说方面，中日甲午战争后至辛亥革命前后，也出现了繁荣局面。

维新派十分重视小说在传播新思想、启迪民智方面所起的作用，发表了鼓吹“小说界革命”、阐述小说社会作用的文章。1897年，严复、夏曾佑在天津《国闻报》上发表《本馆附印说部缘启》，首发其端；而梁启超于1903年写的《论小说与群治关系》一文，则更具有代表性。这些文章着重阐述以下几方面的内容：

1. 批驳贬斥小说的传统偏见

封建士大夫总是贬斥小说“诲淫诲盗”、“有伤风化”，《红楼梦》、《水浒传》、《金瓶梅》等几部优秀小说则是他们攻击的主要目标。王无生撰《中国三大小说家赞》、《中国历代小说史论》等文指出，这些优秀古典小说都是有为而作，或“愤政治之压制”，或“痛社会之混浊”，或“哀婚姻之不自由”。小说作者也非潦倒文人，“皆贤人君子”，[①] 是足以与柏拉图、巴枯宁、托尔斯泰、狄更斯相媲美的艺术大师。他们主张应抛弃鄙视小说的陈腐观念，把小说从“稗官野史”的卑下地位中解放出来，尊为“文学之最上乘”。[②]

2. 充分肯定了小说的社会作用，强调“小说界革命”与资产阶级政治斗争的密切联系

在梁启超等人看来，小说是开发民智的最佳艺术手段，具有“改良社会”，促进立宪政治形成的重要作用。梁启超说：“欲新一国之民，不可不先新一国之小说。故欲新道德，必新小说；欲新宗教，必新小说；欲新政治，必新小说；欲新风俗，必新小说；欲新学艺，必新小说；乃至欲新人心，欲新人格，必新小说。”[③]陆绍明的《月月小说发刊词》则谓，预备立宪之诏已下，但多数国民却于民权自由学说懵然无知。为此，“小说当为开通智识之一助，而进国民于立宪资格”。以“小说救国”为立论，一时成为不少文学刊物的热门话题。当然，把小说视为救国的根本，也存在着过分夸大小说社会功能的偏颇。

3. 探讨小说创作的原则和方法

一些论者指出，振兴小说既要继承和发扬本国文学的优秀传统，也要吸收外国文学中的营养。他们提倡译介外国文学作品，以借鉴其创作的长处，但同时也指出，译介内容的选择，要考虑到中国社会的实际情况，不能盲目引进。在小说创作理论方面，夏曾佑在《小说原理》中强调，小说不同于科学著作，写的是“肉身之实事”，因此要有艺术虚构，注重故事情节的生动描写。这便涉及小说的审美情趣和艺术创作的方法论问题。梁启超讲得更具体，他认为，小说创作就是要通过对人物事件的生动描写，道人之欲道而未能道，从而把作者对人生世事的理解即情感传达给读者，以情感人。他说：人在生活中，“往往有行之不知、习

---

① 王无生：《中国历代小说史论》，见《中国近代文论选》上册，220～223 页，北京，人民文学出版社，1959。

② 狄平子：《论文学上小说之位置》，见《中国近代文论选》上册，228 页。

③ 《论小说与群治之关系》，见《饮冰室合集》文集之十，6 页。

矣不察者，无论为哀、为乐、为怨、为怒、为恋、为骇、为忧、为惭，常若知其然而不知其所以然。欲摹写其情状，而心不能自喻，口不能自宣，笔不能自传。有人焉和盘托出，彻底而发露之，则拍案叫绝……”[①]他提到的小说四种“神力”：“熏”、“浸”、“刺”、“提”，讲的就是一部好的小说应具备的几个方面的艺术感染力。他们还看到小说之所以为广大民众喜闻乐见，还在于它通俗易懂，因此，小说语言必须要有通俗性，用白话文写小说势在必行。

这个时期的新小说理论虽然尚嫌幼稚、浅薄，但对于提高小说的社会地位、改变人们传统的小说观念、促进其创作发展起到积极作用。

在“小说界革命”思潮的影响下，戊戌维新时期出现了一批兼刊文艺的小报，为小说创作开辟了园地。进入 20 世纪后，专刊小说的刊物接连问世，如《新小说》、《绣像小说》、《月月小说》、《小说林》等。据统计，仅 1900 年至 1911 年创作的小说便在一千种以上。有人认为，“晚清小说，在中国小说史上，是一个最繁荣的时代。”[②]随着小说创作的繁荣，出现了一批有成就的作家，李伯元、吴趼人、曾朴、刘鹗便是其中的代表。李伯元的代表作是《官场现形记》，吴趼人的代表作是《二十年目睹之怪现状》，曾朴的代表作是《孽海花》，刘鹗的代表作是《老残游记》。这些小说的共同特点，都是对清末社会吏治腐败、虚伪、贪婪、无耻的种种丑恶现象进行揭露、嘲讽、谴责，被称为“谴责小说”，影响较大。

民国初年，国内一度出现封建守旧势力复辟的逆流，具有进步性、民主性的作品趋于消沉，充斥书肆的是一些美化帝制、攻击民族民主革命的作品，以及侦探小说、武侠小说、鸳鸯蝴蝶派小说、黑幕小说。后两种小说影响较大，内容庞杂，其中也有一些抨击社会现实的作品，但就主导倾向而言，是当时社会的消极产物，迎合了封建遗老遗少、小市民的庸俗趣味。这种情况的出现，是对晚清以来“小说界革命”进步潮流的一种逆动。

---

① 《论小说与群治之关系》，见《饮冰室合集》文集之十，6～7 页。

② 阿英：《晚清小说史》，1 页，北京，作家出版社，1955。

然而在当时的小说界，也有新的气象出现，这就是白话新小说的创作。1918年5月，《新青年》发表了鲁迅的短篇小说《狂人日记》。这是中国新文学运动中第一篇白话小说，也是鲁迅从事文学创作的开端，显示了文学革命的实绩。在这篇小说中，作者借一个“狂人”的自白，揭露所谓“仁义道德”的封建旧礼教“吃人”的本质，具有强烈的反封建的战斗性。同时期的白话小说还有恽铁樵的《工人小史》，俞平伯的《炉景》、《狗和褒章》，汪敬熙的《雪夜》、《一个勤学的学生》，叶绍钧的《穷愁》、《春游》等。这些白话小说尽管还不成熟，但它们的问世却表明白话新小说的诞生和发展趋势。正如茅盾在谈到新文化运动时期的小说创作时所说的：“现在我们回顾民国六年(1917)到民国十年(1921)这五年期间(这是中国新文学史上第一个‘十年’的前半期)总会觉得那时的创作界很寂寞似的。作者固然不多，发表的机关也寥寥可数。民国六年(1917)，《新青年》杂志发表了《文学革命论》的时候，还没有‘新文学’的创作小说出现。民国七年(1918)鲁迅的《狂人日记》在《新青年》上出现的时候，也还没有第二个同样惹人注意的作者，更找不出同样成功的第二篇创作小说。民国八年(1919)1月，《新潮》杂志发刊以后，小说创作的‘尝试者’渐渐多了，然而亦不过汪敬熙等三数人，也还没有说得上成功的作品，然而创作的空气是渐渐浓厚了。”①

近代小说的繁荣，还表现在翻译小说的大量出版上。20世纪初，翻译小说成绩斐然，其数量几乎超过创作小说。英、法、俄、德、美、日等国小说被翻译成中文，介绍到国内，许多著名的外国文学作家开始被中国读者所了解。翻译小说作家主要有林纾、包天笑、周瘦鹃、曾朴、周桂笙等，其中影响最大的是林纾。林纾(字琴南)从19世纪末翻译小仲马的《巴黎茶花女遗事》起，到去世的20多年中，共译外国小说183种，1200余万字，介绍了大量世界文学名著。他不懂外文，全凭别人口述，常与他合作翻译的有王寿昌、魏易、陈家麟、曾宗巩等人。译

① 茅盾：《〈中国新文学大系〉小说集导言》，见《茅盾专集》第1卷，下册，1037页，福州，福建人民出版社，1983。

作用古文，流畅传神。世界著名作家莎士比亚、狄更斯、托尔斯泰、易卜生、雨果、塞万提斯等的名著，便是由林纾第一次译成中文的。至今流传的《伊索寓言》、《鲁滨孙漂流记》、《茶花女》、《唐·吉诃德》、《莎士比亚故事集》等书的第一个中文译本，都出自林纾的手笔。林纾为中国文学翻译事业及中外文化交流作出了重要贡献。

中日甲午战争以后，戏剧与诗文、小说等一样，也有了新的发展变化。资产阶级维新派很重视戏剧的社会作用，甚至认为戏剧比小说的作用更大，“虽聋得见，虽盲可闻”，“欲无老无幼，无上无下，人人能有国家思想，而受其感化力者，舍戏剧末由。”[①]因而提出了“戏剧改良”的口号。资产阶级革命派同样以戏剧作为宣传革命的武器，借戏剧来为反清革命服务。柳亚子在《二十世纪大舞台发刊辞》中鲜明地阐述了这一观点，他说：“今以霓裳羽衣之曲，演玉树铜驼之史，凡扬州十日之屠，嘉定万家之惨……皆绘声写影，倾筐倒箧而出之，华夷之辨既明，报复之谋斯起……吾侪崇拜共和，欢迎改革，往往倾心于卢梭、孟德斯鸠、华盛顿、玛志尼之徒，欲使吾同胞效之……今当捉碧眼紫髯儿，被以优孟衣冠，而谱其历史，则法兰西之革命，美利坚之独立，意大利、希腊恢复之光荣，印度、波兰灭亡之惨酷，尽印于国民之脑膜，必有霍然兴者。”陈独秀在《论戏曲》中指出，演戏不是“贱业”，从中国戏曲的发展来说，“当今的戏曲原和古乐是一脉相传的”，不应贵古而贱今；以西洋各国的情况看，演戏和“一国的风俗教化极有关系”，因而“是把戏子和文人学士一样看待”。演戏和其他职业是平等的，“世上人的贵贱，应当在品行善恶上分别，原不在执业高低。”[②]这些主张，有利于促进戏剧事业的发展。20 世纪初，戏剧革新进入高潮。1904 年 9 月，陈佩忍、柳亚子在上海创办了《二十世纪大舞台》。这是我国最早的专业戏剧杂志，是鼓吹戏剧革新的重要宣传阵地。戏剧革新主要表现在两个方面：一是编写和上演反映时代精神的新剧目，改革传统戏剧的内容；二是引进新剧

① 天僇生：《剧场之教育》，载《月月小说》第 2 卷第 1 期。

② 《安徽俗话报》第 11 期，1904-09-10。

种，丰富中国戏剧园地。

在戏剧改革舆论的推动下，一些主要剧种编写和上演了大量具有进步思想倾向的新剧目。这些剧目，既有本国历史题材，也有外国历史题材，还有反映现实生活的。就所表现的思想主题来看，有的表现反对西方列强侵略，抒发爱国主义情怀，如《黑龙江》、《俄占奉天》等剧；有的表现反满的民族主义精神，如《陆沉痛》(写史可法扬州抗清兵败自杀之事)、《风洞山》(写瞿式耜桂林抗清)、《海国英雄记》(写郑成功台湾抗清)等剧；还有反对君主专制、鼓吹平等自由的，如《游侠传》、《博浪椎》、《断头台》、《女中华》等剧。特别值得一提的是，创作了一些直接反映革命党人可歌可泣的革命事迹的剧本，如《革命军传奇》、《苍鹰击》、《皖江血》、《轩亭冤》、《六月霜》等作品分别歌颂邹容、徐锡麟、秋瑾为革命而奋斗牺牲的英雄气概和高尚品德。以上剧本都有鲜明而进步的政治倾向。作者自觉地为政治需要而创作，紧密地为民主革命服务。

有些热心于戏曲改良的演员，积极上演时事新剧和历史新剧。有“剧班第一革命巨子”之称的汪笑侬，在这方面的贡献最为突出。汪笑侬不仅是才艺横溢的京剧老生演员，而且具有爱国激情和戏剧改良思想。为了用爱国思想教育民众，他改编传统剧本，创作新剧本，如《党人碑》、《马嵬驿》、《哭祖庙》、《骂王朗》等。他还与潘月樵、夏月珊、夏月润等京剧艺人在上海上演《波兰亡国惨》、《桃花扇》、《长乐老》等新戏，讽刺和抨击清王朝，受到观众的热烈欢迎。戏剧改良不仅出现在京剧，还波及川剧、粤剧、秦腔等地方剧种，涌现出一批新派艺人，编演了不少思想内容进步的新剧目。

话剧在当时被称为“新剧”或“文明戏”，以区别于传统戏曲。它是在晚清戏剧革新运动中诞生的新剧种。1907 年，以留日学生曾孝谷、李叔同、欧阳予倩(其后还有陆镜若等人)为骨干的春柳社，在东京演出了话剧《茶花女》(第三幕)和《黑奴吁天录》。《黑奴吁天录》是根据林纾、魏易翻译的美国斯托夫人的同名小说改编的，共五幕，有完整的剧本，全部用口语对话，是纯粹的话剧形式，受到留日学生和旅日革命人士的欢迎，日本戏剧界也给予很高的评价。《黑奴吁天录》是中国正规、完整的话剧的第一次公开演出，标志着中国话剧的正式诞生。此后不久，王钟声在上海组织春阳社，上演另行改编的《黑奴吁天录》。这次演出尽管没有完全摆脱戏曲传统形式的影响，但它毕竟是第一次用分幕的方法编剧，使用布景灯光，应该说是话剧在中国本土的开端。1908 年 5 月，王钟声到京津演出，把新剧播及北方。1910 年，任天知在上海创建职业新剧团进化团，演出剧目多半反映当时的政治问题，抨击清政府的腐败，宣传革命思想。武昌起义后，进化团编演了《黄金赤血》（劝募爱国捐）、《共和万岁》（歌颂辛亥革命的胜利）、《黄鹤楼》（赞武昌起义）等剧。进化团尽管只存在了两年时间，但影响却很大，不仅在革命思想的传播上起了作用，而且在长江沿岸的一些主要城市开展了话剧的启蒙运动。辛亥革命取得推翻清政府胜利后的一段时间内，新剧活动很活跃，除上海外，江苏、浙江、安徽、湖北、湖南、广东、福建、北京、河南等地，都成立了新剧团体。1912 年 3 月，原春柳社的部分成员陆镜若、欧阳予倩等组织新剧同志会，建立春柳剧场，成为不同于进化团的新剧艺术的另一有影响的流派。北洋军阀统治时，民主革命处于低潮。原来坚持上演进步新剧的剧团如春柳剧场等难以维持，被迫解散。另一些剧团为了生存，另谋出路，上演迎合小市民趣味的剧目，走上商业化道路。

新文化运动的倡导者十分关注戏剧改革问题，主要做了两方面的工作：一是译介西方的戏剧理论和作品；二是掀起戏剧改革的讨论，批判传统戏曲。在译介西方戏剧方面，如英国莎士比亚和挪威易卜生的戏剧，得到广泛传播。《新青年》第 4 卷第 6 号（1918 年 6 月 15 日出版）定为《易卜生专号》，刊登胡适的《易卜生主义》、袁振英的《易卜生传》等文章，对易卜生的创作活动及西方现实主义的文艺思想作了介绍。易卜生的作品表现出对旧社会制度虚伪、腐败的鄙视，提出种种社会问题，对中国的反封建斗争有积极意义。在戏剧改革的讨论方面，新文化运动的倡导者鼓吹戏剧观念的更新，倡导面向社会人生，以改造社会和教育人民为目的，是有积极意义的。但是在对待传统戏曲上，他们大都给予全盘否定，甚至把传统戏曲称为“野蛮戏”，主张废止。这种片面夸大传统戏曲缺陷的观点，显然是错误的。也有人不同意全盘否定传统戏曲，认为对其中的“恶习惯”应该汰洗净尽，但不能简单地全部否定，而应该通过改革，弃旧图新。

在近代中国，美术与其他文化领域一样，处于变革之中。新画派的崛起，新画种的盛行，西洋画的输入，这一切都给中国画坛带来重大变化。

有清一代的画坛，文人画一度具有深远的影响。活跃在顺治、康熙两朝的“四王”(王时敏、王鉴、王翚、王原祁)继承明末董其昌松江派模古画风，深受官方青睐，成为画坛正宗。然而，另一些在野画家，如山水画的渐江、八大山人(朱耷)、石涛及花鸟画的恽恪、扬州八怪等，反对泥古不化，主张革新创造，抒发个性，留下不少杰作，代表了清代画坛革新的方向。鸦片战争后，由于社会变革和西方美术的影响，居正宗地位的文人画派日趋衰落，以石涛、八大山人、扬州八怪为代表的画坛革新传统得到发扬，从而形成了富有生气的上海画派。上海画派是指近代侨居在上海的一批画家。他们鉴于画坛的日趋凋零，继承中国画界的革新传统，大胆破除文人画的积习，创造出泼辣、豪放、活泼、新鲜的笔调，开创出新异的画风。其代表人物有任熊、赵之谦、任颐、虚谷、吴昌硕等人。

与上海画派齐名的另一个新兴画派是岭南画派。其成员都属于地处五岭之南的广东籍，所以称为“岭南画派”。这个画派是由高剑父、高奇峰、陈树人等人在20世纪初所创立。他们早年大都接受民主革命思想，从事革命活动，兼有革命者与艺术家合一的身份，因此，他们的艺术思想、创作活动带有强烈的时代精神和革新精神。在艺术创作上，岭南派画家大胆吸收西洋画、日本画画法，改变了中国传统画主要用线条表现对象的画法，侧重用色彩或水墨的渲染来描绘形象与质感，增强了作品的感染力。

漫画的兴起是中国近代绘画领域发生的一大变化。它初称“讽世画”、“寓意画”、“滑稽画”，1925年《文学周报》发表丰子恺画作时才开始使用“漫画”一词。[①] 中国的漫画具有悠久的历史，据研究者考证，早在宋代就有关于漫画的记载。明清时期，朱见深、八大山人、罗聘等都留下一些幽默、诙谐的漫画作品。鸦片战争以后，西方列强入侵，政治腐败，社会动荡，这种特定的环境使专门针砭时弊的漫画大量涌现。西方先进印刷技术传入中国，石印画报风行一时，为漫画的发表提供了创作园地。辛亥革命前后，在资产阶级民主革命的影响下，漫画迅速发展，形成了一个独立的画种。当时流行着大量刊登漫画的报刊，如《俄事警闻》、《时事画报》、《时谐画报》、《时报插图》、《神州五日画报》、《民权画报》、《时事报图画杂俎》等。它们表现的题材相当广泛，从揭露帝国主义侵略的阴谋罪行，到讽刺清朝投降卖国；从抨击官场腐败，到针砭民间恶习，无所不有。但主要内容是紧紧围绕着反帝反封建这个时代主题而展开的。成就显著者有张聿光、何剑士、钱病鹤、马星驰、但杜宇等。其中如张聿光的《饭桶》、《中饱》、《这种事体我们最恨》等，对清朝官僚的愚昧、贪婪作了形象的揭露。何剑士画的《内阁总理》、《新议院之内外》，把北洋政府军阀官僚争权夺利的丑态刻画得惟妙惟肖。

中国近代美术的一个重大变化，是西洋画的传入。所谓西洋画主要是指由西方国家传入中国的油画，以及伴随着油画而来的素描、水彩、水粉等画法。西洋画传入中国并不始于近代，明末清初来华的西方耶稣会传教士就把西洋的绘画带到中国。然而，这些影响只限于宫廷和贵族当中，在社会上并无多大反响。鸦片战争以后，随着西方文化的传播，西洋画通过各种途径传入中国，在社会上产生了影响。上海徐家汇天主教堂曾经办过图画馆，教授西洋画法。上海、广州等地的一些洋行、保险公司印制的广告画、月份牌，多采用西洋画法绘成。不过，西洋画真正被中国画界所接受，还是在20世纪初。当时，中国出现了出国留学热，一些赴欧美、日本留学的青年学习的是西方美术专业。他们对西方的艺术流派都作了较系统的考察，并向国内作了介绍。其中如李叔同1910年从日本回国后，先后在天津直隶模范工业学堂、浙江两级师范

---

① 王伯敏主编：《中国美术通史》第7册，258页，济南，山东教育出版社，1988。

手工图画专修科及南京高等师范学校任教，又主编《太平洋报》画刊、《文美杂志》等，开展美术教育，讲授西方美术理论、美术知识，为西洋美术在中国的传播作出了积极贡献。

鸦片战争以后，西洋音乐也传入中国。首先传入的是西方教会音乐，在上海、广州等城市的教堂中演奏着“圣歌”，流行于各地的教会报刊经常刊登一些宗教音乐方面的知识。一些西洋乐器，如风琴、钢琴、管弦乐器，不时被西方人带进中国。这种与宗教相结合的音乐并不能在民间生根，难以为中国人所接受。

真正鼓吹音乐改革，提倡推广近代音乐，应该说是从19世纪末的维新派开始的。康有为在“百日维新”期间上的《请开学校折》，就提出把“歌乐”列为学校教育的普通课程。梁启超也强调：要改造国民品质，“诗歌音乐为精神教育之一要件”。资产阶级革命派同样重视音乐的社会作用。他们批判封建礼乐，主张改良传统音乐，使之服务于反清革命。他们的主张对于改变时人对近代音乐的传统看法，提高音乐社会地位，有着积极的影响。在这些新思潮的推动下，一些在国外留学而有志于振兴祖国音乐的青年选择了音乐专业，学习西洋和日本的音乐知识，成为传播西洋音乐、改良传统音乐的骨干力量。其中曾志忞、李叔同、沈心工等人尤有成就。1902年11月，沈心工、曾志忞等在日本东京成立音乐讲习会。1903年8、9月间，曾志忞在《江苏》上发表《乐理大意》、《唱歌及教授法》等文章，还发表以五线谱和简谱对照刊印的《练兵》、《扬子江》、《游春》、《秋虫》等6首歌曲。这是目前所见最早公开发表的学堂乐歌。从1904年左右起，国内许多新学堂逐渐开设“乐歌课”。曾志忞编著出版《教育唱歌集》，沈心工也出版《学校唱歌集》，促进了学堂乐歌的推广。1905年，李叔同在日本创办了中国最早的音乐刊物《音乐小杂志》，寄回国内发行。1907年，从日本归国的曾志忞、高砚耘、冯亚雄在上海召开夏季音乐讲习会，讲授西洋音乐，科目有乐典、和声学、风琴、洋琴、洋弦、喇叭、直笛、横笛、大鼓、小鼓等。

学堂乐歌的出现和流行，对中国近代音乐的形成和发展产生了深远的影响。当时的音乐课，其教法多效法日本。所教歌曲绝大部分是填词歌曲，即采用欧美、日本流行的曲调填入歌词。用中国民间曲调填词，或作词者自作曲调的，微乎其微。从歌词内容来看，情况比较复杂，有的平庸俗陋，有的则积极向上，反映出人民抵御外侮、追求民主自由、赞同社会进步的健康思想倾向。如沈心工选曲、填词的《革命军》带有强烈的反封建色彩，歌词写道："吾等都是好百姓，情愿去当兵。因为腐败清政府，真正气不平。收吾租税作威福，牛马待人民。吾等倘使再退缩，不能活性命。"李叔同作词的《祖国歌》，则表达了人民对祖国强烈的热爱情感。这类进步的学堂乐歌的推广，不仅扩大了近代音乐的影响，而且用爱国、革命的精神感染了学生们的情感，有力地配合了民主革命的开展。

电影是近代产生的一门年轻的艺术。1895 年 12 月 28 日，法国青年实业家路易·卢米埃尔(Louis Lumiere)在巴黎正式放映了《墙》、《卢米埃尔工厂的大门》等几部世界上最早的影片。这一天便被公认为电影时代的开端。1896 年 8 月 11 日，上海徐园的"又一村"在"戏法"、"焰火"等游艺节目中，穿插放映了电影。这是中国第一次放映电影，距卢米埃尔在巴黎首映不到一年。1902 年 1 月，外国人把影片、放映机带到北京，在前门打磨厂租借福寿堂放映。从此，电影进入北京。以后，北京、上海建立了电影院，电影放映业逐渐发展起来。不过，这个时期的电影业从业者以外国人为主，放映的影片有法国片、美国片、德国片和英国片。影片内容十分庞杂，既有滑稽片、外洋风景片，又有娱乐性影片、侦探片，还有不少无聊甚至有害的影片。

随着电影业的发展，中国人尝试拍摄影片被提到日程上来。1905 年，北京丰泰照相馆创办人任景丰摄制了由著名京剧演员谭鑫培主演的戏曲片《定军山》。这是中国人自己摄制的第一部电影，在中国电影史上具有开创性意义。1913 年，上海亚细亚影戏公司拍摄成故事片《难夫难妻》。这是一部抨击封建婚姻制度，反映社会现实生活内容的影片，郑正秋编剧并与张石川联合导演。以前的影片摄制，多是纪录性地摄取一些景物和戏曲节目的片断，《难夫难妻》则不同，有了完整的故事情节，应该说是中国拍摄故事片的开端。与此同时，一些新闻纪录片也相继问世。1911 年，著名的杂技幻术家朱连奎和美利公司共同拍成了一部纪录短片《武汉战争》，真实地记录下了武昌起义后革命军的几次重大战斗，生动地表现了革命军民英勇杀敌、不怕牺牲的战斗精神。影片拍成后，于当年 12 月 1 日在上海放映，使广大观众深受鼓舞。上海亚细亚影戏公司在后来也拍摄出一部反映“二次革命”的新闻纪录片《上海战争》，记录下了革命军攻打江南制造局和吴淞炮台的战斗场面。这些早期电影活动为中国现代电影事业的发展奠定了基础。

第十章　教育

教育是鸦片战争后变化很大的文化领域之一。中国传统教育形成于先秦，汉代不仅有由官学、私学组成的学校体制，而且儒学在这个体制中占有突出的地位。隋朝实行的科举制，经过唐代的发展，一直沿用到明、清，前后长达 1300 年。科举制虽然对于完善考试制度起过积极的作用，但到后来其弊端也是严重的。这种制度把学校教育与选官直接相连，使学校教育逐渐变成科举的附庸，引导士人追逐功名利禄。尤其到明清时期，随着封建制度的腐朽，科举制弊端显露，成为封建统治者笼络士人、禁锢人心的精神枷锁。鸦片战争以后，中国社会产生了新的因素，出现了"三千年一大变局"。中国传统教育的统治地位在西方资产阶级教育思潮的冲击下，发生了动摇，最终被近代教育制度所取代。本章从教会教育的兴起、清政府推行的教育改革、资产阶级及民国初年的教育三个方面对近代教育的兴革衍变加以概述。

一、教会教育的兴起

教会学校的兴起是西方传教士来华传教活动的产物。1807 年 9 月，英国新教传教士马礼逊来到广州。这是清政府宣布禁教后第一个来华的西方传教士。由于一时无法在中国大陆公开活动，马礼逊根据英国伦敦会的指令，在邻近中国的南洋群岛上建立传教基地，积极筹建印刷所和学校等设施。1820 年，马六甲英华书院正式开学，这所书院的一个任务就是培养派往中国的传教士。1836 年 9 月，住在广州的外国商人、传教士成立了马礼逊教育会，以打开在中国办学的局面。该会的通讯秘书裨治文说："教育肯定可以在道德、社会、国民性方面，比在同一时期内任何陆海军力量，比最繁荣的商业刺激，比任何其他一切手段的联合行动，产生更为巨大的变化。"英国鸦片商人在该会中充当了重要角色，颠地任该会会长，查顿担任司库。这说明，传教士的教育活动与西方殖民者对华侵略有着密切联系。1839 年美国传教士布朗夫妇在澳门创办了马礼逊学堂，这是外国传教士在中国大陆创办的第一所学校。容闳称布朗"实为中国创办西塾之第一人"。[①]

鸦片战争为西方传教士在华发展势力打开了方便之门，教会学校随着西方宗教势力的入侵而在中国沿海口岸城市开始出现。1844 年，英国"东方女子教育会"派遣阿尔德赛在宁波开办女子学塾，这是近代中国成立最早的教会女校。次年，美国长老会在宁波设立崇信义塾(1867 年迁至杭州，易名育学义塾，为之江大学前身)。1846 年，美国圣公会文惠廉在上海开设一所男校。1848 年，美国美以美会在福州创办主日学校。19 世纪 50 年代开办的教会学校，上海有英国安立甘会办的英华书院(1850 年)，法国天主教耶稣会办的徐汇公学(1850 年)，美国长老会办的清心书院(1850 年)；福州有美国公理会办的格致书院(1853 年)、福州女书院(1854 年)；天津有望海楼天主堂附设的法汉学堂、诚正小学和淑贞女学(1853 年)等。早期的教会学校大多规模小、程度低，附设在教堂中作为传教的辅助性机构。由于生源困难，多数教会学校只能招到一些家境困难的儿童，且对他们免费。

第二次鸦片战争后，西方教会获得了在中国内地传教的权利，教会学校不仅在数量上迅速增加，而且分布的区域随之扩大。如 1864 年美国长老会传教士狄考文在山东创办登州蒙养学堂。同年，美国传教士在北京开设了贝满女学堂和育英学堂。1871 年，美国基督教会创办了武昌文氏学堂和苏州存养书院等。到 1875 年左右，教会学校总数约增加

---

① 容闳：《西学东渐记》，46 页，长沙，岳麓书社，1985。

到 800 所，学生约 2 万人，其中属于基督教系统的学校有 350 所，学生有 5975 人，[1] 其余均属于天主教系统所办。这些学校以小学校为多，但已有少量教会中学出现。

1877 年 5 月，在华基督教会在上海举行第一届传教士大会。会议讨论的重点问题是教育与传教事业的关系问题。狄考文反对把传教与办教育、传授科学知识截然对立起来的观点，认为基督教只有重视教育、科学等问题，才能收到更好的传教效果。他声称："我认为教会教育之目的，在培育幼童的智力、德性和宗教信仰。不仅使他们成为上帝的功臣，维护并宣扬基督的真理，并借教会学校传授西方文化与科学知识，提供物质方面与社会方面的贡献。"[2]狄考文的观点得到不少传教士的支持。

为了解决教会学校缺乏教材的问题，会上由狄考文、林乐知等发起成立基督教学校教科书编纂委员会，以为各教会学校编写、出版教科书。该委员会由丁韪良、狄考文、林乐知、韦廉臣、傅兰雅等英美传教士所组成，丁韪良任主席。委员会定名为 School and Textbook Series Committee，中文名称为"益智书会"。益智书会委员经过多次商讨后，决议编辑两套学校用书，一套供初等学校使用，一套供高等学校使用，包括数学、天文、测量、地质、化学、动植物、历史、地理、语文、音乐等科目。其编写原则是在叙述科学知识的同时，应在适当时机表述上帝、罪恶、拯救等宗教教义。益智书会的工作颇有成绩。到 1890 年，该会出版书籍 50 种(74 册)，图表 40 幅，共计 3 万余册。另外审定合乎学校使用之书籍 48 种(150 册)。

19 世纪 80 年代以后，教会教育迅速发展，不仅学校数量不断增加，而且办学档次也相应提高，中学的比重增加，大学也开始出现。由培雅学堂和度恩学堂合并成的上海约翰书院，1890 年始设大学课程，

---

① 陈学恂主编：《中国近代教育大事记》，37 页，上海，上海教育出版社，1981。

② 王树槐：《基督教教育会及其出版事业》，见陈学恂主编：《中国近代教育史教学参考资料》下册，102 页，北京，人民教育出版社，1987。

形成圣约翰大学。山东登州蒙养学堂在19世纪70年代设置中学课程，1876年改名为登州文会馆，开设课程丰富，成为广文大学的前身。北京的汇文大学最初只是一所教会小学，1885年成立中学部，更名北京怀理书院(又译为卫理学堂)，1886年增设医学馆，并创设大学部。1889年招收80名大学生，始具大学规模。这就使得教会教育出现了复杂的情况，一系列新矛盾、新问题需要解决。原来的"学校教科书编纂委员会"虽然在出版方面有所贡献，但对于解决教会教育中的问题、协调各教派学校之间的关系则无能为力，已经不能适应教会学校发展的需要。这样，在1890年5月召开的在华基督教传教士第二次全国会议上，决定将"学校教科书编纂委员会"改组成"中华教育会"，会址设在上海。中华教育会的任务，除继续负责编辑出版学校教科书外，还要对整个在华基督教教育进行指导，包括对中国进行教育调查，举办各种讲习会、交流会、演讲会，交流和推广在华基督教教育的经验，策划教育方针、教育计划和具体措施。该会出版《中国教育指南》，用以指导在华的各级教会学校。该会共举行过6次年会，1912年5月在第7次年会上决定将其改称全国基督教教育会，1915年又改称中华基督教教育会。

19世纪末20世纪初，随着西方侵略势力和宗教势力在中国的扩张，再加上清政府在"新政"期间对传统教育的改革，教会教育特别是高等教育发展尤其迅速。据有关统计，到1912年清王朝垮台之前，在华西方传教士创办的各种大专学校共有30所。[①] 主要有上海圣约翰大学、浙江之江大学、江苏东吴大学、广东岭南大学、江苏金陵大学、北京协和医学院等。民国初年，教会学校发展的势头有增无减，逐渐形成了一个由幼儿园、小学、中学到专科、大学的完整的教育体系。根据《中国基督教教育事业》的统计，在1920年至1921年，在华天主教系统拥有各种学校共6599所，其中男校3518所，女校2615所，师范学校16

① 郭卫东主编：《近代外国在华文化机构综录》，478～486页，上海，上海人民出版社，1993。

所，专科学校 61 所，神学院 45 所；学生总数 144344 人。① 大致同期，在华基督教系统拥有各种学校共 7382 所，其中幼儿园 139 所，小学 6599 所，中学 291 所，师范学校 48 所，大学 16 所，神学院校 113 所，其他学校(含法学院、医学院校、聋哑学校等)176 所；各校学生总数 214254 人。②

鸦片战争以后的西方宗教东渐，是与帝国主义列强对中国的侵略扩张交织在一起的。从总体上说，西方教会的活动，包括教会教育在内，都服从于帝国主义列强的侵略政策，是其文化侵略的具体表现。正如毛泽东所说：帝国主义列强“对于麻醉中国人民的精神的一个方面，也不放松，这就是它们的文化侵略政策。传教、办医院、办学校、办报纸和吸引留学生等，就是这个侵略政策的实施。”③在评价中国近代史上的教会教育时，不能不首先指出这一点。

外国传教士办学的目的主要不是为了传授科学知识，而是为了扩大宗教的影响，用宗教精神驯化学生，培养一批中国籍的传教助手。对于这种教育宗旨，即使那些较多强调宣传科学知识的传教士也十分注重。登州文会馆的创始人狄考文这样说：“教会学校的建立的真正目的其作用并不单在传教，使学生受洗入教。他们看得更远，他们要进而给入教的学生以智慧和道德的训练，使学生能成为社会上和教会里有势力的人物，成为一般人民的教师和其他领袖人物。”④为了贯彻这种教育宗旨，教会学校往往用强制性的手段强迫学生接受宗教观念。《圣经》、《教义问答》等宗教读物是教会学校学生的必读之书。如汇文大学“从未忽视过传播福音”，⑤ 规定学生每天做两次礼拜，每星期学习一次圣经，每年

---

① 李楚材编：《帝国主义侵华教育史资料：教会教育》，23～24 页，北京，教育科学出版社，1987。

② 同上书，15 页。

③ 毛泽东：《中国革命和中国共产党》，见《毛泽东选集》第 2 卷，629～630 页。

④ 狄考文：《如何使教育工作最有效地在中国推进基督教事业》，见陈学恂主编：《中国近代教育史教学参考资料》下册，14 页。

⑤ [美]杰西·格·卢茨：《中国教会大学史》，曾钜生译，27 页，杭州，浙江教育出版社，1988。

举行奋兴大会。岭南大学校长香便士“要求加强福音传播工作”，使该校染上了一层浓厚的宗教色彩。由长老会差会人员组成的董事会，“对中国人为了商业的目的而学习英语的要求并不热心”。[①] 由于强调了宗教性质，教会学校的科学教育受到了削弱。

教会学校基本上属于新式的近代学校，在教育制度、教学内容及方法等方面，都比当时中国传统的学校教育要先进。整个教会教育系统大致可分小学教育、中学教育、大学教育和专科教育四个系列。中学、大学一般分为预科、正科两个层次，时称为“备斋”、“正斋”，或“备级”、“正级”。中学的预科是小学程度，正科是中学程度，时间从 9 年至 12 年，各校不一。大学学制也不统一，有 3 年制，有 4 年制，医科大学则在 5 年以上。

教会学校的教学内容比较丰富，除了设有宗教课程之外，还设有英语、“四书”、“五经”，以及声、光、化、电、数学等自然科学课程。

在教学方法上，教会学校所用的是英美等西方国家的教学方法。不少教会学校建立了实验室、科学楼，开设实验课，并让学生自己动手做实验，以验证从书本上学到的知识。运用实验的方法进行教学，这在当时中国的教育领域还是新事物。它的意义不仅在于帮助学生尽快掌握所学的科学知识，培养学生的实际操作能力，还在于有助于培养逻辑思维方式。

早期的教会学校毕业生，绝大多数从事宗教事务工作，有的成为外国传教士的助手，有的为医学传教士的助理，有的当教会学校的教师。自 19 世纪 90 年代以后，中国社会发生了较大的变化，近代化社会设施日渐增多，尤其迫切需要具有较新知识构成的人才。于是，教会学校毕业生的出路便从早期主要为教会服务转向社会，呈现出多元化趋向。

西方宗教势力在华办学是为了培养供其驱使的知识分子，以实现把中国基督化的最终目的。然而，事与愿违，在众多的教会学校毕业生中，固然不乏忠实地为西方教会势力及帝国主义列强文化侵略政策服务

---

① [美]杰西·格·卢茨：《中国教会大学史》，30 页。

的人，但多数人在近代中国风起云涌的反帝反封建斗争浪潮的影响下，保持了民族气节和爱国立场，成为建设国家的各种人才，不少人还投入到革命潮流中。

二、清政府推行的教育改革

清代沿明制，取士仍由科举。对于科举制度的弊病，清初如顾炎武等人即已提出了尖锐的抨击。道光时，科举制度的腐败更严重，连八股时文也不甚讲求，即文义不必甚通，而专尚楷法。有识之士鉴于士习丕坏，人才枯竭，对科举制度的腐败进行猛烈批判。龚自珍指出："今世科场之文，万喙相因，词可猎而取，貌可拟而肖"，① 把士人毕生精力耗费在作无实无用的八股文上面，造成国家人才危机的严重后果。魏源在《都中吟》中辛辣地讽刺道："小楷书，八韵诗，青紫拾芥惊童儿；书小楷，诗八韵，将相文武此中进。"②这些抨击表现了有识之士对科举制度的不满，也暴露了封建教育体制的危机和矛盾。

19 世纪 60 年代以后，清政府为了适应变化了的新形势，在不触动封建制度的前提下进行了一些改革，这就是洋务运动。教育改革便是洋务运动的重要方面。各项洋务事业展开之后，一些有识之士认识到，传统的教育制度培养不出适应洋务事业需要的人才。李鸿章批评说："小楷试帖，太蹈虚饰，甚非作养人才之道。"③他认为，要想培养洋务人才，必须变通"考试功令"，另设专门学堂，招收"资禀颖悟、根器端静之文童"，学习西人语言文字、"测算之学、格物之理、制器尚象之法"，④ 以备国家选用。

在洋务运动时期，清政府实行的教育改革主要表现在两个方面：一

---

① 龚自珍：《与人笺》，见《龚自珍全集》下册，344 页。

② 《魏源集》下册，675 页。

③ 李鸿章：《筹议海防折》，见《洋务运动》第 1 册，53 页。

④ 《同治二年二月初十日江苏巡抚李鸿章奏》，见《洋务运动》第 2 册，140～141 页。

是兴办新式学堂；二是派遣留学生。洋务派创办的新式学堂共分三类，包括外语学校、军事学校和技术学校。

1. 外语学校

鸦片战争以后，中外交涉日益增多。由于语言文字上的隔阂，加上缺乏翻译人才，清政府在外交活动中备受西人及其雇佣的通事的愚弄。他们串通一气，“欺我聋喑，逞其簧鼓，或遂以小嫌酿大衅”，[①] 使中国蒙受损失。为了改变这种情况，亟须培养中国的翻译人员和办理外交事务人员，这就是清政府兴办外语学校的动机。1862 年，总理衙门奏请设立的京师同文馆正式开学，这是近代中国第一所外语学校，也是最早的新式学堂。开馆之初，只设英文馆，后增设法文馆、俄文馆、德文馆，1896 年又开东文(日文)馆。1866 年增开算学馆，此后同文馆除学习外语外，加强了对天文、算学等自然科学方面的知识的学习。招生办法开始只限招收十三四岁以下的八旗子弟，后扩大至招收 15 岁以上 25 岁以下的满汉学员。学习期限最初定 3 年毕业，到 1876 年分为两种，年幼入学者 8 年毕业，年岁稍长仅借译本而求诸学者 5 年毕业。馆中教员除汉文教师外，其他课程的教师基本上是外国人。美国传教士丁韪良于 1863 年到馆任教，1869 年升为总教习，掌管教务达 25 年之久。馆中管理者除总教习外，还设有总管大臣、专管大臣、提调、帮提调等。该馆附设翻译处、印刷所，译印数、理、化、历史、语文等方面的书籍。继京师同文馆之后，李鸿章在 1863 年奏请在上海设立外国语言文字学馆，称广方言馆或上海同文馆。次年，广州将军瑞麟、两广总督毛鸿宾仿照上海例，在广州开办了同文馆。1893 年，湖广总督张之洞在武昌设立自强学堂，其中的“方言斋”，依照同文馆办法分英、法、德、俄四种。

2. 军事学校

洋务运动的一项重要内容，就是举办近代军事工业，建立新式陆军，迫切需要掌握近代军事知识的人才，创办近代军事学校势在必行。

---

① 《同治二年二月初十日江苏巡抚李鸿章奏》，见《洋务运动》第 2 册，140 页。

1866年，左宗棠奏请在福州马尾设船政局制造舰船，同时筹办马尾船政学堂。次年，学堂开学，教育体制仿英、法海军学校成规，是为中国近代军事学校的滥觞。1874年，上海江南制造局设立了一所操炮学堂。主要的军事学堂大都是在19世纪80年代以后建立的。1880年，李鸿章奏请在天津设立北洋水师学堂，次年落成。招收年在13至17岁的"良家子弟"就学，5年卒业。学堂分驾驶和管轮两科，开设英文、几何、代数、重学、天文、舆地、测量等科学技术课程，并课以经书历史等中学内容。其他军事学校还有：天津武备学堂(1885)、广州黄埔鱼雷学堂(1886)、广东水陆师学堂(1887)、北京昆明湖水师学堂(1888)、威海卫水师学堂(1889)、江南水师学堂(1890)、江南陆师学堂(1895)、湖北武备学堂(1895)等。

3. 技术学校

除了举办外语、军事学校外，清政府还创办了一批培养各科专门技术人才的学校，包括机器、电信、电器、采矿、医务等方面。这类学校主要有：上海机器学堂(1867)、福州电气学塾(1876)、天津电报学堂(1880)、上海电报学堂(1882)、广东西艺学堂(1889)、湖北矿业学堂(1892)、天津北洋西医学堂(1893)、山海关铁路学堂(1895)等。此外，马尾船政学堂中的前堂以讲授造船技术为主，培养出一些造船人才。天津电报学堂是李鸿章奏请设立的，原为天津电报局的一部分。每期招生30至50名不等，雇用丹麦人为教习，"教会中国学生电磁理论和电报艺术，使他们能在电报网的各分局报房胜任工作。"①学生所学课程有：电报实习、基础电信知识、仪器规章、国际电报规约、电磁学、电测试、材料学、电报地理学、数学、制图、铁路电报设备等。所用教材多是由丹麦教习璞尔生编写的，如《电报学》等。

在30多年间，清政府共创办新式学堂25所。在这些学堂中，培养各种外语人才的有7所；培养工程、兵器制造、轮船驾驶等人才的有

---

① 毕乃德：《记天津电报学堂》，引自朱有瓛主编：《中国近代学制史料》第1辑，上册，487页，上海，华东师范大学出版社，1983。

11 所；培养电报、通信人才的有 3 所；培养陆军、矿务、军医、铁路人才的各有 1 所。

在创办新式学堂的同时，清政府还派遣留学生到欧美各国学习军事和科学技术。

1871 年 9 月，曾国藩、李鸿章奏请清政府选派幼童赴美学习，并拟定《挑选幼童前赴泰西肄业章程》12 款。清政府批准了他们的奏请。从 1872 年至 1875 年，清政府每年派出 30 名幼童赴美国学习，4 年共派遣 120 名，学习期限 15 年。先入美国中学学习基础知识，俟学识明通，量才入军政、船政两院学习。学习科目有军政、船政、步操、制造等。这是中国近代派遣留学生的开端。1881 年，清政府听信管理留学生官员陈兰彬、吴子登等人的意见，以为出洋学生沾染外洋恶习，流弊多端，下令解散留学事务所，把出洋肄业幼童全行撤回。首次赴美留学遭受挫折。

向欧洲派遣留学生，始于 1876 年。是年春，李鸿章派遣卞长胜等 7 名淮军青年军官到德国留学，他们是中国最早的陆军留欧学生。海军留欧学生则是南方的福州船政学堂派出的。1873 年，福建船政大臣沈葆桢奏请派遣留学生赴英、法两国学习造船驶船，1877 年 3 月正式派出。首批赴欧海军留学生共 35 人，其中赴英学习海军驾驶者 12 人，赴法学习海军工程制造者 18 人，学期 3 年，期满回国任用。作为在职官员留学的有马建忠(使馆随员)、陈季同(文案)、罗丰禄(翻译)3 人。这些学生是从船政学堂毕业生中择优录取的，不仅外语条件好，而且专业知识扎实。1882 年年初，福州船政学堂派出第二批留学生 10 人，其中赴英 2 人，赴法 5 人，赴德 3 人。在学习制造工程的 8 人中，只有一两名学习舰船技术，其余均学习武器制造。与该学堂首批留学生相比，此次留学的国度和留学的内容较为广泛。第三批留学生 34 人于 1886 年派出，其中有 9 人是学习交涉、法律和语言文字专业的，其余学习海军驾驶及制造等科技专业。学生来自福州船政学堂和北洋水师学堂。1891 年，第三批海军留学生学成回国。中国本应派出第四批留学生，但由于李鸿章和兼管福建船政的闽浙总督卞宝第为争派本系统出国留学的权利各不相让，遂使第四批留学生无法派出。直到中日甲午战争爆发，中国再未向外派出过留学生。

从1872年至中日甲午战争前的20余年间，清政府共向美国、英国、法国、德国四个国家派出了两百余名留学生，开近代中国出国留学之风。

清政府的上述教育改革是在“中学为体，西学为用”思想指导下进行的，特点是“变器不变道”，只作枝节性的局部改革，而不触动封建制度本身。八股文、科举制尽管已经腐败，但仍被清政府视为“抡才大典”，原封保留，不许触动。1878年，沈葆桢奏请停止武科，被清政府斥为“率改旧章，实属不知大体”。[①] 结果造成了学堂与科举并存的局面，旧的制约、阻碍了新的。洋务运动中的教育改革带有不彻底性。洋务派兴办的新式学堂尽管强调“中学”的主导地位，要求学生尊孔读经，但毕竟把近代科技知识引入课堂，改变了封建传统教育的教学内容。经过洋务学堂和出国留学，培养出一批包括科学技术、企业管理、军事、外交等方面的新型人才。詹天佑、严复、刘步蟾、萨镇冰等人是其中的佼佼者。新式学堂和出国留学开辟了一条与科举取士不同的选拔人才的途径，在封建教育制度的链条上打开了一个缺口。

在戊戌变法时期，光绪帝根据维新派的建议，下诏变法。在教育方面，相应提出了改革科举制度、废除八股文、兴办学校，包括在北京设立京师大学堂、各地大小书院改为兼习中学和西学的学堂等变革措施。由于维新变法很快失败，这些举措不能得到推行，只留下一所京师大学堂，但它毕竟是对原有的教育制度的一次大的冲击。

义和团运动和八国联军入侵后，清政府面临着更为严重的统治危机。为了维持自己的统治地位，慈禧太后不得不打出“变法”的旗号，宣布实行“新政”。1901年1月29日，清廷颁发上谕，表示要“破锢习”、“求振作”、“变成法”，要求内外臣工“各就现在情弊，参酌中西政治，

① 朱寿朋编：《光绪朝东华录》第1册，582页，北京，中华书局，1984。

举凡朝章国政，吏治民生，学校科举，军制财政”，[①] 因革省并，各抒己见。教育改革便是“新政”的重要内容之一。不过，这时的教育改革无论在深度上还是在广度上，都远非洋务运动时期的改革所能比，它直接导致了科举制度被废除和近代教育体制的确立。

清政府颁发“新政”上谕后，1901 年 7 月 26 日，两江总督刘坤一、湖广总督张之洞联衔会奏变法事宜四条，即设文武学堂、酌改文科、停罢科举、奖励游学，都是改革教育和选拔人才的问题。一个月后，清政府颁发上谕：自次年始，乡会试及岁科试策论，以中国政治吏事及各国政治艺学命题，不准用八股程式，并停止武生童考试及武科乡会试。戊戌变法时光绪帝曾下令废除八股文，但被守旧势力所推翻。时隔 3 年，清政府不得不回到当年光绪帝的立场上，第二次明令废除。1904 年 1 月，张百熙、荣庆、张之洞等奏请递减科举取士名额，以学堂毕业生代替。废除科举制更成大势所趋。1905 年 9 月，直隶总督兼北洋大臣袁世凯等奏请立停科举，推广学堂，疾呼：“科举一日不停，士人皆有侥幸得第之心……学堂决无大兴之望。”清廷迫于形势，诏准“自丙午(1906年)科为始，所有乡会试一律停止，各省岁科考试，亦即停止”。[②] 这道上谕为自隋朝以来实行了 1300 年之久的科举取士制度画上了句号。

在科举制衰亡的同时，清政府着手建立新的教育制度，包括制订新的教育体制、成立教育行政机构、推广新学堂、派出留学生、编写新式教科书等。

新式的教育体制始于 1902 年张百熙制订的《钦定学堂章程》。是年为阴历壬寅年，称为“壬寅学制”。该学制规定从蒙养学堂到大学院，共分 7 级，凡 20 年。它虽然正式公布，但未付诸施行。1903 年(癸卯年)，张百熙、张之洞、荣庆等重新拟订《奏定学堂章程》，并经法令正式公布在全国施行。此章程通常称为“癸卯学制”，是清末民初新式教育体制的主要依据，在中国近代教育史上产生过重大影响。

---

① 朱寿朋编：《光绪朝东华录》第 4 册，4602 页。

② 朱寿朋编：《光绪朝东华录》第 5 册，5390～5392 页。

该章程包括初等小学堂、高等小学堂、中学堂、高等学堂、大学堂附通儒院、蒙养院及家庭教育法章程；还有各级师范学堂、农工商实业学堂，以及各学堂管理通则、考试及奖励章程等，提出了一个完整而系统的新教育体系。“癸卯学制”分3段7级：第一段为初学教育，设蒙养院4年，初等小学5年，高等小学4年；第二段为中等教育，设中学堂一级5年；第三段为高等教育，分为高等学堂或大学预备科3年，分科大学堂3年到4年，通儒院5年。总计学制长达29年至30年。关于教育宗旨，张百熙等人是这样表述的：“无论何等学堂，均以忠孝为本，以经史之学为基，俾学生心术一归于纯正，而后以西学瀹其智识，练其艺能，务期他日成材，各适实用。”[①]1906年，清政府在批准学部关于学堂教育宗旨奏折时，又把此宗旨概括为“忠君，尊孔，尚公，尚武，尚实”五端，仍然贯彻“中体西用”的原则。这说明清政府推行的新教育，根本目的还在于为维护其封建统治而培养人才。新教育体制规定的课程，同样体现其教育宗旨的精神。小学有修身、读经讲经、中国文字、算术、历史、地理、格致、体操、图画等；中学有修身、读经讲经、中国文字、外国语、历史及数理化等自然科学各种课程等。

由于清末教育制度发生了重大变化，教育行政管理系统也出现了更新。初时，清政府并没有专门主管教育的机构，全国学务由礼部、国子监、翰林院及各省学政分别掌管。洋务运动期间虽然兴办了一些新学堂，但大都附属于总理衙门及各洋务企业，无统一的专管部门。1898年7月，京师大学堂在“百日维新”中建立。在梁启超草拟的京师大学堂第一个办学章程中规定，各省学堂皆归大学堂管辖。当时的京师大学堂不仅是全国的最高学府，而且是全国教育的最高行政管理机关。章程还规定，大学堂设管学大臣一人，总管教育工作。1900年义和团运动期间，京师大学堂生徒四散，校舍封闭，管学大臣许景澄因呈请裁撤。8月3日，慈禧太后下令停办。《辛丑条约》签订后，清廷重整内政，遂于1902年1月10日下令恢复京师大学堂，任张百熙为管学大臣。1904年

① 朱寿朋编：《光绪朝东华录》第5册，5125～5126页。

1月，又改管学大臣为学务大臣。1905年清廷下诏废止科举后，山西学政宝熙上折奏请设立学部，经政务处及学务大臣议复，遂下谕批准设立。当年12月学部成立，作为统辖全国学务的正式教育行政机关，并把旧有的国子监并入。学部编制设尚书1人，左右侍郎各1人，左右参议各1人，参事官4人。部内机构分为5司12科。5司为总务司、专门司、普通司、实业司、会计司，设郎中、员外郎、主事若干人管其事，还设有视学官巡视各省教育。关于翻译图书、调查学制、督理京师学务及研究教育等事务，皆专设局所，派员兼理。1906年，清政府裁撤了各省学政及学务司、学校司等后设的临时教育行政机关，另设提学使司专管全省教育事务；各府厅州县则设立劝学所。

由于科举制的废除和新学制的实行，中国在20世纪初出现了兴办学堂的热潮。据当时学部统计，1907年各省有学堂37888所，学生1024988人。1908年学堂数达47995所，学生数达1300739人。一年之中学堂增长26.7%，学生增长26.9%。1909年学生数达到1626720人，比1908年又增长25.1%。所建学堂种类齐全，其中普通教育学堂数量最多，包括从学龄前儿童教育的蒙养院、小学堂、中学堂到大学堂在内的各级教育学堂。除此以外，还有相当数量的各级师范学堂，以及培养各种专门人才的实业学堂。按照清末全国有1700个州道府县计算，1908年平均每一州道府县约有学堂28所。以上这些统计数字，有浮报、虚报的成分，并不完全属实，但毕竟可以反映出办学热潮的情况。新式学堂的建立，使原有的教材不再适用，编印新式教科书的问题提上了日程。商务印书馆是近代出版教科书最多的一家。从1902年起，该馆开始编印教科书。所出版的教科书，包括幼儿园、小学、中学、大学、师范、职业学校用书等。清政府学部的图书局、江楚编译官书局等单位，也都编印过一些学校用书。

20世纪初，与国内兴办学堂热并行的是出国留学热。1901年9月，流亡在西安的清政府曾通令各省选派留学生出国。由于日本在明治维新后一跃成为世界强国，对中国有借鉴作用，再加上去日本学习费用较少，赴日留学成为留学浪潮中的主流。1903年，清廷颁布的《奏定学堂章程·学务纲要》强调，日本为出国游学的首选国家。学部成立后，陆续制定了一些留学章程，如1906年学部拟定留学生考验奖励章程、管理日本留学章程，逐渐形成了一套留学制度。1904年留日学生达1300多人，1906年激增至8000多人，到了1907年竟达12000余人。按省籍统计，以江苏、浙江、湖北、湖南、广东、四川等省为多。留学生有官费和自费两种，自费生占绝大多数。所学专业包括军事、警察、法政、师范、工业、商业、蚕业、土木、铁道、测绘、物理、医药、音乐、外语、美术等，凡认为是有用的新知识，全在他们追求之列。在留学热潮中，除了大量学生赴日留学之外，还有一些学生赴美、法、德、俄等国留学。1907年以后，赴欧美留学的人数有了一定的增长。

清末教育改革是在清政府主持下进行的，贯彻了“中体西用”的原则，“忠君”、“尊孔”、读经在学校教育中居首要地位，带有浓厚的封建性。另外，制定的教育体制多有不合理之处，如学制太长等。然而，从总体上看，清末废科举、办学堂，推动了中国教育近代化的进程，是历史的进步。首先，原来的私塾、书院是从属于科举制度的，废除科举使教育摆脱了从属于科举制的附庸地位，有利于教育的独立发展；其次，改变了私塾、书院培养学生应科举功名、读书做官的办学目的，使学堂发挥职业、知识教育的功能；再次，改变了私塾、书院生徒只读儒家经书，知识结构单调、狭窄的状况，学堂教育不单纯是读经，还开设了外语、数理化、体育、音乐等新课程，使学生的知识结构发生了根本性的变化。

三、资产阶级及民国初年的教育

在清末，代表中国新兴资产阶级政治要求的有改良派和革命派。他们都十分注重教育问题，对近代教育的形成、发展作出积极贡献。

在教育改革问题上，资产阶级维新派反对洋务派“变器不变道”的枝节性改革，主张从制度上进行根本性的变革。在戊戌变法运动中，维新派始终把改革教育作为变法活动的中心问题之一，主要表现在两方面：一是在思想领域猛烈抨击封建旧教育，提出建立和发展近代教育的主张；二是兴学堂，从事教育改革的实践。

康有为、梁启超、严复等维新志士并不是孤立地谈教育改革问题，而是把教育问题与救亡图存紧密地联系在一起，认为教育的落后是中国贫弱受侮的重要原因之一。康有为指出：中国只讲八股取士，学术荒废，“上以讲学为禁，下以道学为笑。故任道之儒既少，才智之士无多，乃至嗜利无耻，荡成风俗，而国家缓急无以为用”。[①] 梁启超也说：“中国之衰弱，由于教之未善。”[②]提到教育和人才问题，就不能不涉及科举制度。维新派对科举制度痛加批判。严复指出八股取士有三大害：“其一害曰锢智慧”，“其二害曰坏心术”，“其三害曰滋游手”，“总之，八股取士，使天下消磨岁月于无用之地，堕坏志节于冥昧之中，长人虚骄，昏人神智，上不足以辅国家，下不足以资事畜。破坏人才，国随贫弱，此之不除，徒补苴罅漏，张皇幽眇，无益也。”[③]此外，徐勤的《中国除害议》、唐才常的《时文流毒中国论》等文章，都揭露了科举制度的腐朽性，发出废除科举八股的呼声。

在抨击封建旧教育的同时，维新派提出建立近代新教育的思想主张。首先，他们明确提出办教育的宗旨，即“开民智”，“育人才”。梁启超在《学校总论》中指出：“世界之运，由乱而进于平，胜败之原，由力而趋于智，故言自强于今日，以开民智为第一义。智恶乎开，开于学；学恶乎立，立于教”。他批评旧教育最大的缺点是培养出来的人缺乏国家观念、缺少可以作为一国国民之资格，提出新教育的目的应该在于培养新一辈的国民，即所谓“新民”。这种“新民”必须具有新道德、新思想、新精神。其次，他们主张建立新的教育制度，作为培养新式人才的根本途径。梁启超在戊戌维新运动中发表的著名的《变法通议》系列政论

---

① 康有为：《上清帝第二书》，见汤志钧编：《康有为政论集》上册，130 页。

② 梁启超：《变法通议·学校总论》，见《饮冰室合集》文集之一，19 页。

③ 严复：《救亡决论》，见《严复集》第 1 册，43 页。

文章，内有数篇专论教育的文章，包括《学校总论》、《论科举》、《论学会》、《论师范》、《论幼学》、《论女学》、《学校余论》等，系统地论述了儿童教育、普通教育、女子教育、师范教育。他认为将来的中国学校应该建立类似欧美国家的近代教育制度，各级各类学校相互衔接，按学习程度递进；学习的内容既有中学，又有西学。西学包括自然科学和社会科学在内。此外，还要开设音乐、体育、美术等课程。他强调师范教育的重要作用，认为师范教育是各种学校教育的基础，指出："师范也者，学子之根核也。师道不立，而欲学术之能善，是犹种稂莠而求稻苗，未有能获也。"他的结论是："欲革旧习、兴智学，必以立师范学堂为第一义。"①

维新派的教育思想是在广泛吸收西学的基础上形成的，突破了洋务派"中体西用"的范围。维新派以资产阶级教育思想为武器，否定科举制度，对封建旧教育进行猛烈的冲击，具有解放思想的作用。他们提出的教育改革主张，是近代教育改革的先声。

早在 1891 年，康有为就在广州长兴里创建"万木草堂"，这是维新派办学活动的前奏。但他们大规模的办学活动则是在中日甲午战争后的年代。据梁启超《戊戌政变记》统计，从 1895 年到 1898 年的 3 年内，各省设立的学会、学堂、报馆共 51 处，其中学会 24 处，学堂 19 所，报馆 8 所。知名的学堂有：时务学堂(湖南长沙)、算艺学堂(湖南浏阳)、时敏学堂(广东)、明达学堂(湖南常德)、广仁学堂(广西梧州)、中西学堂(浙江绍兴)、通艺学堂(北京)等。各种学会多以翻译、办报、学术讲演等活动为主，兼有教育的作用。上述学堂当中，以时务学堂最为著名。该学堂是由熊希龄、黄遵宪等人在 1897 年成立的，以培养维新变法人才为宗旨。熊希龄为提调，主持一切行政事务，聘请梁启超、李维格分任中、西学总教习。梁启超拟订《学约》10 章，作为教育方针，同时提出《功课详细章程》。招收年在 12 至 16 岁的学生，学制 5 年。学堂功课分为两种：一种是普通学，包括经学、诸子学、公理学、中外史志

① 梁启超：《变法通议·论师范》，载《时务报》第 15 册。

及自然科学之粗浅者；另一种是专门学，其目有三，即公法学、掌故学和格致算学。学生入学6个月前读普通学；6个月后各认专门。学堂教习勉励学生阅读介绍西方社会科学、自然科学的书籍，开拓知识面。梁启超执教数月，倡民权学说，宣传维新派变法主张，产生了很大影响。林圭、秦力山、蔡锷、李炳寰等均是学堂高材生，后来有的成为自立军起义骨干；有的投身辛亥革命，成为革命党人。湖南的封建守旧势力对时务学堂提倡民权思想深为忌恨，攻击其"惑世诬民"，"离经叛道"。这从反面证明了时务学堂的进步性。

1900年以后，随着资产阶级革命浪潮的汹涌澎湃，革命派的教育活动也日益活跃。他们提出"革命之教育"的主张，反对封建的"奴隶的教育"，以革命的教育来培养新人，动员群众同情和参加反清斗争。邹容在《革命军》中把"革命之教育"的宗旨概括为"三义"、"四养成"。"三义"是：推翻满族贵族的黑暗统治；明了平等自由的大义；培养政治法律观念。"四养成"是："养成上天下地，唯我自尊，独立不羁之精神"；"养成冒险进取，赴汤蹈火，乐死不避之气概"；"养成相亲相爱，爱群敬已，尽瘁义务之公德"；"养成个人自治，团体自治，以进人格之人群"。这就是培养具有革命思想、公德心、独立性格的新人。革命派十分关注妇女解放问题，提出"女权革命"、"振兴女学"的口号，认为女学不兴乃是"亡国之源，亡种之源"，号召中国妇女"规复天赋之权利，以扫除依赖男子之劣根性，各自努力于学问，以成救国之女豪杰，夫而后中国或有可望也"。[①]

革命派进行了卓有成效的教育实践活动，创办了一批服务于革命斗争的新型学校及教育团体，如中国教育会、爱国学社、爱国女学校、大通学校、明华女校、丽泽学校等。孙中山还在日本东京设立了青山军事学校。

1902年4月，蔡元培、蒋智由、林獬、叶瀚等在上海集议，发起成立中国教育会。这是一个"表面办理教育，暗中鼓吹革命"的组织，其

① 《论中国女学不兴之害》，载《女子世界》1904年第3期。

章程第一条规定：“本会以教育中国男女青年，开发其知识而增进其国家观念，以为他日恢复国权之基础为目的。”下设教育、出版、实业三部，推举蔡元培为会长。蔡元培是革命派，“主张以学校为革命秘密机关”。[①] 时值上海南洋公学学生百余人因反对学校当局压制言论自由，不许学生议论时政，愤而罢课退学。中国教育会支持学生的正义行动，成立爱国学社，招收被迫退学的学生。蔡元培出任学校总理，教师多是当时著名的爱国人士，如章太炎、蒋维乔、吴稚晖等。有“革命和尚”之称的乌目山僧黄宗仰也经常去发表演讲。学生分为4个班级，学习科目有国文、历史、地理、理科、英文、体育等。学校采取学生自治的民主管理方式，校内革命和自由的空气非常浓厚，师生高谈革命，放言无忌。学校师生还创办了《童子世界》、《学生世界》等进步刊物，所刊文章多用白话文写成，其中有不少革命性宣传品。1903年5月，爱国学社接办了《苏报》，该校教员担任编辑，使《苏报》带上明显的革命色彩。1902年冬，蔡元培等人在上海创办另一所进步学校——爱国女学校。初办时学生不多，后动员爱国学社成员家属入女学，使学生大增。爱国女学校是一所为开展武装斗争培养干部的学校，除年幼者照例授普通知识外，年长一班则开设法国革命史、俄国虚无党史等课程，尤注重化学科，并着力于毒药和炸药的试制。该校为辛亥革命培养了一批妇女骨干力量。正如蔡元培所说：“辛亥革命时，本校学生多有从事于南京之役者。”[②]

1905年，光复会成员徐锡麟、陶成章等在浙江绍兴建立大通学堂，后改为大通师范学堂，设体育专修科。自1907年起，女革命家秋瑾主持校务。该校是江浙一带革命活动的重要据点。学堂开设国文、英日文、舆地、历史、伦理、理化、算术、博物、兵式体操、器械体操、音乐、美术等课程，名义上为培养小学体育教师，实则培养反清革命的军事骨干。在校学生大多数加入了光复会。由于徐锡麟在安徽起义失败，

---

① 蒋维乔：《中国教育会之回忆》，见《辛亥革命》第1册，496页。

② 蔡元培：《在爱国女学校之演说》，见《蔡元培全集》第3卷，7页。

牵涉大通学堂。清军包围学堂，镇压参加革命的师生，秋瑾与许多青年学生英勇就义。

1912年1月，南京临时政府宣告成立。南京临时政府虽然由革命派、立宪派、旧官僚三种势力组成，但是以孙中山为首的革命派居主导地位，是具有革命性、进步性的资产阶级民主政权。尽管它存在的时间短暂，但对清末以来的教育体制作了新的改革，为民国时期的教育制度奠定了重要的基础。

南京临时政府成立后，临时大总统孙中山任命蔡元培为教育总长，组建了教育部。3月发布《民国教育部官职令》，规定了教育部的机构、官职设置，计由普通、专门、实业、社会、礼教、蒙藏六个教育司组成。不过，“组织至为简单，自总长以下，至录事，不过三十余人，不分等级，一律月支津贴三十元”。[①] 教育部成立后的首要工作就是剔除清末教育中保留的封建主义成分，实行民主性的改造。2月10日，蔡元培在《教育杂志》发表《对于新教育之意见》一文，指出：“忠君与共和政体不合，尊孔与信教自由相违”，[②] 否定了“忠君尊孔”的封建教育宗旨。此外，教育部还通过颁发《普通教育暂行办法》、《普通教育暂行课程标准》及其他教育法令，清除了大量帝制时代的封建教育糟粕，如废止跪拜孔子之礼，废止小学读经科，清朝学部颁行之教科书一律禁用，禁止讲授旧时“御批”各书及《大清会典》、《大清律例》等各种有碍民主精神的书籍等，为施行近代民主教育扫清障碍。在破除旧教育的同时，临时政府又仿效西方近代教育制度进行学制改革，包括旧时学堂一律改为学校，男女可以同校，缩短小学、中学的学习年限，各种教科书必须合乎共和民国宗旨，增加自然科学、实业、实用知识方面的课程等。这些改革对民国初年新教育体制的形成产生了积极的影响。

蔡元培的《对于新教育之意见》一文，对新教育宗旨作了明确的阐述，提出了军国民教育、实利教育、公民道德教育、世界观教育和美感

---

① 蒋维乔：《民初以后之教育行政》，载《光华半月刊》第5卷第2期，1936年。

② 《蔡元培全集》第2卷，136页。

教育“五育”并举的教育宗旨，论述了“五育”的关系和重要意义。1912年7月，教育部召开临时中央教育会议，会上提出了完整的教育改革方案，重要内容之一，就是关于制定新学制的问题。9月3日，教育部公布《学校系统令》，即“壬子学制”。自新学制公布至1913年8月，又陆续颁布了各种学校规程，对新学制补充、修订，形成了更为完整的学校系统，即“壬子癸丑学制”。该学制分三段四级：

第一阶段为初等教育，分两级，初等小学4年，为义务教育；高等小学3年，毕业后升入中学或师范学校、中等实业学校。

第二阶段为中等教育，设中学，学制4年，毕业后升入大学、高等师范学校或专门学校。

第三阶段为高等教育，设大学本科3或4年，预科3年；专门学校本科3年，预科1年。

此外，小学以下设蒙养院，大学以上有大学院，不计年限。在普通教育体系外，还有师范教育和实业教育两个系统。师范教育以造就各级学校教师为目的，分师范学校和高等师范学校两级。实业学校分甲、乙两种，以教授农工商业必需之知识技能为目的，学制均为3年，所居地位相当于初、中二阶段。学制还对各级各类学校的教育宗旨、目的任务、课程设置、学校设备、入学条件、教职员任用、经费及管理都作了具体规定。

民国初年制定的“壬子癸丑学制”较彻底地剔除了清末旧教育中的封建性成分，巩固了辛亥革命在教育改革方面取得的成果，并以立法的形式确立了全新的近代教育体制，其进步性是显而易见的。与清末“癸卯学制”相比，“壬子癸丑学制”的进步性表现在：否定了“忠君尊孔”的旧教育宗旨，废除了读经课程，取消了专门为贵族设立的贵胄学校及封建特权，废除了教育权利上的两性差别，体现了男女平权，充实了教学中的民主性内容，缩短了学制年限。这个学制自公布后实行了10年之久，对于中国近代教育的发展起到积极的作用。据1913年统计，全国公立、私立大专院校114所，其中大学5所，专科学校109所。大学学生为3084人，专科学校学生为37002人。各类中学1039所，学生为117313

人。师范学校 314 所，学生为 34826 人。职业学校 481 所，学生为 34826 人。小学校(包括幼稚园)共 107286 所，学生为 3485807 人。[①] 进入民国不过一年多，无论是学校数量，还是在校学生人数，都比清末有了大幅度的增加，新学制的优越性得到充分的展示。然而，袁世凯窃取辛亥革命的果实后，即于 1915 年以大总统的名义发布命令，公布“七项教育要旨”，即“爱国、尚武、崇实、法孔孟、重自治、戒贪争、戒躁进”，阉割了新教育宗旨中的进步内容，又通过公布、实行《复学校祀孔令》、《整饬伦常令》等复旧法令，加强了学校教育中的封建性因素。其目的是企图利用教育阵地为其复辟帝制的活动制造舆论。这些倒行逆施使资产阶级革命派推行的教育改革遭到了挫折。1916 年袁世凯复辟帝制失败后，教育部通令各省区撤销袁政府颁行的教育政令，基本上恢复了民元制定的教育制度。

① 《民国元年至民国五年(1912—1916)教育统计表》，见陈学恂主编：《中国近代教育史教学参考资料》下册，344～352 页。

第十一章　自然科学技术

一、19世纪四五十年代的科学技术

鸦片战争是中国近代半殖民地半封建社会的开端，从科学技术的角度看，它又是近代中国人接触、吸收、追赶西方近代科学技术的起点。

鸦片战争时期，清政府面对英军的坚船利炮，也企图掌握先进的军备技术。其表现有两个：一是广为购置西洋船炮；二是竭力自行制造。在这方面，清政府用力最多，林则徐则是积极的创始者。他到广州不久，即提出今后造船务求“极坚”，造炮务求“极利”，并大力搜求西方船炮制造技术。1841年6月，他遭贬谪，奉命赴浙江效力。甫抵镇海，即与当地炮局局员“议铸炮演炮事”，并把从广州带来的《炮书》交炮局，以资参考。是书系明末崇祯年间焦勖据汤若望自述而成，“所论铸炮等事，皆是西法”。[①] 他还与炮局议造战舰，“检箧中绘存图式以授，计凡八种”。[②] 在林则徐的支持参与下，镇海炮局研制西式船炮具有成效。道光帝对于研制西式船炮，开始也是热心支持的。他曾多次下令说，此后船炮器械“须改易制造，总以精良适用为要，万不可拘定旧制，徒劳

① 林则徐：《致冯柳东手札》，1841年6月14日于镇海，原件为辽宁省博物馆藏。

② 汪仲洋：《安南战船说》，见《海国图志》卷八十四，22页，咸丰二年古微堂刊本。

无益”。[①] 所以在战争期间及其后一段时间里，清政府中曾出现了一阵研制西式船炮器械的小小热潮。在这过程中，也涌现出一些出色的近代军火制造专家，其中以丁拱辰、龚振麟为最著。

丁拱辰对船炮制作有浓厚的兴趣，所到之处，用心考察，注意收集资料。鸦片战争爆发后，他参加了反侵略斗争，不久即发明了演炮加表法，使清军大炮发射的命中率大为提高。在此基础上，他绘成《演炮差高图说》，后经不断丰富，先后著成《演炮图说》、《演炮图说辑要》、《演炮图说后编》、《西洋军火图编》各书，详细论述了制造轮船、炮弹的方法和其他各种小型火器的操作技术，使自己的“演炮”理论更加完善。此外，丁拱辰还发明了滑车绞架，使巨炮的操作更加灵便，并对汤若望传授、焦勖记述的兵书《则克录》进行疏正补充，成《增补则克录》3 卷，附图 88 种。

龚振麟在鸦片战争前任浙江嘉兴县丞，战争爆发后奉调赴宁波军营试制轮船。他初见英军的火轮船，“心有所会”，便依式仿造。没有蒸汽机，就“仿其制而以人易火”，制成一艘以人力驱动叶轮的小轮船，在内湖试航，“迹迅捷焉”。[②] 后又参考林则徐提供的《车轮船图说》，造成一种车轮战船，以类似蹼轮的机械为动力，在海中行驶，时速达 3.5 海里。这可以说是中西造船技术结合的产物。1841 年 10 月随火轮船“复仇女神”号进犯镇江的英国军官伯纳德发现了这种船，称赞说：“中国人这种首次尝试的独创才能，不由得令人钦佩，因为远在北方的镇海，只有在以前我们占领舟山时，他们才可能看到我们的偶然在这个岛逗留的轮船。”[③]5 个月后，有 5 艘新造的车轮战船参加了 1842 年 6 月 16 日江南水师吴淞口炮台的海战。龚振麟还发明了铁模铸炮法。与传统的泥模铸炮相比，铁模铸炮不仅质量好，且模子可反复倾铸，省工省费。西方 30 年之后才有采用此法者。他著成《铸炮铁模图说》等书，成了世界上

---

① 《筹办夷务始末》(道光朝)第 5 册，2400 页，北京，中华书局，1964。

② 《铸炮铁模图说》，见《海国图志》卷八十六，2 页。

③ 《复仇女神号轮舰航行作战记》，326 页，转引自杨国桢：《林则徐传》，338 页，北京，人民出版社，1981。

最早论述此种铸造法的著作。

鸦片战争前后，我国物理学研究有郑复光与邹伯奇在光学方面取得的成就。郑复光于1846年出版《镜镜诊痴》一书，共5卷7万余字，详细介绍了各种透镜的制作及其成像原理，是其时系统论述光学理论的著作。邹伯奇所著《格术补》一书，记述了平面镜、透镜等成像规律，对眼镜、望远镜、显微镜等光学仪器的工作原理，也有所说明。他对摄影技术作过深入探讨，并于1844年研制成功摄影器，在此基础上制成我国最早的一架照相机。他撰写《摄影之器记》，阐述了制作的原理。尽管他们的成就尚不能与西方近代光学同日而语，但毕竟将我国古代光学提高到一个新的水平。

从古希腊时代到19世纪初，被称为世界古典地理学时期。这时期，地理学主要是研究地球的形态、大小、位置、水陆分布、大气、经纬度、气候带等。明清间耶稣会士的地理学著作，诸如利玛窦的《坤舆图说》、艾儒略的《职方外记》、南怀仁的《地球全图》等，即属于此类著作。但因为清政府当时施行闭关政策，这些著作所介绍的世界地理知识，并未引起人们的重视。

鸦片战争后，爱国士人为"徐筹制夷之策"，很快意识到地理学对于打破孤陋寡闻、洞察世界大势的重要性，于是急起探讨世界地理。1840年至1860年，出版了多种介绍世界史地的著作：《英吉利小记》(魏源，1840年)、《英咭唎纪略》(陈逢衡，1841年)、《红毛番暎咭唎考略》(汪文泰，1841年)、《海国图志》(魏源，1842年)、《海外番夷录》(王蕴香，1844年)、《海国四说》(梁廷枏，1844年)、《康輶纪行》(姚莹，1845年)、《瀛环志略》(徐继畬，1848年)、《朔方备乘》(何秋涛，1854年)、《英志》(蒋敦复，1860年)等。其中《海国图志》、《瀛环志略》最为重要。前者在林则徐提供的《四洲志》的基础上扩充撰成，初刻本50卷，约49万字。1847年增为60卷，约63万字。1853年又增至百卷，约84万字。全书附图73幅，是当时中国最详备的介绍世界史地的著作。咸丰年间，兵部左侍郎王茂荫曾奏请朝廷，要求"重为刊印，使亲王大臣家置一编，并令宗室八旗以是教，以是学，以知夷难御，而非竟无法之可御”。[1] 梁启超评价说：《海国图志》“实支配百年来之人心，直至今日犹未脱离净尽，则其在历史上关系，不得谓细也。”[2]后者10卷约15万字，全书以图为纲，依次介绍世界五大洲近80个国家和地区的疆域形胜、风土人情与历史变迁。卷帙虽远逊于前者，但选材更显翔实精当。

19世纪中叶，是近代地理学最终创立的时期。它强调包括人类在内的世界是一个有机统一体，因此，地理学要“以变化中的统一这个概念为基础”，不是“仅仅在于罗列那些占据地球空间各部分的事物，而是在理解在地区上结合在一起的事物的相互关系和因果关系”。[3] 质言之，强调研究世界而非描绘世界。据统计，1819年至1840年，西人传来的世界史地著译约13种，1840年至1860年，新增加了约12种。[4] 在这些新书中，1858年由墨海书馆出版的慕维廉著《地理全志》，已开始初步介绍近代地理学的观点。该书下篇内分“生物总论”、“人类总论”、“草木总论”等10章，显然体现了近代地理学的总体论观点。在“地理总志”中，作者还指出西方地理学发展“分文、质、政三等”，即传递了近代地理学沿人文地理、自然地理、地质学分科细密发展的信息。

二、近代自然科学在中国的确立

19世纪60年代后，清政府为了对付人民的反抗和西方资本主义冲击所造成的“大变局”，兴办洋务，主要内容包括编练新式海军和陆军、购置西洋船炮机器、办工厂、开矿山、修铁路、设电报和学堂等。正是在洋务运动的开展过程中，西方的科学技术，从新式织布机到作为原动机械的蒸汽机，从各种工作母机到新式的转炉、平炉的炼钢方法，以及

① 《筹办夷务始末》(咸丰朝)第3册，1049页，北京，中华书局，1979。
② 《中国近三百年学术史》，见《饮冰室合集》专集之十五，323页。
③ 普雷斯顿·詹姆斯：《地理学思想史》，159页，北京，商务印书馆，1982。
④ 王家俭：《19世纪西方史地知识的介绍及影响》，载《大陆杂志》第38卷第6期。

火车、轮船和电报等近代交通通信工具，都相继传入中国。不过，洋务派重视工艺制造，对于自然科学基础理论很少注意。中国近代自然科学形成自己确立发展的基础，是在清末民初的20世纪初期。

（一）数学

中国数学早在宋元时代，就形成了一元以至四元代数学，在世界上遥遥领先。而在西方，直到11世纪至17世纪才逐渐由文字代表数发展为代数学。但是，到了近代，西方数学由于对数、解析几何和微积分的产生，又大大超过了中国。尽管如此，以项名达、戴煦、李善兰为代表，近代中国的一些数学家，仍在原有的基础上，独立地作出许多杰出的贡献。

项名达对“方圆互通”深有研究，创立了“零整分递加”法，简化了前人运算，在幂级数展开式研究方面获得优异成果。同时，他的《椭圆求周长》第一次提出了求椭圆周长的正确方法，与西方数学家用椭圆积分法所得相同。在1857年积分传入前，项名达的独到思维已达到了微积分的思想，说明即便没有西方微积分的传入，中国数学家也能经自己的努力，使传统数学逐步由初等数学向高等数学转变。

戴煦的成就在对数研究。对数及对数表是英国数学家耐普尔于1614年发明制定的，它对于简化数学运算有重要作用。1646年传教士穆尼阁将对数和对数表传入中国，但缺少严谨的说明。由于具有实用价值，其后我国学者对之作了许多研究，也编制了一些对数表，但都失之烦琐。戴煦以独特的研究方法，创立了指数为任意有理数的二项定理展开式，简化了对数表达法，取得了与西方数学家殊途同归的结果。这些成果集中反映在《求表捷术》之中。《求表捷术》发表后，不仅震动了中国数学界，而且也令在华的西方传教士大为惊叹。伟烈亚力将其研究成果写进了自己撰写的《代微积拾级》序里；艾约瑟曾专程去杭州拜访戴煦，虽未见到，但他将《求表捷术》译成英文，寄给英国数学学会，引起了西方学者的重视。

李善兰为晚清杰出的数学家。他自幼酷爱数学，30岁后造诣渐深。著有《则古昔斋算学十四种》。其中《方圆阐幽》是他到上海接触西方微积分之前完成的著作。在书中，他通过自己的研究创造了相当于积分算法的“尖锥术”，并在圆面积、幂级数、对数原理等方面作了正确的运用。《垛积术》也是其精心著作，它专门论述高价等级数求和问题，其中提出的著名的恒等式，驰名中外，被称作“李善兰恒等式”。此外，他的《考数根法》是我国关于素数理论的第一部系统著作。书中证明了西方数学家费尔玛于1640年提出的费尔玛定理，并指出它的逆定理不真。

对西方近代数学的译介，是我国学者对中国数学发展的另一重要贡献。其中最有建树的是李善兰、华蘅芳。李善兰与伟烈亚力等人合作，先后译书7种，其中数学著作5种：《几何原本》(后9卷)、《代数学》、《代微积拾级》、《圆锥曲线说》、《奈端数理》。这些译书，不仅使明末清初即已传入我国的古希腊数学名著《几何原本》第一次有了全译本，而且也使西方近代符号代数学和解析几何、微积分学第一次传入我国。同时，李善兰还创造了许多数学名词术语的中文译名，如“代数”、“微分”、“积分”等，并直接引进了“×”，“÷”，“＝”，“(　)”，“$\sqrt{\ }$”等数学运算符号。这些符号一直被沿用至今。华蘅芳参加上海江南制造局翻译馆工作，与傅兰雅合译数学著作7种，同样成绩斐然。这7种书是：《代数术》、《三角数理》、《微积溯原》、《代数难题解法》、《决疑数学》、《算式解法》、《合数术》。它们内容丰富，译文质量也好。清末高等学堂都开有数学课程，其教材多取李善兰、华蘅芳的译著，可见其影响之广。

中国近代数学发展带根本性的变化，是在20世纪初期。当时，到国外学习数学的留学生逐渐增加，一些人开始在现代数学领域取得研究成果。随着他们学成归国和在一些高等学校建起数学系，我国数学界不仅出现了新生的力量，而且获得了20世纪现代数学的新理论、新方法。这一切都标志着我国现代数学的开端。中国最早出国学习数学的人已不可考，但郑之蕃、熊庆来、陈建功、胡明复、姜立夫等人无疑是属于较早的一批人。其中，郑之蕃于光绪年间赴美，辛亥革命前归国从事数学教育。胡明复于1918年在《美国数学会学报》发表博士论文《线性微分与积分方程》，是在国外发表科学论著的第一位中国数学家。陈建功留学日本东北帝国大学，1921 年发表《无穷大乘积的若干定理》，刊于日本《东北数学杂志》。它被公认是中国数学划时代的重要著作，“在时间或在内容上，都标志了中国现代数学的兴起。”[①]这些人归国后都成为中国现代数学的开创者。1912 年京师大学堂改称北京大学，次年建立数学门，1918 年改为数学系，是我国最早成立数学系的学校。1920 年姜立夫在南开大学任教。熊庆来 1921 年在东南大学、1926 年在清华大学分别筹建了数学系。其间，武汉大学、浙江大学、齐鲁大学等也都相继成立了数学系。尽管当时全国数学系的师生人数不及百人，但它毕竟说明，到了 20 世纪 20 年代，我国已经具备了培养现代数学专门人才的能力。

（二）天文学

近代天文学肇端于波兰学者哥白尼的学说。1543 年，他发表了《天体运行论》，提出太阳是宇宙中心的见解，对传统的托勒密的地心说发动了首次攻击。此后，1618 年法国学者约翰·刻卜勒论证了行星运行轨道是椭圆的，而非托勒密所说是圆的。1623 年伽利略论证了哥白尼日心说的正确性。1686 年牛顿更提出了他的万有引力定律。由是，从哥白尼到牛顿，在将近一个半世纪之后，科学家们终于推翻了地心说，确立了日心说，完成了天文学的重大革命。“而跟随这一革命，才开始了科学的专门化，从而结束了无所不包的宇宙学者的工作。”[②]

明末清初来华的耶稣会传教士介绍了地心说，而对上述科学的理论讳莫如深。乾隆时，传教士戴礼贤传入刻卜勒的行星运行轨道椭圆说及牛顿计算地球与日、月距离的方法，但对哥白尼学说和牛顿的万有引力定律仍不提及。直到 18 世纪中叶，传教士蒋友仁在他进献乾隆帝的《坤舆全图》中，才简略介绍了日心说，其时离哥白尼发表《天体运行论》已有 200 多年之久。但是，乾隆帝“命钱大昕（竹汀）等质问（日心说），终

---

① 苏步青：《陈建功文集序言》，见《陈建功文集》，1 页，北京，科学出版社，1981。

② ［美］普雷斯顿·詹姆斯：《地理学思想史》，112 页。

疑其说，勿用”。[1] 图被打入冷宫，与世隔绝。时隔30余年之后，该图虽被译作《地球图说》出版，但阮元却斥哥白尼学说为异端邪说。他认为日心说“至于上下易位，动静倒置，则离经叛道不可为训，固未有若是甚焉者”。他告诫人们：“天道渊微，非人力所能窥测。故但言其所当然，而不复强求其所以然。以古人立言之慎也。”[2]日心说因是在中国仍晦而不彰。

近代中国士人重新认识哥白尼学说，始于魏源的《海国图志》。该书译载有数篇关于哥白尼学说的文章，并附录了地球沿椭圆形轨道绕太阳运行图。但更有意义的是1859年由李善兰与伟烈亚力合译的天文学著作《谈天》的出版。是书原名《天文学纲要》，为英国著名天文学家约翰·赫歇尔的名著，在西方曾风行一时。书中对太阳系的结构和行星运动有较详细的叙述。此外，对万有引力定律、光行差、太阳黑子理论、行星摄动理论、彗星轨道理论等也多有介绍。1874年，徐建寅又把到1871年为止的最新天文学成果补充进去，出版了《谈天》增订本。由是西方近代天文学知识便大部分传入了中国。需要指出的是，李善兰在译序中针对阮元攻击哥白尼学说“离经叛道”不足信，和钱大昕说刻卜勒“设其象为椭圆面积，其实不过假以推步，并非有此象”的错误论断，作了批评。他指出：地动及椭圆说，“定论如山，不可移矣”，“此二者不明，则此书不能读”。哥白尼学说在近代中国很快便成了志士仁人提倡维新变法，反对封建主义的思想武器。例如，为了强调变是天下的“公例”，谭嗣同在《仁学》中正是以哥白尼等进步天文学家的学说来认识宇宙的。他说：“地绕月，又与金、水、火、木、土、天王、海王为八行星；又与无数小行星，无数彗星，互相吸引，不散去也。金、水诸行星，又各有所绕之月，互相吸引，不散去也。合八行星与所绕之月与小行星与彗星，绕日而疾族，互相吸引不散去，是为一世界。”[3]

---

① 《郭嵩焘日记》第1卷，26页，长沙，湖南人民出版社，1981。

② 《续畴人传序》，见《续畴人传》，光绪八年海盐常惺斋张氏刻本。

③ 《仁学》，见《谭嗣同全集》(增订本)下册，294页。

但是，由于天文事业不仅需要专门人才，而且需要昂贵的仪器设备，所以尽管近代天文学知识大部分内容已传入中国，但在国衰民穷的近代，中国的天文事业起步艰难。事实上，晚清的天文事业几乎都掌握在外国势力手中。西方列强为了便于本国在华的政治、经济、军事的侵略活动，竞相在华设立天文台和各类气象观测站。1877 年，法国天主教会最早在上海徐家汇成立天文台，1900 年又在松江县建佘山天文台。1884 年，英国成立香港皇家气象台。1894 年，日本在台北建测候所。1898 年，德国在青岛建海岸信号局，两年后又在其中设气象观测所。1904 年日俄战争后，日本在东三省南部及长江流域，俄国在东三省北部沿中东铁路一带，均广设测候所。此外，即便在边陲地区，如法人在中越边界，俄人在外蒙古，英人在西藏，也多建有气象测候所。同时，尽管像同文馆也设有天文馆，但天文学教育也主要操在外国人手中。1845 年，美国圣公会在上海成立圣约翰书院，便设有天文科。1864 年，美国长老会在山东创立登州蒙养学堂，内中也有天文科。1917 年该校迁济南，改建为齐鲁大学，天文科也扩充为天文系。

民国建立后，北京政府教育部设立中央观象台，下设历数科与气象科，分别以高鲁、蒋丙然为科长。这是近代中国自办天文气象事业的开端。中央观象台编有《民国历法》(1912—1927 年)，由教育部颁行全国。同时，划分全国为五时区，编制了较完备的中国标准时区图说，通行全国。气象观测最初仅限于北京一处，自 1917 年到 1922 年，虽曾先后添设库伦、张北、开封、西安等测候所，但因军阀混战，内乱纷起，旋设旋停。到 1924 年后，因经费无着，各所均停办，连中央观象台本身也已奄奄一息。1915 年 7 月，中央观象台开始发行《观象丛报》(月刊)，内容主要是介绍天文气象知识，并按月兼载北京及十多处海关测候所的气象记录。但到 1921 年，也终因经费无继而被迫停刊。

近代中国的天文事业虽然发展艰难，但以竺可桢为代表的一些天文学杰出人才已经开始脱颖而出。竺可桢 1910 年留美，1913 年转哈佛大学专攻气象学。从 1916 年起，他便在美国的气象地理刊物和中国留学生办的《科学》上发表关于中国气象研究的论文。尤其是 1918 年的《台风中心的若干新事实》一文，提出创造性的重要见解，引起了广泛的注意。同年他获博士学位后归国，先在武昌高师讲授气象学、地理学，两年后转南京高等师范学校任地理系主任，讲授地学通论、气象学、世界气候等。随着天文科学工作者队伍的渐次形成，我国现代天文学科也逐步建立起来。

（三）物理学

西方近代物理学的部分知识，明清之际已传入中国，例如《远西奇器图说》、《远镜说》、《灵舌仪象志》等。其时传教士的译书，就涉及了力学、光学、机械原理诸方面的物理知识。但其内容终究较为零碎和肤浅。西方近代物理学知识比较系统地传入我国，开始于近代。

19 世纪 40 年代后，墨海书馆、同文馆、江南制造局翻译馆等曾译有大量西方科技书籍，其中有相当一部分属于物理学方面的著作，较重要的有：英国物理学家胡威立著的《重学》，由李善兰与艾约瑟合译，较详细地介绍了力学的一般知识，并将牛顿力学三大定律第一次传入中国。张福僖与艾约瑟合译的《光论》，介绍了光速及其测定方法等西方光学知识。1874 年徐建寅与傅兰雅翻译了英国物理学家田大里的《声学》。1876 年金楷理、赵元益翻译了田大里的《光学》。1899 年王季烈译的《通物电光》，是介绍 X 射线的专书，距伦琴 1895 年发现 X 射线仅 4 年时间。1900 年范熙庸翻译了英国物理学家克尔兰的《无线电报》。虽然无线电的应用在 1900 年才开始，但有关的理论和概念，该书基本上都涉及了。日本学者饭盛挺编著的《物理学》，1900 年由王季烈与藤田丰八合译。这是我国第一本具有现代物理学内容和系统而又径称“物理学”的专书。

在 19 世纪下半叶，西方物理学的传入，主要依赖外国传教士的译书。他们的译作除上述少数较有价值外，不仅大多水平不高，而且反映迟滞（X 射线的介绍，是一个例外）。随着中国人知识水平的提高，进入 20 世纪初，译介主动权开始转归中国学者。由是译著水平大为提高，反映也日益迅速。例如，1903 年鲁迅在《说钼》一文中最早介绍了镭和放射性，较居里夫妇和贝克勒尔的发现只晚 5 年。19 世纪末 20 世纪初相对论和量子力学的出现，无疑是科技史上的重大事件，它揭开了现代物理学革命的序幕。1917 年，国内杂志上便最早出现了介绍量子论和相对论的文章。1919 年年底，爱丁顿在英国皇家学会报告了日食观测，证实了爱因斯坦相对论预言的太阳引力使星光偏折的效应，这件事轰动了全世界。1920 年年初，我国几家有影响的大报刊，如《东方杂志》、《觉悟》、《学灯》等，都报道了科学界的这件大事。在此前后，报刊各类评论相对论的文章竟达百篇之多。《东方杂志》出版了《爱因斯坦专刊》，爱因斯坦的 4 种相对论原著先后被译成了中文，中国学界出现了介绍相对论的热潮。

20 世纪初期，我国学者开始步入现代物理学的园地。何育杰 1903 年留学英国维多利亚大学，1907 年毕业，为近代中国第一个物理学硕士学位的获得者。而中国近代第一位物理学博士则是李耀邦。他于 1903 年赴美留学，就读于芝加哥大学物理研究院专攻电子学，1914 年发表博士论文《密立根方法利用固体球粒测定 e 值》，具有重要的学术价值。1909 年后，出国学习物理的人渐多。如胡刚复在哈佛大学研究 X 射线；颜任光在芝加哥大学研究气体离子迁移率；饶毓泰在普林斯顿大学研究水银蒸汽的低压弧光；李方华在巴黎大学研究极化薄膜渗透率；丁燮林在伯明翰大学研究炽热物体的电子发射；叶企孙先在芝加哥大学测定普朗克常数，后在哈佛大学研究铁磁性金属的高压磁导率等。他们的研究都取得了引人注目的成就，是中国人步入世界物理学领域的先声。1918 年以后，他们相继回国，从事物理学方面的教学与科研工作。诚如严济慈所说：“胡、颜两先生于民国七年、九年先后归国，一任南京高等师范教授，一任北京大学教授，斯时两氏力谋物理实验之设置与课程之充实，科学空气为之一振。当年南高、北大驰誉国内，实为我国物理学界之垦荒与布种时期。”①

（四）化学

近代化学 19 世纪 40 年代后始入中国。1855 年，上海墨海书馆出

---

① 严济慈：《二十年来中国物理学之进展》，载《科学》第 19 卷第 11 期，1935 年。

版的英国人合信的著作《博物新编》就介绍了化学科学。是书共分三集，其中第一集讲到："天下之物，元质(即化学元素)五十有六，万类皆由之而生。"有关化学物质，提到了养气(又名生气)、轻气(或名水母气)、淡气、炭气、磺强水(又名火磺油)、硝强水(又名水硝油)、盐强水等物的性质与制法。但所介绍的化学知识比较零碎。

西方近代化学较为系统地传入中国，是 19 世纪 60 年代以后的事。而这首先是与近代中国著名的化学家徐寿的努力分不开的。徐寿早年无意科举，转向格致之学，与李善兰、华蘅芳齐名，为 19 世纪中国著名的科学家。据傅兰雅所著《江南制造总局翻译西书事略》载，徐寿与同乡华蘅芳曾同到墨海书馆，看到新出版的《博物新编》异常兴奋，回到家中便依所述方法自制仪器，做起化学试验来。傅兰雅说，徐寿不仅试验了《博物新编》所载的方法，而且触类旁通，还会做书上所未介绍的实验。可见他是受了该书的影响。1862 年，徐寿应曾国藩之聘，到安庆军械所从事轮船研制，曾与华蘅芳等人成功地制造出我国第一艘轮船"黄鹄"号。1867 年，他被派到江南制造局翻译馆担任编辑工作，直至去世。徐寿译书共 12 部：《汽机发轫》、《化学鉴原》、《化学鉴原续编》、《化学鉴原补编》、《化学考质》、《化学求数》、《物体遇热改易记》、《西艺知新》、《西艺知新续刻》、《宝藏兴焉》、《营阵发轫》、《测地绘图》。其中《化学鉴原》和《西艺知新》两书影响较大。徐寿所译以化学著作占大多数，并具有知识的系统性。他所译的有关化学六部书，再加上其子徐建寅译的《化学分原》和汪振声译的《化学工艺》两书，可以说概括了 19 世纪 70 年代至 80 年代化学知识的主要内容。

在徐寿译书时，元素已经有 64 个，如何统一元素的译名是个难题。徐寿创造了取西文第一音而造新字的原则，许多元素译名如钠、钾、锰、镍、钴、锌、钙、镁等，都是依此原则新造的，并且最初都由《化学鉴原》一书开始使用。这一原则为中国化学界所承认，一直沿用至今。此外，徐寿在翻译过程中，还与他人一起编写了《化学材料中西名目表》、《西药大成中西名目表》，为中国近代化学学科的建立奠定了一定的基础。

徐寿在译书之余，还与友人于1875年在上海发起成立了格致书院。人们在这里演讲、讨论科学问题，并可以做示教实验。格致书院对于我国化学知识的普及起到了一定的作用。该书院同时发行《格致汇编》，是中国近代最早的科技刊物，由英国传教士傅兰雅主编。徐寿曾在该刊发表《医学论》、《汽机命名说》等论文。

除了徐寿所在的江南制造局翻译馆出版化学译著外，同文馆也翻译出版了《化学指南》、《化学阐原》、《分化津梁》等较有价值的化学著作。据统计，1870年至1911年，我国共出版化学书籍66部；1912年至1919年有8部。① 但晚清的中国学者着重译介，对化学的研究很薄弱。开创中国现代化学科学的最初一批学者，出现于民国初年。

1915年，任鸿隽在《科学》第1卷上发表《化学元素命名说》，是我国学者研究化学的第一篇论文。1918年，胡嗣鸿在同刊第4卷上发表《以火蒸法于黄铜中取纯锌之索隐》，则开了我国工业化学研究的先河。② 同时，1916年成立的“地质调查所”，已在进行广泛的化学分析工作。此外，赴国外学习化学的许多留学生，这时相继学成归国。丁绪贤于1908年赴英学习，1917年归国任北京高师化学教授，并发起成立“理化学会”，刊行《理化杂志》。1918年，他受聘为北京大学化学系教授兼系主任，成为我国著名的化学家和化学史家。曹承嘏1904年留学英国，为著名染料合成大师珀金的学生，归国后成为我国应用科学方法进行中草药研究的创始者之一。张了高1911年赴美，跟随国际著名化学家A. A. 乐耶斯从事稀土元素分离的理论与实验研究工作，并对我国特产金属钨进行分析鉴定，成绩卓著，论文被收入《稀有元素定量分析》一书。他1916年归国，任南京高师化学教授。此外，杨石先、吴承洛、黄鸿龙、戴安邦等化学家，回国后也都成为我国现代化学科学的开拓者。

（五）地学

近代地质学是在地理学的基础上并随着近代工业对矿产资源需求日

---

① 谭勤余：《中国化学史与化学出版》，载《学林》第8辑，1941年。

② 曾昭抡：《二十年来中国化学之进展》，载《科学》第19卷，1935年。

益增长而迅速发展起来的。中国的地理地质勘探和研究，最初掌握在殖民主义者手中。鸦片战争后，西方各国地质工作者来华考察在100人次以上。他们的调查研究工作虽然在客观上向中国传播了地质知识，但在实际上却是直接或间接地为本国政府的侵略政策服务的。

第一个来华考察地质的是美国人庞佩利。1862年至1865年，他考察了华北和长江下游一带，并专门调查了北京西山煤矿，著有《中国蒙古及日本之地质研究》一书。1868年，德国著名地质学家李希霍芬也来华考察，历时4年，撰有《中国》一书，并附有中国的地质和地理图数幅。其中《山东与其门户胶州湾》，实为1897年德国强占胶州湾以及修胶济铁路张本。进入20世纪初年后，此类调查日多，如1906年日本人小藤文次郎到东北调查，并筹设了一个"南满洲铁道株式会社"附设的地质调查所。随后石井八万次郎、野田势次郎等也相继来华调查。

在此期间，我国有识之士对地质学也日益重视。1871年，华蘅芳将19世纪英国矿物学最重要的著作《系统矿物学》(丹纳著)译为中文，改名《金石识别》。1873年，他又翻译了英国著名地质学家莱伊尔的名作《地质学原理》，名为《地学浅释》。两书均由江南制造局出版。19世纪末，南京创办路矿学堂，开始讲授地质学。1903年，鲁迅撰成《中国地质略论》一文，[①] 附有中国煤田分布略图一幅及满洲、直隶、山西等地煤田名称简表，是中国人讲解中国地质的第一篇文章。不久，他又与同学合著《中国矿产志》一书，附有《中国矿产全图》。该书1906年由上海普及书店出版后，短期内反复再版，对传播地质学知识起了积极的作用。此外，1905年直隶矿产局总勘探师邝荣光测绘了中国第一份地质图《直隶地质图》，以后又发表了《直隶省矿产图》和《直隶石层古迹》等文。

20世纪初期，我国地理学、地质学取得开拓性进展，是与张相文、章鸿钊两位著名学者的名字联系在一起的。

张相文是我国现代地理学和地理教育的奠基人，著有《南国丛稿》。

① 《浙江潮》第8期。

1899年，张相文在上海南洋公学任地理教员，1901年著《初等地理教科书》、《中等本国地理教科书》，为我国自编地理教科书的开端，印数达200多万部，影响颇大。1905年，他又编著《地文学》和《最新地质学教科书》等，较系统地介绍了近代地理学知识。尤其是《地文学》，是我国第一部自然地理教科书。宣统年间，他曾到山东、河北、河南等地旅行考察，撰有《齐鲁旅行记》、《冀北游览记》、《豫游小识》、《塞北纪行》等文发表。1909年9月，张相文邀白毓昆、张伯苓等百余人，于天津成立中国地学会(1912年迁北京)，并当选为会长。这是我国最早的地理学术团体。次年刊行《地学杂志》，也是我国最早的科学期刊之一。二者对我国地理学的发展起了推动作用。为了筹措经费扶植学会和刊物，张相文殚精竭虑，四处奔走，表现出了科学家可贵的执著精神。

章鸿钊是我国现代地质学主要奠基人。他于1904年留学日本，1911年毕业于东京帝国大学地质系。他的毕业论文《杭州府邻区地质》，是中国地质学家自己调查中国的区域地质写出的第一篇学术著作。1912年南京临时政府成立，在实业部设矿政司，司下设地质科。这是我国在行政部门最早设立的地质机构，它与章鸿钊归国后大力提倡是分不开的。章鸿钊出任地质科科长后，又发表了《中华地质调查私议》和《调查地质咨文》，痛陈地质事业对国家发展的重要性。他认为应“专设调查所作经营之基，树实利政策以免首事之困，兴专门学校以育人才，立测量计划以制舆图”，[①] 而四者首在人才。1913年，他与丁文江等人筹设了隶属于北京政府工商部的地质研究所。先是丁文江为所长，但他于当年即去云南考察，由章鸿钊继任。研究所招收中学毕业生就读，修业期3年。所以这既是我国第一个现代地质研究所，同时也是我国第一所培养地质专门人才的高等学校。当时著名地质学家翁文灏正由比利时留学归来，也加入其中，与章鸿钊、丁文江等同为教授。1916年，地质研究所培养出第一批毕业生22人，其中多数人入地质调查所担任调查员。这时正是我国地质调查事业发轫之时，像山东、山西、河南、江苏等省

① 《中华地质调查私议》，载《地学杂志》1912年第1期。

的地质图，大半出自他们之手。他们中一些人还先后赴欧美留学，如谢安荣、李学清、叶良辅、谭锡畴、王竹泉等都成了我国地质界深有影响的骨干力量。1921 年，章鸿钊的重要著作《石雅》一书出版。它是我国第一部关于地质岩石矿物等方面的总结性著作，出版后受到国内外推崇，至今仍被视为中国古代矿物学史方面的经典著作。1922 年中国地质学会在北京成立，他被举为会长。

（六）生物学

西方生物学传入中国，始于 1851 年出版的传教士医生合信译书《全体新论》。这是关于生理解剖的书。其后的类似译书有：《全体通论》(英国德贞著，京师同文馆印书处出版)，《合体阐微》(1881 年福州出版)，《化学卫生论》(英国真司腾著，1879 年出版)。在植物学方面的译著有李善兰与韦廉臣合译的《植物学》，1858 年由墨海书馆出版。该书根据林德利著《植物学纲要》中的重要篇章编译而成，共 8 卷，约 3.5 万字，附图 200 多幅，介绍了植物器官的形态结构和功能、细胞的种类和形态，以及植物的受精作用、地理分布与分类方法等植物学的基础知识，是第一本用中文编译的现代植物学专著。1894 年，傅兰雅又编译出版了《植物图说》一书。

近代西方生物学知识传入中国最有影响的是进化论。有关具体情况前面已谈到，不再赘述。

20 世纪初期，我国现代生物学开始起步。自 1909 年起，许多大学逐渐建立起生物学方面的科系。如 1909 年金陵大学设立农林科，1912 年南京高师设立农科，1913 年建立北京农业专科学校，1916 年北京大学设立生物系等。这些机构的设立，促进了生物学人才的培养、标本室和实验室的建设，以及生物科学研究的开展。

1918 年，我国现代植物学奠基人北京大学钟观光与李力仁、张东旭、黄晓春、钟补勤五人，开始了历时 4 年的以近代科学方法采集植物标本的工作。他们足迹遍布福建、广东、广西、云南、浙江、安徽、湖北、四川、河南、山西等 11 个省，采集腊叶植物标本 1.6 万多种，共 15 万多号；海产、动物标本 500 余件；木材、果实、根茎、野类 300

多种，为我国采集植物标本史写下了灿烂的一页。因此，北京大学生物系建立起了植物标本室，“中国植物学研究乃开一新纪元。”①

与此同时，我国学者也已在生物学的许多领域取得出色的研究成果。如钱崇澍1910年赴美，不久他在国外发表的《宾州毛茛的两个亚洲近似种》(1916年)及《钡锶铈对于水绵属植物的特殊作用》(1917年)两篇论文，就分别是我国现代植物分类学和植物生理学的第一篇著作。他1916年归国后任南京高等师范学校农科植物学教授，1923年复与著名植物学家胡先骕合作出版《高等植物学》，为我国第一本植物学教科书。秉志1913年赴美，先在康奈尔大学研究昆虫的形态学和生态学，后转韦斯特研究所从事脊椎动物神经研究。其间发表了《加拿大杆草上虫瘿内的昆虫》(1915年)、《一种摇蚊的观察》(1917年)等论文。他对白鼠交感神经的发展和性别关系的研究，也有独创性见解。1920年归国后，任东南大学生物学教授，成为我国动物学主要奠基人。此外，戴芳澜、胡经甫、罗宗洛、陈桢、陈焕庸等，也都是在这期间先后学成归国，分别成为我国生物学各个领域的开拓者。

（七）医学

西方近代医学知识在明清之际便已传入中国。西方传教士罗雅谷、龙华民、邓玉函译的《人体图说》、《泰西人体说概》等书，介绍了人体解剖学方面的知识。传教士石铎琭著的《本草补》，则是介绍西方药物的专书。康熙本人甚至还接受过西医治疗。但其时传入的西医知识十分有限，影响也不大。

鸦片战争前后，随着西方资本主义侵略势力东向，尤其是教会势力卷土重来，西方医学也开始重新传入中国。1805年，英国船医皮尔逊将牛痘术传入中国。自1820年东印度公司医生立温斯敦和传教士马礼逊在澳门设立医院起，到1860年，外国人在香港、澳门和通商五口地区先后建立医院约14所，主要是：博济医院(1835年，广州)、香港医院(1843年，香港)、华美医院(1843年，宁波)、仁济医院(1847年，

① 胡先骕：《二十年来中国植物学之进步》，载《科学》第19卷第10期。

上海)、惠爱医院(1848 年，广州)等。1876 年，全国教会医院增至 16 所，诊所 26 处。到 1905 年，医院增至 166 所，诊所增至 241 处。1919 年，全国教会医院激增至 250 所。① 由于西医具有较明显的疗效，影响日渐扩大。据统计，博济医院在 45 年中共为 89642 人治过病。②

教会在创办医院的同时，也将西方近代医学教育传入中国。1846 年跟随美国教师布朗到美国留学的学生之一黄宽，后考入爱丁堡大学医科，毕业后于 1857 年回到广州博济医院行医，成为我国第一代西医。他也参与了该院培养中国学生的教学工作。1866 年，该院成立南华医学校，成为最早系统地培养西医的教会医学校。19 世纪末 20 世纪初，此类学校渐多，较著名的有：广州夏葛医学校(1899 年)、上海震旦医学院(1903 年)、北京协和医学校(1906 年)、上海同济德文医学堂(1908 年)、四川华西协和大学医学院(1910 年)、沈阳南满医学堂(1911 年)等。到 1911 年，仅属英、美教会的医学校就有 23 所，护士学校 36 所。③

近代西医书籍的传入，始于 1851 年合信编译的《全体新论》。此后，他又编译了《西医略论》(1857 年)、《内科新说》(1857 年)、《妇婴新说》(1858 年)、《博物新编》(约 1859 年)，后人将这 4 种医书与《全体新论》合编，称《合信氏医书五种》。除《博物新编》为对西方自然科学知识一般性的介绍外，都是对西医新知识的介绍，在中国医学界产生了较大影响。值得一提的是，合信最早用中文发表文章对中西医学进行了比较评论，并最早企图沟通中西医学。继合信之后编译西医书最多的，一是嘉约翰，他在 1859 年至 1886 年编译有《西医略解》、《皮肤新编》、《内科全书》等 20 余种；二是傅兰雅，他与赵元益合作，编译有医书多种。嘉约翰侧重临床外科，而傅兰雅侧重卫生学。此外，江南制造局翻译馆和京师同文馆也编译有部分西医书籍。到 1904 年，有此类译书共 50

① 杜石然等：《中国科学技术史稿》下册，286 页，北京，科学出版社，1982。
② 陈邦贤：《中国医学史》，192 页，上海，上海书店，1984。
③ 龚纯：《我国近百年来的医学教育》，载《中华医学杂志》1982 年第 4 期。

余种。①

与此同时，近代中国还先后出版了约20种医学期刊，它们也是系统传播近代西医学知识的重要媒介。这些期刊是：《西医新报》(1880年，嘉约翰，广州)；《医学报》(1886年，尹端模，广州)；《博医学报》(1887年，中国行医传教会，上海)；《西医知新报》(1907年，权约翰，广州)；《医药学报》(1907年，中国留学生，日本)；《卫生世界》(1907年，中国国民卫生会，日本)；《医学卫生报》(1908年，梁慎予，广州)；《医学世界》(1908年，汪惕予，上海)；《绍兴医药学报》(1908年，何廉臣，绍兴)；《卫生白话报》(1908年，上海)；《中西医学报》(1910年，丁福保，上海)；《光华医事卫生报》(1901年，叶菁华，广州)；《上海医报》(1910年，颜宾秋，上海)；《医学扶轮报》(1910年，袁桂生，镇江)；《医学杂志》(1910年，蔡小香，上海)；《中华医报》(1912年)；《医药观》(1914年，浙江)；《浙江广济医报》(1914年)；《广东光华医社月报》(1915年)；《中华医学杂志》(1915年，中华医学会，北京)等。晚清的中国医学界并无明显的中西医界限，也未形成对立的势力，当时在中医界"中西医会通论"颇为流行。医学团体也统称医学会，会员不分中西医。医学报刊也多不冠中西字样，内容中西兼备，只有教会办的报刊和团体，才冠以"西"字。辛亥革命后，中西医问题争论趋于激烈，中西医界明显对立。

20世纪初，在编译西医书籍方面最有建树的是丁福保。他于1903年任京师大学堂教习，1905年辞职。后至上海，致力于编译书籍。1906年正式成立译书公会，到1914年借日文译西医书籍68种，编成《丁氏医学丛书》，总数超过自合信开始的教会译书的总和，对当时的西方医学比较全面地作了介绍。同时，丁福保于1910年创办《中西医学报》，1915年又成为中华医学会的发起人。他为近代西医学在中国的传播和中国医学事业的发展，作出了宝贵的贡献。

1865年，京师同文馆内设医学科，是近代我国自办西医事业的起

---

① 鲁德馨、张锡：《新医来华后之医学文献》，载《中华医学杂志》第22卷第1期，1936年。

点。1881年设医学馆于天津，后改名北洋医学堂；1902年又设北洋军医学堂于天津，后改称陆军军医学堂，并迁北京；1903年京师大学堂增设医学馆，1906年改为京师专门医学堂。民国初年，北京、浙江、江苏、江西、湖北、山西等地也都设立了医学专门学校，医学教育逐渐推广。同时，清末民初出国学医的留学生也渐增多。他们回国后多供职医学界，成为推动我国现代医学发展的重要力量。例如，颜福庆1905年赴美，1909年获医学博士学位，回国后不久即任长沙湘雅医学院院长，致力于医学教育，我国老一辈医学专家如张孝骞、汤飞凡、应元岳、高镜朗、任廷桂、张维以及美籍病毒专家李振翩等，都为其早年在湘雅培养的学生。马文昭1915年毕业于北京协和医学院，后赴美专攻解剖学，其间完成了胰腺和甲状腺细胞内线粒体在不同生理条件下的形态变化研究，成果发表在《解剖记录》和《美国解剖学杂志》上，1921年返协和医学院，成为我国细胞学奠基人。

三、近代中国的应用技术

在鸦片战争后出现的西学东渐的潮流中，西方近代应用技术通过各种途径传入中国，诸如造船、铁路、冶炼、采矿、印刷、建筑、民用轻工制造等方面的新技术，在生产领域逐渐推广使用，不仅极大地提高了中国近代社会生产力发展的水平，而且从根本上改变了传统的应用技术结构，使中国近代物质文化发生了深刻的变化。由于篇幅所限，下面只对近代中国的船舶制造和铁路修筑技术作扼要介绍。

（一）近代船舶制造技术

鸦片战争后，西方商人首先在我国沿海一带建立起一批近代化的船舶修造厂，1845年英国人柯拜在广州黄埔建造的柯拜船坞是最早的一家。迄1894年，此类西人船厂先后共有22家。[①] 中国第一家近代化造船厂，是1866年由洋务派官员成立的大型军事企业福州船政局。翌年，同类企业江南制造局的轮船厂也告成立。二者是近代中国建立最早也是最重要的两家造船厂。

福州船政局占地600亩，建有铸铁、打铁、模子、水缸、合拢、拉铁、锤铁、钟表、帆缆等14个分厂。全部设备购自法国。拉铁厂拥有6座再热炉、4台轧机，可年产3000吨轧材；锤铁厂配有1000～6000公斤不等的6个汽锤，能制造船舶需要的高强度锻件；造船厂由3个船台组成，船台可容纳龙骨长100米、排水量2500吨的待造船舶。另有铁船槽一座，为机械牵引式横向滑道，共有拖船机40架、大罗丝40条，配用40马力蒸汽机以拉船上槽。船政局规模宏大，设备齐全。一位英国海军军官在1876年参观后记载道：该局“船的引擎情况良好，什么东西看来都干净，事事都认真有条理……技艺与最后的细工，可以和我们英国自己的机械工厂的任何出品相媲美而无愧色。”[②]江南制造局轮船厂占地70余亩，建有汽炉厂、机器厂、熟铁厂、木工厂、铸铜铁厂等。修有泥船坞一座，长325尺。其规模小于福州船政局，但1905年与制造局分离改为江南船坞后，几经扩建，到1918年已改用电动机等许多新式设备，与前者日形困顿相比，又成鲜明对照。

1868年江南制造局轮船厂第一艘轮船“惠吉”号下水。该船长185尺，392马力，受重600吨。次年，福州船政局也成功地制造出第一艘轮船“万年清”号，150马力，载重1450吨，时速80里。据统计，江南制造局轮船厂时期(1868—1885年)共造船8艘，江南船坞时期(1905—1912年)共造船130余艘；福州船政局(1869—1907年)共造船40艘。[③]

在世界近代造船史上，19世纪中叶前，船舶为木质；中叶以后，船体骨架采用铁质，出现了合构船；60年代后，始出现铁船。迄1875

---

① 严中平等编：《中国近代经济史统计资料选辑》，116～122页，北京，科学出版社，1955。

② 寿尔：《田凫号航行记》，见《洋务运动》第8册，370～373页。

③ 陈真：《中国近代工业史资料》第3辑，北京，生活·读书·新知三联书店，1961。

年，上述两家船厂的技术水平尚处在木船阶段。1876年“威远”号试制成功，是福州船政局建造合构船的开始。同时，先进的复式高压蒸汽机也首次用于“威远”号。而同年江南制造局轮船厂已经造出“金瓯”号铁甲兵船。19世纪80年代，西方进入钢铁时代，动力以康邦双推轮为最先进，时速在23海里左右。英国1881年制成的“康廓洛耳”号是第一艘纯钢材建成的钢船。1885年江南制造局轮船厂制成第一艘钢质兵船“保民”号。1888年福州船政局也制成第一艘钢质船“龙威”号，是船取法于法国同时期的船式，其功率、钢甲厚度都超过所仿造的法国钢质船。1896年后，福州船政局进入停滞期，但仍于1899年、1900年分别造出时速达23海里、功率达6500马力的该局最先进的两艘新式快舰；1905年制成5000马力钢质江船，也是该局历史上最先进的一艘商船。1912年至1921年是江南造船厂时代。1921年它为美国政府运输部造“官府”号钢质运输船，该船长429英尺，宽55英尺，排水14750吨，同样是其历史上建造的最大的一艘轮船。

（二）铁路修筑技术

1825年斯托克顿—克林顿铁路用斯蒂文生制造的“运动一号”机车开始营业，标志着世界第一条铁路在英国正式诞生。而中国铁路史的开端，要晚半个多世纪。1876年7月1日，上海英国怡和洋行修筑的全长约20千米的吴淞铁路全线完工，正式通车。但它遭到官方和社会舆论的反对，最后清政府用28.5万两白银买回这条铁路，再加以拆毁。拆下的路轨等器材被弃置在上海滩头。吴淞铁路是第一条在中国营运的铁路，但它是外国人未经中国政府允许而非法修造的，且昙花一现。因此，中国铁路修筑史还要以5年后建成的唐山至胥各庄轻便铁路为正式开端。

1878年开平矿务局成立，次年出煤，为解决煤炭外运问题，便由李鸿章奏准于1881年修成长9.7千米的标准轨距轻便铁路。为了避免守旧势力的阻挠，最初用骡马在轨道上曳车。后英国工程师金达利用开矿机的旧锅炉改装了一台蒸汽机车，称“中国火箭”号，在该路上行驶，一次能拉煤百多吨。由是我国开始有了机车，唐胥铁路便成为我国历史上自造的第一条铁路。尽管封建顽固派以“行驶震动陵寝，黑烟损害庄稼”为由力加阻挠，终因火车运煤能力远远超过骡马而难以阻止。

1886年，清政府成立开平铁路公司，收买唐胥铁路，并从胥各庄展筑约25千米至芦台，称唐芦铁路。次年，复修筑芦台到天津东站的津沽铁路，与唐芦铁路合称唐津铁路，共长130千米。同年，台湾成立台湾铁路总局，修建基隆至新竹的铁路约100千米。其后又展筑唐津铁路自唐山到山海关，称津榆铁路，以及新建大冶铁路等。迄1895年，共修筑铁路415.4千米。

中日甲午战争后，帝国主义列强掀起瓜分中国的狂潮。它们在划定各自在华的势力范围、强占租界港湾的同时，也纷起争夺在华铁路修筑权，以便通过控制铁路，达到控制沿线地区中国的政治、经济、军事命脉的目的。它们通过直接经营、参加管理、占据技术职位等形式，实际上控制了中国绝大多数铁路的主权。计到1911年，中国已建成铁路9600多千米，但其中由中国自主的铁路，不及百分之七，[①] 而且主要干线都掌握在帝国主义列强手中。它们还在铁路干线上建立起相应的车辆、桥梁以及其他铁路所需要的配件工厂，如唐山制造厂、山海关桥梁厂、长辛店车辆厂、南口车辆厂等。这些铁路的铺设和相关机车车辆工厂的建立，虽然在客观上使近代铁路修筑技术传入了我国，但近代中国的铁路建设带有浓厚的半殖民地色彩，却是显而易见的。

近代时期，仁人志士都渴望独立发展中国的铁路事业，他们中许多人为此作了不懈的努力，中国著名铁路工程师詹天佑便是其中杰出的代表。

詹天佑早年留学美国，归国后先在福州船政局等处任职，1888年始受聘为中国铁路公司工程师，这是他致力于中国铁路事业的开端。在修筑关东铁路及其他工程中，他都以杰出的表现而受到同行的称赞。1894年，詹天佑被选为英国土木工程师学会会员，“这是外国人第一次

---

① 严中平等编：《中国近代经济史统计资料选辑》，181～182页。

吸收中国人参加其有较大代表性的学术团体”[1]。

1904年，清政府任命詹天佑为京张铁路总工程师兼会办(1907年升总办)。京张铁路全长200千米，穿越地区重峦叠嶂，地形复杂。外国工程师怀疑中国人能否胜任如此艰巨的工程，扬言能修筑京张铁路的中国工程师尚未出生。面对这种压力，詹天佑泰然处之，告诫中国工程技术人员，“必欲显明其不仅已经出世，且现在存于世也。”[2]他深知，拥有一支高质量的铁路工程队伍，是取得成功的关键所在。为此，他制定了《升转工程师品格制度章程》，规定了工程师的品行标准：一为“洁己奉公，不辞劳怨”；二为“勤慎精细，恪守范围”；三为“志趋诚笃，无挟褊私”；四为“明体达用，善于调度”。还规定了升转工程师的练习期限和考试课程。[3] 他抱定为民族争气的决心，亲自进行艰苦细致的实地勘察，同时团结全体技术人员和工人，同心同德，群策群力，最终选定了最佳的线路和施工方案。他在八达岭险要地区，创造了“之”字形铁路，减少了工程数量。同时采用“竖井施工法”开挖隧道，又大大缩短了工期。京张铁路从1905年9月动工，到1909年9月完工通车，比预定工期提前了两年，而且节省工程费28万多两银子，实现了詹天佑提出的“花钱少，质量好，完工快”的要求。他还引进和采用了自动挂钩，使数节车厢牢固地结合成一个整体，有效地保证了行车安全。这种自动挂钩被人们称为“詹天佑钩”。1909年10月在南口车站举行了隆重的通车仪式，到场的中外宾客上万人。外国工程师在仔细观察了工程后，也不能不对詹天佑的成功表示钦佩。

京张铁路的建成，提高了中国人的民族自信心，同时也使西方国家不敢再轻视中国的科技人员。京张铁路建成的当年，美国工程师学会接纳詹天佑为该会会员。此后，詹天佑继续为发展祖国的铁路事业而努力

---

① 茅以升：《中国杰出的爱国工程师——詹天佑》，《人民日报》，1961-04-17。

② 詹天佑：《在汉口留美学生同学会新年大会上的演说词》，1914年1月9日，见《铁道知识》1984年第3期。

③ 《交通史路政篇》第9册，转引自金士宣：《向我国杰出的工程师詹天佑先生学习》，载《人民日报》，1979-06-03。

工作。1912 年，他在广东发起成立“广东中华工程师学会”，被推为会长。同年在上海成立“中华工学会”和“中华铁路工同人共济会”，都推詹天佑为名誉会长。次年，由他提议，上述三会合并为统一团体，定名为“中华工程师会”(后改为“中华工程师学会”)，凡土木、机械、水利、电机、采矿、冶金、兵工、造船等方面的工程师均可入会。詹天佑当选为会长。学会刊行《中华工程师学会会报》，举办有奖科学征文活动，出版各种科学著作，为团结全国工程技术人员和促进我国科技事业的发展起了很大的作用。

第十二章　宗教

在中国文化体系中，宗教文化占着相当重要的地位。就近代中国的宗教而言，门类繁多，诸如佛教、道教、基督教、伊斯兰教，以及形形色色的民间宗教，不一而足。它们当中，既有中国土生土长的，也有外来安家落户的，对中国社会和文化发生着重要影响。由于篇幅所限，本章并不是对以上提到的诸门宗教逐一介绍，只就基督教和佛教在近代中国流行的状况，及其与中国近代文化的关系，作一些探讨。

一、基督教的东渐

基督教是世界三大宗教之一，主张信仰上帝，奉上帝为造物主及宇宙的主宰，奉耶稣为救世主。在仪理上，基督教分为希腊教、天主教、耶稣教三大派别。在中国，天主教俗称“旧教”，耶稣教俗称“新教”，希腊教则称“东正教”。基督教最早输入中国，是在5世纪末，到7世纪传播至中原一带，属聂斯脱利派，当时被称为“景教”。元代蒙古族入主中原，该教随之而来，与当时传来的罗马天主教统称为“也里可温教”，一直流传至元末。16世纪中叶，旧教再次来华，并定名为天主教。17世纪末，俄国东正教(即希腊教)传入中国，但影响不大。到19世纪初，新教(即耶稣教)才开始传入中国，首先是英国教会派来传教士，继之德国、美国传教士联翩来华。从此开始了近代基督教大规模东渐的历程。

自1720年(康熙五十九年)清政府查禁天主教以来，西方传教士在中国的活动并没有因此而停止。据统计，1810年(嘉庆十五年)共有31名西方传教士在中国的16个省份进行秘密的宗教活动；1839年(道光十九年)有65名西方传教士在中国的13个省内活动。[①] 当时的天主教只在中国设立了澳门、北京、南京三个主教区。[②] 总的说来，西方教会势力在此时还不算很大，影响极为有限。西方基督教大规模东渐，是伴随着西方列强对中国的武力征服而展开的，也就是说，是在一系列对华不平等条约签订以后出现的。鸦片战争的失败，《黄埔条约》、《望厦条约》等不平等条约的签订，迫使清政府在禁教方面作出让步。中美《望厦条约》规定，美国人可以在通商五口“设立医馆、礼拜堂及殡葬之处”。[③] 中法《黄埔条约》不仅规定法国人可以在通商五口建造教堂，而且规定：“倘有中国人将佛兰西礼拜堂、坟地触犯毁坏，地方官照例严拘重惩。”[④]这就是说，西方列强取得了在华传教的保护权。此后，法国得寸进尺，要求清政府发还雍正年间被封闭的天主堂旧址。在法国侵略者的压力下，清政府被迫于1846年2月20日发布上谕，准免查禁天主教，同意归还天主堂旧址。这道上谕，是清政府解禁天主教的一个重要标志。1858年6月，英国通过发动第二次鸦片战争强迫清政府签订了中英《天津条约》，把保护传教的条款列入其中。条约规定：“耶稣圣教暨天主教原系为善之道，待人如己。自后凡有传授习学者，一体保护，其安分无过，中国官毫不得刻待禁阻。”[⑤]这项规定，等于给基督教在华传布开了合法的通行证。无怪英国传教士杨格非欣喜地说：“就这样，中国几乎出乎意料地对传教士、商人和学者开放了。”他呼吁在华的外国教会和传教士，立即去“占领这块土地”，“在十八个省的每一个中心取得

① 《中国丛报》1833年3月，444页；1844年11月，595页。

② 王友三主编：《中国宗教史》下册，950页，济南，齐鲁书社，1991。

③ 王铁崖编：《中外旧约章汇编》第1册，54页，北京，生活·读书·新知三联书店，1962。

④ 同上书，62页。

⑤ 同上书，97页。

永久立足的地方。”①从此，西方传教迅速发展，从通商口岸到内地都市，乃至穷乡僻壤，随处可见传教士的足迹。西方教会势力的触角，伸到了一切它可以达到的地方。

只要把19世纪中叶前后来华教会数量进行对比，就可看出鸦片战争后天主教涌入中国的势头。19世纪中叶前，天主教在中国的传教会共有5个：巴黎外方传教会(Paris Foreign Mission Society)的传教区域最大，包括四川、贵州、云南、两广、东北和西藏；西班牙多明我会(Spanish Dominicans)在福建传教；方济各会(Franciscans)以中国中部和东部的山东、山西、湖北、湖南等省为传教区域；遣使会(Lazarists)接受了解散的耶稣会的传教区，在直隶、江西、河南、浙江等省传教；耶稣会1814年重新恢复，于1842年再次来华，先后在江苏、安徽及直隶东南部传教。1847年，该会在上海徐家汇徐光启墓址附近建立了总部。鸦片战争后，更多的天主教修会接踵而至。据统计，自1842年至1933年，来华传教的天主教修会就有32个，其中1842年至1920年来华者达14个。主要有以河南为教区的密良外方传教会(1858年来华)，以蒙古为教区的圣母圣心会(1865年来华)，以香港为教区的教学会(1870年来华)，以陕西为教区的罗马圣伯多禄圣保禄会(1885年来华)。与此同时，天主教女修会也相继派人来华。仁爱会捷足先登，于1842年来到中国。随后沙德圣保罗女修会、加诺萨女修会、拯亡会也陆续来华。据统计，1842年至1931年来华的天主教女修会有45个，其中1920年以前来华的有14个。②

耶稣教大规模地传入中国虽然较天主教为晚，但随着欧美国家对中国侵略活动的加强，耶稣教诸教会不甘落后，争先恐后地把传教士派到中国。鸦片战争后，耶稣教各宗几乎都有教会、传教士在华活动。影响较大的在华耶稣教差会有8个：监理会、公理会、长老会、信义会、浸

① 汤普生：《杨格非传》，引自顾长声：《传教士与近代中国》，66页，上海，上海人民出版社，2004。

② 张力等著：《中国教案史》附表二、附表三，7～11页，成都，四川省社会科学院出版社，1987。

礼会、圣公会、内地会、卫理公会。其中又以公理会、浸礼会、长老会、内地会影响最大。

（一）公理会

也称公理宗，在中国又有纲纪慎会、美华会、伦敦会等不同的名称。该会管理制度为全体治理，不受制于一人，只重信仰，不拘仪文畛域。伦敦会是英国公理宗中一种向外传道的组织，也叫伦敦布道会。19世纪初第一个来华的新教传教士马礼逊，就是伦敦布道会牧师。继之而至的还有米怜、麦都思、合信、理雅各、杨格非、韦廉臣、洪约翰、艾约瑟等。他们的到来，巩固和发展了伦敦布道会在香港、澳门、广州等地的传教事业，并在浙江、江苏、福建、湖北、直隶开辟了教区，在陕西、湖南、四川等省设立了传教据点，培养了屈昂、梁发、何福堂(伍廷芳之岳父)、王煜初(王宠惠之父)、张祝龄等华籍教士。本着该会“文字布道”、创办学堂和医馆以广收信徒的方针，麦都思撰写了《通俗三字经》，翻译《圣经》，编写《英文字典》，以文字宣传扩大了宗教的影响。美国公理会也积极配合英国伦敦会的在华传教活动。1830年，在美国商人奥立芬的支持下，美国公理会(也称美华会)派裨治文来到广东，这是美国来华的第一个传教士。以后来华的还有伯驾、杨顺、弼来满大妇、夏察力、卢力、柏亨理、喜嘉理等人。该会在上海、福建、台湾、山西、直隶、山东等地都建立了教区或传教点，从事翻译宗教典籍、创建学校和医馆等工作，培养了陈遂昌、翁挺生、梁文寿、谭沃心等一批华籍教士。孙中山曾于1883年在香港受洗于该会。

（二）浸礼会

浸礼会(Baptist)17世纪形成于英国，后流行于欧美各地。因主张受洗者必须全身浸入水中而得名。信道全由个人意志决定，信徒一律平等，无等级之分，不收未成年的儿童入教。该会于1836年传入中国。是年，美国浸礼会传教士沙克(即叔末士)到达澳门。次年，该会的罗孝全由美来华。他们先后在香港、广州等地设堂传教。鸦片战争后，浸礼会在华获得迅速发展，设立的机构除美国浸礼会外，还有英国浸礼会、瑞典浸礼会、孟那福会、友爱会等差会，建立了华南、华东、华北、华西、华中5大传教区。浸礼会注重文化传教，主持广学会、标榜介绍西学的李提摩太，就是英国浸礼会传教士。

（三）长老会

长老会(Presbyterian)是基督教新教长老宗（又称加尔文宗、归正宗)的重要差会，以加尔文的宗教思想为宗旨，16世纪产生于瑞士，后流行于欧美。长老会于1838年派宓(J. A. Mitchel)、何(R. W. OII)两位传教士由美国来华，为该会最早来华的传教士。鸦片战争后，该会的众多差会来到中国，主要有美国北美长老会、英格兰福音会、苏格兰长老会、加拿大长老会、新西兰长老会等，建立的传教机构遍布中国各地。其中以北美长老会在华机构最为庞大，著名的传教士有丁韪良、李佳白等。丁韪良曾作为美国驻华公使翻译参与起草中美《天津条约》，多年掌教京师同文馆，编著《格致入门》、《富国策》等书。李佳白传教以走上层路线和笼络士人为特点，先后结识李鸿章等清廷显宦。1897年，他在北京开办“尚贤堂”，以拉拢上层士大夫为目的，取得一定的效果。

（四）内地会

内地会是耶稣教会专门面向中国传教布道的差会组织。它是由英国传教士戴德生在1865年创立的。该会总会设在英国伦敦，在美国、澳大利亚等地设有分会。1866年，戴德生带领第一批内地会传教士20余人来到中国。随后，美国及其他一些欧洲传教士相继加入，使内地会迅速扩大，成为在中国的一个跨宗派的最大的教会组织。该会曾派遣大批传教士深入中国内地、边疆、少数民族地区活动，建立起遍布中国的传教网络。到19世纪末，内地会在中国约有650名传教士、270个传教据点，教徒人数约5000人，其势力及影响为在华教会之首。

上述来华的欧美教会势力，既有新教，又有旧教，情况比较复杂，在宗教信念及传教方式上有同有异。近代来华的西方传教士，凭借不平等条约的保护，强行在中国各地传教。他们除了文字布道、传播福音、发展教徒外，还创办医院、孤儿院、留养院、学校，以辅助传教，扩大教会的影响。这种传教方式在新教、旧教中都使用过，是它们的共同点。但是新教、旧教在经费来源、地理分布和教徒成分构成等方面，却存在着明显的差异：

(1)教会经费的筹措。天主教会在华占有大量田产，并利用租佃剥削获得大量收入，以此作为其活动经费的重要来源。而在华新教的"大部分基金来自他们本国的团体和个人的捐助"。①

(2)传教的地理分布。天主教以农村为主要传教区域，注重向农村发展自己的势力。新教则主要在通商口岸及都市城镇活动，其势力大多分布在这些地区。王韬曾说："天主教行之最久，亦最远，内地乡落，无所不至；耶稣教则不过通商口岸耳"。②

(3)信徒成分的构成。天主教所收信徒以农民为多，新教教徒则多来源于知识界和社会上层。

新旧教的这些差异，实质上是二者性质不同的表现。因为天主教是同中世纪相适应的封建教阶制的宗教，带有较多的保守性、封建性；而新教则是欧洲宗教改革的产物，与资本主义发展趋势相适应。新旧教的这种差异，导致它们在近代中国所产生的社会影响有所不同。天主教主要活动于农村，自然与中国传统的社会关系密切；新教活动以城市为中心，与知识界和社会上层关系密切，其教徒人数虽然少于天主教，但对中国政治、经济、文化的影响却超过天主教。

从 1848 年上海发生的"青浦教案"，到 1911 年四川的"大凉山教案"，在短短的 60 多年间，中国共发生大大小小的教案 400 余起。反洋教斗争此伏彼起，遍布全国各地，成为近代中国十分突出的社会政治和文化现象。在不平等条约的庇护纵容下，西方传教士在中国广建教堂，扩展势力，其中的不法之徒横行霸道，欺压中国人民，甚至搜集情报，充当间谍，干涉中国内政，激起了中国人民的愤恨和反抗。中国人民反对西方教会势力侵略的斗争，是正义的、爱国的行动，是近代中国反对西方列强侵略和压迫斗争的组成部分。同时还应该看到，"教案"除了具有人民群众反抗外来侵略的性质外，还包含着不同民族文化心理、感情

① 《外国资产阶级是怎样看待中国历史的》第 1 卷，133 页，北京，商务印书馆，1961。
② 《弢园文录外编》，65 页。

和习俗的冲突因素。从某种意义上说，“教案”中的宗教之争仍然是文化之争的一部分。实际上，西方基督教文化与中国传统文化差异很大。“神创说”与“元气说”、“五行说”的不同的世界起源观，“原罪论”与“性善说”不同的道德伦理观，“上帝面前人人平等”与“爱有差等”的不同社会政治观，以及只拜上帝与拜祖先、孔子、鬼神仙佛的不同等，都反映出西方基督教与中国文化存在着很大差异。加上讹言与误解，就使得近代“教案”除政治因素外，又有着复杂的文化因素。

下层民众持续不断的反洋教斗争和上层知识分子普遍存在的非基督教思潮，给基督教会施加了巨大的社会压力，迫使教会不得不进行自我调整。于是便有天主教的“中国化”与基督教的“本色运动”。天主教的“中国化”包括两方面的内容：一是天主教教义儒学化；二是主教中国化。基督教的“本色运动”，以“使中国信徒担负责任，发扬东方固有的文明，使基督教消除洋教的丑号”[①]为宗旨，大力倡导中国教会的自养、自治和自传，以建立中国式的基督教会和组织，从而开始了基督教的新时期。

借文化以传教，这是基督教传教招徒、扩大影响的手段。近代来华的传教士也不例外。传教士在宣传宗教的同时，还从事办学、办报、译书、出版等活动，对中国社会产生了复杂的、多方面的影响。外国传教士的文化活动，既是其宗教活动的一个组成部分，也是西方列强对华文化侵略的一种方式，又在客观上起到介绍西方文明的作用，充当了中西文化交流的不自觉的工具。

创办报刊是外国传教士在华开始最早也是影响最大的一项文化活动。早在1815年，英国传教士马礼逊和米怜在马六甲编辑出版了一份名为《察世俗每月统纪传》的期刊，这是西方传教士创办的以中国人为对象的第一份中文期刊。1833年，德国传教士郭士立在广州出版《东西洋考每月统纪传》，这是西方传教士在中国境内创办的第一份中文期刊。而当时影响最大的是美国传教士裨治文编辑出版的《中国丛报》。据统

① 诚静怡：《协进会对于教会之贡献》，载《真光杂志》二十五周年纪念特刊。

计，在19世纪40年代到90年代的将近半个世纪的时间内，外国传教士先后创办了约170种中外文报刊，约占同期中国报刊总数的95%。[①]其中影响较大的教会报刊有：《遐迩贯珍》(1853年)、《中外新报》(1858年)、《六合丛谈》(1857年)、《教会新报》(创办于1868年，后改名为《万国公报》)、《中西闻见录》(1872年)、《益闻录》(创办于1879年，后改名为《圣教杂志》)、《上海新报》(1862年)、《时报》(1886年)等。

西方传教士在中国创办报刊的目的，是企图用“文字播道”的方式来宣传基督教，以实现“中华归主”和扩张西方教会势力的目的。由于中西文化观念上的差异，赤裸裸地鼓吹西方宗教，只能激起中国民众更大的反感。于是一些西方传教士便在传教的同时，介绍一些实用性强的知识，把科学与宗教混在一起，企图以此吸引更多的中国信徒。报刊就是达到这种目的的一个有效的途径。正如戈公振所说：“外人之传教也，均以输入学术为接近社会之方法，故最初发行之报纸，其材料之大部分，舍宗教外，即为声光化电之学。”[②]另外，外国教会的办报活动，对于华人报业的形成、发展，也起到一定的推动作用。

西方传教士的另一项文化活动，是翻译和出版西书。1807年英国传教士马礼逊来到中国，曾想尽快打开传教局面，但是由于清政府实行禁教政策，使其活动一筹莫展。马礼逊不得不迂回到南洋，先建立针对中国的传教基地。1815年，马礼逊等人在马六甲建立了一个印刷所，印刷汉文《圣经》和布道书，在南洋华侨中和中国大陆散发。此后，他们还在新加坡、巴达维亚建立了印刷所。这样，在鸦片战争以前，西方传教士在南洋建成3个重要的出版基地。鸦片战争以后，西方传教士的出版活动转移到香港和中国其他开放口岸。1843年，英国传教士麦都思把巴达维亚印刷所迁到上海，取名“墨海书馆”，成为出现在中国大陆的第一家基督教出版机构。之后，马六甲印刷所也随英华书院移至香港。美国长老会在宁波建成一个名为“华花圣经书房”的印刷所，这就是后来

① 方汉奇：《中国近代报刊史》上册，18页，太原，山西人民出版社，1981。

② 戈公振：《中国报学史》，109页，北京，生活·读书·新知三联书店，1986。

迁至上海的美华书馆。第二次鸦片战争以后，西方教会出版事业发展更为迅速，建立的出版机构不仅数量多，而且规模大，主要有：博济医局(广州)、美华书馆(上海)、上海土山湾印书馆、益智书会(上海)、广学会(上海)等。参与译书的重要传教士有：伟烈亚力、艾约瑟、花之安、林乐知、傅兰雅、嘉约翰、尹端模、李提摩太等。其中影响最大的翻译出版机构是广学会。广学会是由英、美基督教传教士在1887年成立的，初名“同文书会”，到1894年改称“广学会”。英人赫德担任第一任董事长，传教士韦廉臣、李提摩太先后出任总干事。广学会的英文名称是“The Society for the Diffusion of Christian and General Knowledge Among the Chinese”，直译为“在中国人当中广传基督教及一般知识的会社”。顾名思义，它是一个传播、介绍西方宗教及其他知识的文化机构。翻译、编写、出版西方宗教、学术报刊，是它最主要的工作。在30余年间，广学会编译出版了包括宗教、哲学、政治、法律、教育、实业、天文、理化、地理、博物等方面的书籍达2000多种，同时还先后出版过《万国公报》、《中国教会报》、《大同报》、《福幼报》等十几种中文报刊。广学会创办初期，所印书籍的销路并不甚畅通，销量有限，如1894年仅售出1000余元。但随着教会势力在华的扩张，广学会印刷品的年销售额连年增长，到1902年达到4.35万元①，是8年前的43倍。这说明它在中国的读者群不断扩大，其影响由此可见。

在中国人自办的翻译出版机构中，西方传教士也占有重要的地位。如清政府创办的同文馆、江南制造局翻译馆等机构，曾经聘用丁韪良、林乐知、傅兰雅、伟烈亚力、金楷理等传教士任译员，参与翻译应用于洋务企业的西方科技书籍。英国传教士傅兰雅在江南制造局翻译馆供职长达28年，共译西书77部，占该局出版总数的47.2%，对西学在中国的传播起到积极作用。

西方教会在向中国介绍西方宗教、科技等知识的同时，也注意把中

---

① 梁元生：《林乐知在华事业与〈万国公报〉》，105页，香港，香港中文大学出版社，1978。

国介绍到欧洲。英国伦敦会传教士理雅各在这方面作出突出的贡献。他从19世纪60年代起，在中国学者王韬的帮助下，用了20多年时间，先后把《论语》、《大学》、《中庸》、《春秋》、《道德经》、《庄子》等儒家和道家经典及其他中国典籍译成英文，在欧洲发行。这一举动对于推动欧洲国家的汉学研究以及中国文化在欧洲的传播，是有重要意义的。

西方传教士在中国的办学活动，也是他们的文化活动的一个重要内容。从1839年美国传教士布朗夫妇在澳门创办马礼逊学堂始，至清末的60年间，来华传教士在中国广大城乡建立起大量各种类型的学堂，形成了包括学前教育、小学、中学、专科、大学在内的教会教育网络。西方传教士的办学活动，为教会和西方侵略者培养所需要的人员，进行半殖民地奴化教育。但教会学校实行与中国传统教育截然不同的教育体制，在冲击中国旧教育制度、刺激近代教育体制形成方面起了作用。另外，大多数毕业于教会学校的学生是爱国的，有的成为优秀的人才，为近代中国的发展作出积极的贡献。关于来华教会教育问题，本书在“教育”一章有专门论述，这里只概略谈到。

二、近代佛教

佛教发源于印度，比基督教的历史更为悠久，传入中国的时间也更早。佛教虽在魏晋南北朝和隋唐时期兴盛一时，但始终未能取代儒学的地位而成为中国社会的主流教派。自宋代理学兴起后，佛教便失去了昔日的辉煌，走上衰途。鸦片战争以后，经过太平天国农民战争及社会政治运动的冲击，佛教的影响日益衰退。为了振衰起弱，佛教不断进行自我调整和更新。民国前后，佛教界开始有了全国性的组织，创办了报刊，成立了佛学院，佛教及佛学出现了振兴的气象。

最先创办培育僧伽和佛学人才的专门学校的是笠云，他于1903年在长沙开福寺创办了湖南僧学堂。1907年，杨文会在南京金陵刻经处创办祇洹精舍，聚众讲学；1910年又开办佛学研究会，每周讲经一次，就学者有释仁山、太虚、欧阳渐等人。随后，佛学堂创办增多，主要有1914年月霞在上海开办的华严大学，谛闲在宁波举办的观宗学社；1917年月霞在常熟兴福寺创办的法界学院；1919年释仁山在江苏高邮建立的天台学院；1922年欧阳渐在南京创办的支那内学院，太虚在武昌成立的武昌佛学院等。

全国性的佛教组织也开始出现。1912年4月，中华佛教总会成立于上海，本部设在静安寺，设分部于北京法源寺，推敬安为会长。1913年3月，中华佛教总会在上海召开第一次全国代表大会。云南的释虚云、江西的释大椿、浙江的释圆瑛等出席，改举道兴及清海为会长，太虚主编《佛学月报》。

佛教在清末衰落的原因，除有社会方面的因素外，佛教自身的衰败不可忽视。清末民初，全国虽有数十万僧尼，但多是徒有其名，且普遍存在着“三滥”现象，即滥收徒众、滥传戒法、滥挂海单。这种状况引起了佛教界有识之士的忧虑，提出了佛教革新的主张。太虚是近代佛教革新的积极倡导者。1912年，太虚组织“中华佛教协进会”，之后提出了教理、教制和教产“三大革命”的主张，以复兴佛教。“三大革命”的内容是：在教理上革除以往专为帝王愚民政策服务，充当鬼神祸福工具的旧佛教，反对专作死后问题探讨，而注重研究人生，以“五戒十善”为人生基本道德行为，促进国家和社会制度的改善；在教制上改革旧的僧众生活制度，用现代僧伽制度取而代之；在教产上打破深受世俗宗法制度影响的剃度、法派继承遗产的私有私占制，使佛教财产不为少数住持独占，而为十方僧众所共有。此外，他积极鼓吹佛教复兴运动，主张建立新的僧团制度。1918年，太虚与陈元白、章太炎、张謇等在上海创立觉社，演讲佛学，并创办《觉社丛书》(季刊)，期以佛法来作救人救世的和平运动。五四运动前后，针对陈独秀等倡导新文化运动，北京学佛居士组织“佛化新青年会”，推太虚为导师，发行刊物《佛化新青年》，以农禅工禅服务社会、自食其力、和尚下山为口号，与新文化运动相抗衡，企望以此振兴佛教。

在佛教衰落的过程中，佛学研究却相对地复兴。佛学大致可分为两支：一是以杨文会、欧阳渐等人为代表的“居士佛学”，以弘扬佛法、研究法相唯识真谛和整理佛学典籍为己任；一是以康有为、章太炎等人为代表的“应用佛学”，“以己意进退佛说”，吸收华严、法相唯识学的某些思想与概念，使之成为建立自己思想体系的组成部分。

所谓“居士”，中国佛教专指居家学佛之士，是梵文优婆塞或邬波索迦(upāsaka)、优婆夷或邬波斯迦(upāsika)的意译。前者是佛的在家男弟子，后者为在家女弟子，与出家二众比丘(bhiksu)、比丘尼(bhiksuni)合称为四众弟子。

佛教传入中国后，历代都有不少居士。古代居士虽多，但附庸风雅的不少，而对佛教发展产生影响的是僧侣。晚清民初，名僧仍然不少，然而对佛学作出贡献的则是居士。在这个时期，居士辨析佛典者颇多，弘扬佛学的主要力量已由寺僧转向在家学佛之士。佛、法、僧三宝之外，又有四宝之说，从而促成了近代居士佛学的兴起。龚自珍号称邬婆索迦，魏源易名菩萨戒弟子魏承贯，杨文会称净业弟子，郑学川号干花佛戒弟子，学佛兴盛由此可略见一斑。近代居士佛学的两大巨擘是杨文会、欧阳渐。杨文会刻经办学，培养了一批佛学人才，为近代居士佛学的兴盛奠定了基础，其中著名的有谭嗣同、章太炎、欧阳渐、孙毓筠等人。梁启超曾说，晚清凡信仰佛学的，“率归依文会。”[①]杨文会结交日本佛教学者南条文雄，得其帮助，从日本先后搜集到佛教佚典近300种，择要刻印流通。他的弟子欧阳渐能承其师之业，主持金陵刻经处，后又创立佛教会、支那内学院，培养佛学研究人才。欧阳渐不仅精研法相唯识，著述等身，而且门下多才，如吕澂、熊十力等便是其中的优秀者，且慕名而受业者遍布全国各地。

近代中国学者学佛论佛者众多，著名的有龚自珍、魏源、康有为、梁启超、谭嗣同、章太炎等人。诚如梁启超所言：“晚清所谓新学家者，殆无一不与佛学有关系。”[②]

---

① 梁启超：《清代学术概论》，73页。

② 同上。

龚自珍早年从外祖父段玉裁受文字训诂之学，后又随刘逢禄习今文经学，晚年学佛。魏源论及龚自珍说："于经通《公羊春秋》，于史长西北舆地。其文以六书小学为入门，以周秦诸子吉金乐石为崖郭，以朝章国故、世情居隐为质干。晚犹好西方之书，自谓造深微云。"①龚自珍从江沅学佛，称江是他"学佛第一导师"。在佛教中，他崇尚天台宗，"忽然阁笔无言说，重礼天台七卷经"，② 自称"天台裔人"。龚自珍有关佛学的 49 篇文章，收录在《龚自珍全集》中。但这些文章都是短篇，显得零碎，缺乏系统的理论和思想深度。尽管如此，其佛学思想予文学多有影响。龚自珍的好友魏源，晚年也学佛，受菩萨戒，易名承贯。他也对佛学推崇备至，说："大矣哉，西方圣人之教。"③魏源治佛宗净土，他特地将《无量寿经》(合译本)、《观无量寿佛经》、《阿弥陀经》和《华严经》里的《普贤菩萨行愿品》合刊为《净土四经》，并各为之叙，以便持诵者知其中之指归。魏源信仰佛教，是他晚年思想消极愤懑而遁世的表现。

佛学在戊戌维新时期也很兴盛，文人学士学佛谈禅蔚然成风，且以好佛相高。康有为、梁启超、谭嗣同等维新志士都嗜好佛学。康有为少年时受程朱理学的教育，后随朱次琦学。1879 年回家乡专习佛道之书，其思想"由阳明学以入佛学，故最得力于禅宗，而以华严宗为归宿焉"。而且"潜心佛典，深有所悟，以为性理之学，不徒在躯壳界，而必探本于灵魂界"。④ 因而，康有为的思想上深深打上佛学的烙印。他称赞："佛学之博大精微，至于言语道断，心行路绝，虽有圣哲，无所措手，其所包容，尤为深远。"⑤他所著《大同书》，深受佛学思想的影响。康有为认为，佛教和孔教二者不能缺一，"是二教者，终始相乘，有无相生，东西上下，迭相为经也"。⑥ 对于佛教的出家制度，康有为颇不以为然。

---

① 《定盦文录序》，见《魏源集》上册，239 页。

② 《己亥杂诗》，见《龚自珍全集》下册，538 页。

③ 《净土四经总叙》，见《魏源集》上册，246～247 页。

④ 梁启超：《康有为传》，见《康南海自编年谱》，240、250 页，北京，中华书局，1992。

⑤ 康有为：《大同书·去苦界至极乐》，301 页，北京，中华书局，1959。

⑥ 康有为：《康子内外篇》，14 页，北京，中华书局，1988。

在他看来，如果人人出家，不出五十年人类尽绝，不出百年全地球只有灌木丛林、鸟兽昆虫。

梁启超师承康有为，十分看重佛教，嗜好佛学超过其师。他早年在康有为办的“万木草堂”学习时就钻研过佛典，晚年跟欧阳渐学习唯识论，并撰有不少关于佛教史和佛学理论的著作文章。他认为，宗教之中包含着伟大而崇高的力量，而在各种宗教中，又以佛教为最高明。他在谈到隋唐学术时说：“当时于儒家之外，有放万丈光焰于历史上者焉，则佛教是已。天朝三唐数百年中志高行洁学渊识拔之士，悉相率而入于佛教之范围。”①他认为，佛教所具有的优点，是其他宗教无法比拟的，甚至古希腊和近代欧洲的哲学都远远不及佛教。他说：“佛教是建设在极严密极忠实的认识论之上，用巧妙的分析法解剖宇宙及人生成立之要素及其活动方式，更进而评判其价值，以求得自由解放而人生最高之目的者也。”②梁启超的佛学思想主要有三，一是“三界惟心”说，认为“境者，心造也，一切物境皆虚幻，惟心所造之境为真实”。③ 他称赞禅宗六祖慧能的“非风动，非幡动，仁者心自动”的主观唯心主义观点是“三界惟心之真理，此一语道破矣”。④ 二是“无我”论，认为无我为佛教“教义之中坚”。按佛说，“‘我’决不存在”，“吾人所认为我者，不过心理过程上一种幻影，求其实证，了不可得”。⑤ 三是天堂地狱、因果报应的思想。梁启超的一生，对于佛学研究投入了大量精力。在戊戌变法前后，他曾把佛学视为从事政治活动的精神武器，著文予以鼓吹。晚年又因政治上的失意而一意礼佛学佛，以寻求精神上的慰藉。佛教思想对他的影响是深刻的。

佛学对谭嗣同影响颇深，并成为其思想的重要组成部分。1896 年，他以同知入赀为江苏候补知府，曾在南京从金陵刻经处的杨文会学习佛

① 《论中国学术思想变迁之大势》，见《饮冰室合集》文集之七，63 页。

② 《饮冰室合集》专集之五十四，9 页。

③ 《自由书·惟心》，见《饮冰室合集》专集之二，45 页。

④ 同上。

⑤ 《说无我》，见《饮冰室合集》专集之五十四，27～28 页。

学。在《仁学》一书中，谭嗣同对佛教评价很高，认为佛教比其他宗教都更广大而深刻。他说："盖教(佛教)能包政、学，而政、学不能包教。教能包无教，而无教不能包教。"[①]甚至连孔孟儒学也在"佛"所包括的范围之内。他说："能为仁之元而神于无者有三：曰佛，曰孔，曰耶。佛能统孔、耶"。[②] 他认为佛教的道理，纯者极纯，广者极广。谭嗣同对佛学的称赞，除了有信仰的因素外，主要是出于建构自己的思想体系、反对封建专制思想的需要。他十分强调佛教教义中"众生平等"的主张，说："其在佛教，则尽率其君若臣与夫父母妻子兄弟眷属天亲，一一出家受戒，会于法会，是又普化彼四伦者，同为朋友矣。"[③]意思是说，佛教是最讲平等的。中国封建社会中的"君主臣仆"，"男尊女卑"，违背了佛教的平等原则，应该反对之。他说："父子平等，更何有于君臣？举凡独夫民贼所为一切钳制束缚之名，皆无得而加诸，而佛遂以独高于群教之上。"[④]由此可见他推崇佛教的用心。

著名的革命派思想家章太炎，在抨击清王朝的黑暗统治、批判康有为等保皇派论调的同时，也曾尊崇佛学思想，并用来为宣传革命服务。他的学术思想经历了由儒学转向佛学，又从佛学回到儒学的往复。章太炎早年研习经学，于佛学不甚了解。在1903年至1906年因"《苏报》案"入狱的三年中，他阅读了一些佛书，吸收了佛学思想。作为一名革命家，章太炎习佛不仅是为了寻求精神上的寄托，而且是因为革命的需要。他总结了戊戌变法和自立军起义失败的教训，认为："戊戌变法，戊戌党人之不道德致之也"；"庚子之变，庚子党人之不道德致之也"。[⑤]在他看来，道德问题是进行革命、改造社会的关键。因此，他主张"要用宗教发起信心，增进国民的道德"。[⑥] 在各种宗教中，章太炎独宗佛

① 《仁学》，见《谭嗣同全集》(增订本)下册，369页。

② 《仁学・自叙》，见《谭嗣同全集》(增订本)下册，289页。

③ 《仁学》，见《谭嗣同全集》(增订本)下册，351页。

④ 同上书，335页。

⑤ 《革命道德说》，见《章太炎全集》第4册，280页。

⑥ 《东京留学生欢迎会演说辞》，载《民报》第6号。

教。而在佛教各宗派中，他又特别赞赏华严、法相二宗，认为“华严宗所说，要在普度众生，头目脑髓，都可施舍与人，在道德上最为有益。这法相宗所说，就是万法惟心。一切有形的色相，无形的法尘，总是幻见幻想，并非实在真有。……要有这种信仰，才得勇猛无畏，众志成城，方可干得事来。”他就是要以佛教除治怯懦心、浮华心，猥贱性、诈伪心，鼓舞不畏牺牲的革命精神。他还鼓吹佛教的平等说以排满，指出：“佛教最重平等，所以妨碍平等的东西必要除去，满洲政府待我汉人种种不平，岂不应该攘逐?”①章太炎的革命思想，始终与佛学思想有着密切的关系。

除上述诸人外，近代崇佛习佛的著名人物为数不少。夏曾佑称佛法是“法中之王”，宋恕、陈千秋、文廷式均为佛学的研习者。有“只手打孔家店的老英雄”赞誉的吴虞，也说过“此后当以佛学为归宿”②的话。

德国诗人海涅曾经说过：“自从宗教求助于哲学，德国学者们除了给宗教穿上一套新衣之外，他们对于宗教还作了无数的实验。他们为了想赋予宗教一个新的青春……先给宗教放血，慢慢地把迷信的血液放出来；说得明白一些，就是试图从基督教中去掉它所有的历史内容，只保留它的伦理的部分。”③康有为、谭嗣同、梁启超、章太炎等人也是想这样赋予佛学以“新的青春”。他们学佛论佛，与佛教徒不同，不只是为了追求精神上的慰藉，而且是把佛学视为实现社会变革的工具；不是要在来生或缥缈的净土里建造天国，而是要在现实世界中重振民族家国。因此，他们对待佛学，采取了“神道设教”、“六经注我”的态度和方法，“以己意进退说佛”，给佛学赋予自己的解释。梁启超讲，近代佛学是“应用佛学”，是一语中的，准确地揭示出近代佛学的时代特征。具体说来，近代中国学人对佛学思想的加工、改造，主要表现在以下几个方面。

---

① 《东京留学生欢迎会演说辞》，载《民报》第 6 号。

② 《吴虞日记》上册，208 页，成都，四川人民出版社，1984。

③ [德]海涅：《论德国宗教和哲学的历史》，82 页，北京，商务印书馆，1972。

第一，强调佛学入世、务实的一面，使之成为佛学救世主义。早期佛教侧重于个人的解脱，消极避世，出世主义比较明显。大乘佛教兴起后，开始宣传佛祖慈悲救世、普度众生的宗训，出现了佛法出世与入世的矛盾。纵观近代佛学，除少数学佛者借以遁世外，大多数佛学的倡导者，都希望从佛学中求得应时救世的精神武器，从而削弱了佛学厌世主义的一面，突出了它的救世主义。康有为曾“日日以救世为心，刻刻以救世为事”，[①] 怀抱经世济民的目的去西樵山学佛。他写《大同书》，鼓吹“佛学之博大精微”，[②] 为“大同世界”的最高境界，是出于他“既生乱世，目击苦道，而思有以救之”[③]的动机。梁启超反驳宋儒指责佛教“清静寂灭”的观点，力辩“佛教之信仰乃入世而非厌世”。他引用佛“不厌生死，不爱涅槃”，“天堂地狱，皆为净土”的说法，号召人们不要脱离社会生活，积极担负起推动社会进步的责任，这样，“小之可以救一国，大之可以度世界”。[④] 梁启超还极力推崇禅宗的入世精神。他说：“像我们的禅宗，真可算得应用的佛教。世间的佛教，的确是印度以外才能发生，的确是表现中国人的特质，叫出世法与入世法并行不悖。他所讲的宇宙精微，的确还在儒家之上。”[⑤]谭嗣同认为：“救人救世是佛学的第一要义，救人之外无事功，即度众生之外无佛法。”[⑥]章太炎虽然提倡过出世超凡的宗教幻想，但强调更多的是宗教在随顺人生、入世处俗方面的主张。他高度评价佛教在振兴国民道德、鼓舞革命精神方面所起的作用，指出：“所以提倡佛教，为社会道德上起见，固是最要，为我们革命军的道德上起见，亦是最要。”[⑦]对戊戌维新运动怀同情的孙宝瑄曾对康有为、梁启超、谭嗣同等维新派学佛作过评论，颇能说明近代佛学具有的入世特征。他认为，佛学本来是讲出世、来生的，因此“我国向来

① 《康南海自编年谱》，13页，北京，中华书局，1992。
② 康有为：《大同书》，301页。
③ 同上书，8页。
④ 《论佛教与群治之关系》，见《饮冰室合集》文集之四，48页。
⑤ 《治国学的两条大路》，见《饮冰室合集》文集之三十九，119页。
⑥ 《仁学》，见《谭嗣同全集》(增订本)下册，371页。
⑦ 《东京留学生欢迎会演说辞》，载《民报》第6号。

治佛学者，大抵穷愁郁抑不得志之徒，以此为排遣之计，故堕于空也”。而近世学佛者如康、梁、谭之辈一反常规，“救世之心切，则一切有益于群之事，无不慷慨担任，且能堪破生死一关”，凡此种种，皆得之于佛学。“如谓习佛便空，则此一辈人皆当息影空山，为方外人，何必抢攘于朝堂之上，以图变法救国耶?”①

第二，借用佛教慈悲救世、众生平等、证智自由等说教，以鼓吹和论证资产阶级“自由、平等、博爱”的主张。“众生平等”、“一切众生，皆有佛性”、“大慈大悲，普度众生”等佛教教义，尽管也讲“平等”、“慈爱”，但不同于近代资产阶级所主张的“平等”、“博爱”观念。但是，这并不妨碍近代中国的思想家利用这些宗教观念来宣传资产阶级的平等、博爱思想。康有为的哲学有“博爱哲学”之称，因为他把世界本体“元”与“博爱”相互比附，主张破除九界，泯灭“妄生分别”，最终归于世界大同。康有为提出的大同世界的蓝图和理想，其理论根据之一就是佛教的“众生平等”、“普度众生”的教义。正如梁启超所说：“先生(康有为)由阳明学以入佛学，故最得力于禅宗，而以华严宗为归宿焉。……以故日以救国民为事，以为舍此外更无佛法。”②谭嗣同思想中的一个重要内容是主张平等，但他的平等主张与佛教的“破对待”说紧密相连。他说：“仁以通为第一义。……通之象为平等。……无对待，然后平等。”③又说：“盖心力之实体，莫大于慈悲。慈悲则我视人平等，而我以无畏；人视我平等，而人亦以无畏。”④章太炎也借用佛学思想中的平等说鼓吹反清革命。他曾说：“昔者平等之说，起于浮屠。浮屠之言平等也，盖亏盈流谦，以救时弊，非从而纵之，若奔马之委辔矣。”⑤他还说：“佛教最重平等……佛教最恨君权。大乘戒律都说：‘国王暴虐，菩萨有权，应当废黜’。又说：‘杀了一人，能救众人，这就是菩萨行’。……所以

① 孙宝瑄：《忘山庐日记》上册，392～393页，上海，上海古籍出版社，1984。

② 梁启超：《康有为传》，见《康南海自编年谱》，250页。

③ 《仁学》，见《谭嗣同全集》(增订本)下册，291～292页。

④ 同上书，357页。

⑤ 《訄书·平等难第十九》，见《章太炎全集》第3册，36页。

佛是王子，出家为僧，他看做王就与做贼一样，这更与恢复民权的话相合。”[①]他的结论是：满族统治者实行民族压迫的黑暗统治，妨碍平等，必须坚决“攘逐”之。

第三，以佛教思想中的“无我”、“无畏”精神来振奋人们的无私无畏、英勇奋斗的意志和精神，激扬国民的向上道德，推动近代社会的变革。佛教中的大乘宣传大慈大悲、普度众生，把成佛度世、建立佛国净土作为最高目标。这是它与追求个人自我解脱，把“灰身灭智”、证得阿罗汉作为最高目标的小乘的不同之处。因此，大乘佛教要求教徒具有勇敢无畏、奋发精进的精神，以完成“佛”赋予的“救苦救难”、“普度众生”的使命。大乘佛教提倡的这种道德精神，受到近代思想家们的重视，成为他们建设革命道德及国民新道德的借鉴。谭嗣同极力赞扬佛教的“威力”、“奋迅”、“大雄”、“勇猛”、“大无畏”等精神，认为“善学佛者，未有不震动奋厉而雄强刚猛者也”。[②] 正因为吸收了佛教中大无畏的精神，谭嗣同大胆地向封建专制主义发起进攻，勇敢地喊出了冲决封建网罗的口号。章太炎则从净化道德、陶冶人格的角度宣扬佛学。在他看来，佛教的宗旨是普度众生，是“无私无我”的，于国民道德净化大有益处。人们只要具备这种信仰，就能变得勇猛无畏、众志成城、无事不成。他大声疾呼：“所以提倡佛教，为社会道德上起见，固是最要，为我们革命军的道德上起见，亦是最要。总望诸君，同发大愿，勇猛无畏，我们所最热心的事，就可以干得起来了。”[③]可见，无论是改良派还是革命派，都把借鉴佛教中的道德精神视为培养国民勇敢顽强、不怕牺牲、无私无畏的高尚品格的重要途径，并把这种精神融化于其思想中，成为他们从事政治活动的精神力量。

中国近代社会是一个新旧交替的过渡时代，外有帝国主义列强侵略，内有封建专制主义压迫，新兴资产阶级的力量十分弱小。他们尽管

---

① 《东京留学生欢迎会演说辞》，载《民报》第 6 号。

② 《仁学》，见《谭嗣同全集》(增订本)下册，321 页。

③ 《东京留学生欢迎会演说辞》，载《民报》第 6 号。

有改变封建制度的强烈要求，但由于近代工业和自然科学的落后、薄弱，使得这个阶级缺乏广泛的社会基础和雄厚的物质力量。在反对外来侵略和本国封建势力的斗争中，资产阶级政治运动的先驱者饱经忧患，不断遭到挫折和失败。为了鼓起战斗的勇气，实现自己的理想，他们不得不乞灵于所谓“心力”，以调动人们的主观精神，弥补物质斗争手段的不足。从龚自珍、魏源到孙中山，近代中国的进步政治家、思想家几乎无不夸大“心”的作用。龚自珍说：“人心者，世俗之本也。世俗者，王运之本也。……王者欲自为计，盍为人心世俗计矣。”[①]康有为认为：“欲救亡无他法，但激励其心力，增长其心力。”[②]谭嗣同指出：“心之力量，虽天地不能比拟，虽天地之大，可以由心成之、毁之、改造之，无不如意。”[③]孙中山也认为：“夫国者人之积也，人者心之器也，而国事者一人群心理之现象也。是故政治之隆污，系乎人心之振靡。……心之为用大矣哉！夫心也者，万事之本源也。”[④]而佛学恰恰强调精神的至上作用，顺应了近代仁人志士寻求鼓舞主观精神方法的需要。

然而，佛教毕竟是一种充满唯心主义气息的宗教，并不像习佛者所描绘的那样十全十美、威力无比，它在理论上的谬误是明显存在的。与其他宗教一样，佛教为解脱现实苦难开出了一个又一个药方，试图给人指出一条解脱现实苦难的途径，也一度成为近代仁人志士救国救民的思想武器，然而，通向“极乐世界”的途径不仅没有找到，反而使习佛者陷入更深的精神误区，致使有些人不能自拔。历史证明，用宗教解决社会现实问题的效力是极其有限的，社会现实问题还要用社会群体的力量来解决。

① 《平均篇》，见《龚自珍全集》上册，78 页。
② 《京师保国会第一集演说》，见《康有为政论集》上册，241 页。
③ 《上欧阳中鹄》，见《谭嗣同全集》(增订本)下册，460 页。
④ 孙中山：《建国方略·自序》，见《孙中山全集》第 6 卷，158～159 页。

第十三章　社会风俗

社会风俗作为一种文化现象，有着丰富的内容，但归结起来，可分为两个基本方面，即风俗习惯(包括衣、食、住、行、婚、葬、礼仪等)和社会风气(指反映人们日常生活的带有普遍性倾向的思想言行)。社会风俗既为约定俗成，具有一定的稳定性，同时又是随着社会政治、经济的变化而变化的。中华民族的社会风俗在鸦片战争以后发生了重大变化。本章拟从四个方面阐述中国近代社会风俗的演变情况。

一、移风易俗的思想主张和实践

形成于我国封建时代的风俗习惯，具有鲜明的双重性：一方面反映中国各族人民在漫长历史岁月中形成的独特而健康的习俗传统；另一方面也不可避免地受到落后社会制度和腐朽思想意识的影响，而带上浓厚的封建迷信和庸俗鄙陋。洪仁玕在《资政新篇》中列举了当时社会风行的种种陋俗："如男子长指甲，女子喜缠脚，吉凶军宾，琐屑仪文，养鸟斗蟀，打鹌赛胜，戒箍手镯，金玉粉饰之类，皆小人骄奢之习。"除此之外，还有蓄辫、溺女婴、吸毒、迷信、械斗等。这些陋俗是中国文化中的糟粕，败坏着人们的道德，阻碍着社会向前发展。

1840 年鸦片战争以后，中国社会发生了变化，风俗习惯也因受到猛烈的冲击而相应地发生变化。这种冲击主要来自两方面：一是来自中国社会内部进步的、新兴的社会势力为移风易俗、振兴国家而发出的呼喊和推行，二是来自西俗东渐的挑战。旧与新、中与西的冲突、融合，构成了中国近代社会风俗复杂多样的景象。

嘉道年间，清王朝的“盛世”已经烟消云散，国家呈现出一幅衰败的景象，社会风俗日趋恶化。地主阶级中的一些有识之士对当时败坏的社会风俗予以猛烈抨击，发出了“正人心、厉风俗、兴教化”的呼声。沈垚的《风俗篇》，管同的《说士》、《拟言风俗书》，龚自珍的《明良论》，汤鹏的《浮邱子》等，对当时的官风士习、民间陋俗加以抨击。管同指出：“今之风俗，其敝不可枚举，而蔽以一言，则曰好谀而嗜利。唯嗜利，故自公卿至庶民，唯利之趋，无所不至。唯好谀，故下之于上，阶级一分，则奔走趋承有谄媚而无忠爱。”①沈垚在《风俗篇》中也明确指出：“天下之治乱，系乎风俗。……是故治天下者以整厉风俗为先务。”②这些论述与明末清初学者顾炎武提出的“治乱之关必在人心风俗”的观点是一致的。至于如何解决社会风俗日趋败坏的问题，他们提出的办法无非是“窒欲存理”、“黜奢崇俭”、“去私戒利”，用“正学”来“正人心”、“正风俗”等旧方法，以维系封建社会的传统。

太平天国起义曾经对中国封建习俗进行过猛烈的冲击，他们不仅谴责秦以后的历代帝王，否定封建神权，而且一度激烈地反对孔子和儒学，焚毁儒家经典，使旧道德、旧礼俗受到了冲击、破坏。曾国藩在《讨粤匪檄》中曾就太平天国对封建秩序及礼教的冲击作过攻击：“自唐虞三代以来，历世圣人，扶持名教，敦叙人伦，君臣父子，上下尊卑，秩然如冠履之不可倒置。粤匪窃外夷之绪，崇天主之教，自其伪君伪相，下逮兵卒贱役，皆以兄弟称之。谓唯天可称父，此外凡民之父，皆兄弟也；凡民之母，皆姊妹也。……举中国数千年礼义人伦，诗书典则，一日扫地荡尽。”③禁止男人剃头蓄辫和妇女缠足，是太平天国采取的两项影响颇大的反旧俗的措施。在太平天国管辖的区域内，男子一律

---

① 《拟言风俗书》，见《因寄轩文初集》卷四，道光十三年刻本。

② 《落帆楼文集》卷四，2～3 页，吴兴刘嘉业堂 1918 年刻本。

③ 《曾国藩全集·诗文》，232 页。

蓄发而不剃，对违抗禁令者施以严刑峻法。这项举措的政治意义大于变革风俗的意义。太平天国还对数百年来摧残妇女肢体的缠足陋习予以打击，颁发“禁裹足”令。禁令虽然依靠严刑来推行，但对缠足这种陋俗是一个不小的冲击，使天朝境内出现了另一番新景象。英国传教士慕维廉访问天京后写下这样的观感：“在街上行走时，所见到妇女在路上者之众多，确是一种新现象。她们衣服装饰大都甚好，其外观十分可敬。许多骑马往来驰骋于路上，其他则徒步而行，大多数是大脚（天足）的。……比较旧制度、旧礼教，这是新的现象。”[①]曾经在太平军中供职的英国军官呤唎把禁剃发蓄辫、禁缠足两项打击陋俗的措施称为“是太平天国最显著最富有特色的两大改革，使他们的外貌大为改善，和在鞑靼统治下的中国人的外貌显出了巨大的区别，并表现了巨大的改进。”[②]除此以外，遭到太平天国禁止的旧习陋俗还有吸食鸦片、赌博、嫖妓、溺女婴、讲阴阳风水等。与此同时，太平天国颁布新的礼制，进行礼俗方面的改革，包括对服饰、礼仪、宗教、婚丧、称谓等方面作出的规定。然而，这些改革渗透了基督教宗教礼俗，以及封建世袭制、家长制、家族制等。这些消极因素不符合近代社会发展的方向，也给太平天国的发展带来不利的结果。总之，太平天国革命在冲击、破坏旧习俗方面取得了一定成绩，但未能建立起适合时宜的新礼俗，而且随着太平天国的失败，太平天国礼俗改革的结果也付之东流。

活跃在19世纪七八十年代的早期维新思想家王韬、郑观应等人，在鼓吹经济改革、政治改革的同时，也提出了改革社会风俗的主张，如兴女学、禁缠足、简礼节、更服制、说富言利、提倡“重商”、推广西学、改变学风等。郑观应专门写了《女教》一文，抨击妇女裹足陋俗“酷虐残忍，殆无人理”，愤慨地说：“人生不幸作女子身，更不幸而为中国之女子，戕贼肢体，迫束筋骸，血肉淋漓，如膺大戮，如负重疾，如觏沈灾。”他认为，女子的才力聪明并不亚于男子，“所望有转移风化之责

---

① 引自简又文：《太平天国典制通考》中册，1194页，香港，简氏猛进书屋，1958。

② ［英］呤唎：《太平天国革命亲历记》（中译本）上册，232页，北京，中华书局，1961。

者，重申禁令”，禁止裹足陋习，并“通饬各省广立女塾，使女子皆入塾读书”，[①] 以达到敦教化、淳风俗的目的。早期维新思想家提出的风俗改革主张，成为戊戌维新运动期间移风易俗的先声。

戊戌维新运动不仅是一场政治运动，也是一场空前深刻的移风易俗变革。康有为等维新派认识到，破除落后的风俗习惯、倡导文明的社会风尚，是实行维新变法、推行社会改革的重要内容。他们反对的旧习俗主要集中在以下几方面：

(1)反对摧残妇女。维新派激烈反对缠足、溺女婴，以及其他压迫妇女的陋习，批判旧的婚姻制度，主张男女平等、妇女解放。维新运动期间，康有为上《请禁妇女裹足折》，建议朝廷下诏严禁妇女裹足，已裹者一律宽解，违抗者科罚。谭嗣同痛斥种种虐待妇女的陋俗“为蜂蚁豺虎之所不为”，旧的包办婚姻不仅不合理，而且极不人道。他认为这些丑陋的社会现象都应铲除。

(2)反对繁文缛节的虚礼。谭嗣同认为，相沿千百年的旧礼制烦琐虚伪，除了显示家国礼制的等级尊卑，无任何实际意义。他说：旧礼制使“亲者反缘此而疏，疏者亦可冒此而亲。日糜其有用之精力，有限之光阴，以从事无谓之虚礼”[②]，无异于耗人生命，亟应改变。

(3)反对鬼神迷信。维新派对鬼神淫祠深为痛恨，认为鬼神迷信是导致民风堕落的重要原因。谭嗣同在给友人的一封信中指出：“其阴阳、五行、风水、壬遁、星命诸说，本为中学致亡之道。”[③]在“百日维新”期间，康有为上《请饬各省改书院淫祠为学堂折》，建议废天下败坏民俗的淫祠，以其室宇充学舍，以收正民俗、兴教化之效。

(4)反对吸食鸦片。严复把吸食鸦片视为对中国危害最严重的陋习之一，将其与缠足相提并论，主张坚决禁止。他说：中国“沿袭至深，害效最著者，莫若吸食鸦片、女子缠足二事”，“种以之弱，国以之贫，

① 《郑观应集》上册，288～289 页。

② 《仁学》，见《谭嗣同全集》(增订本)下册，312 页。

③ 《致汪康年书》，见《谭嗣同全集》(增订本)下册，506 页。

兵以之窳，胥于此焉阶之厉。”他建议禁吸鸦片应先从天子近臣大吏做起，有吸食者一律不用，然后再层层推行，及之官民，劝令相辅，旧染渐去，新染不增，30年可使鸦片之害尽去。

(5)主张断发易服。“百日维新”期间，康有为上《请断发易服改元折》，指出旧的发式、服式不适于“万国竞争”的时代需要，建议朝廷先断发易俗，诏告天下，与民更始，令百官易服而朝，以便与欧美同俗。

维新派的移风易俗主张，不仅是对落后、丑陋的旧习俗的抨击，而且还表现为对近代文明社会风俗的提倡。在他们看来，实行君主立宪政体需要具备一定的社会条件，而当时的中国则不具备这些条件，没有养成实行君主立宪的“人心风俗”。基于这种认识，维新派强调变法改制要从改变“人心风俗”做起，提出“开民智，新民德，鼓民力”的主张。大要为：通过推广西学、发展教育，提高国民的文化素质，提倡近代文明的生活方式和行为规范，来改变中国社会的落后习俗，培养文明进步的社会新风尚。为了倡导新风俗，维新派成立了一系列团体，诸如不缠足会、天足会、延年会等，以为推动。1898年4月，熊希龄、谭嗣同等在湖南长沙成立了延年会。所谓延年，不是要人们“以有尽之年，而欲延之使无尽”，而是要人们“延于所得之年之中”，“延年于所办之事”。就是改革无谓耗费时间的不良习俗，注重时效，崇尚质简，使“一日可程数日之功，一年可办数年之事”。[①] 他们制订了一张时间表：每日6点半钟起，学习体操一次，7点钟早餐，8点至11点钟办各事，12点钟午餐，1点至2点钟见客拜客，3点至6点钟读书，7点钟晚餐，8点至9点钟办杂事，10点钟睡。还规定有要事来商谈的，事先致函约定钟点，过时、迟到的不候也不见。虚文酬应等陋习，也在免绝之列。在一个浸透着封建陈规腐习的社会里，这些倡导具有开风气的意义。

以康有为为代表的维新派不仅抨击了陈规陋俗，而且提出了更新道德风尚的思想观念，并为移风易俗作出实际的努力。这顺应了中国近代社会风俗变化的历史趋势，是思想启蒙运动的一个组成部分。

---

① 谭嗣同：《延年会叙》，见《谭嗣同全集》(增订本)下册，409～410页。

20世纪初，继维新派之后，革命党人也大力倡导移风易俗，以推动民主革命的开展。无论是在思想宣传上还是在实际行动上，革命党人在移风易俗方面的努力与成效都要超过维新派。

在革命派创办的报刊上，登载了许多关于移风易俗的文章，如《家庭革命说》、《三纲革命》、《祖宗革命》、《毁家论》、《敬告姊妹们》、《大魂篇》、《剪辫易服说》、《婚姻改良说》、《无卑说》、《说国民》、《恶俗篇》、《风水论》、《论道德》、《奴婢废止议》等。以上文章大都揭露、批判各种恶风陋俗，并对近代文明风尚大力提倡。有的刊物还把移风易俗列为办刊宗旨。如1901年创办于杭州的《杭州白话报》就以“开风气”和倡新风俗为己任。主办人之一林獬撰文说：“《杭州白话报》是开风气的事体，诱人识字的一件宝贝”，“看白话报的人越久越多，那新风俗、新学问、新知识必将出现在所处的老大中国了。”[①]《二十世纪大舞台》(1904年创办于上海)明确规定：“本报以改革恶俗，开通民智，提倡民族主义，唤起国家思想为唯一之目的。”[②]秋瑾创办的《中国女报》则“以开通风气，提倡女学，联感情，结团体，并为他日创设中国妇人协会之基础为宗旨”。[③] 除了在报刊上宣传外，革命派还组织起以移风易俗为宗旨的社团。如浙江嘉兴的“不吸烟会”、杭州的“放足会”，反对吸鸦片、妇女缠足，都收到一定效果。尤其在孙中山领导的南京临时政府执政期间，在不到两个月的时间内，发布了一系列改革社会风俗的政令，包括革除前清官场称谓、剪辫、禁缠足、禁烟、禁止买卖奴婢和蓄娼、禁止赌博及迎神赛会等，产生了深远的影响。它的重要意义在于以国家法令的形式确立了近代新礼俗的合法地位，而否定了陋习恶俗的合法性，从而把自戊戌维新运动以来的社会风俗改革运动推到一个高潮。

辛亥革命失败后，中国社会出现了一股尊孔复古的逆流，各种陋习恶俗也被维护和宣扬。陈独秀等人举起科学和民主的旗帜，发起了新文

---

① 林獬(宣樊子)：《论看报的好处》，载《杭州白话报》第1年第1期。

② 《二十世纪大舞台丛报招股启并简章》，载《二十世纪大舞台》第1期，1904。

③ 《创办中国女报之草章及意旨广告》，载《中国女报》第1期，1907。

化运动。批判旧道德、旧礼俗，就是新文化运动的重要内容。

陈独秀等人对当时在社会上流行的恶习旧俗，如缠足、吸鸦片、迷信、买卖婚姻等，予以揭露批判。他们的批判并不是停留在一般性的谴责，而是抓住旧礼俗、旧道德的根本问题，即忠、孝、节。陈独秀说：“忠、孝、贞节三样，却是中国固有的旧道德，中国的礼教(祭祀教孝，男女防闲，是礼教的大精神)、纲常、风俗、政治、法律，都是从这三样道德演绎出来的；中国人的虚伪(丧礼最甚)、利己、缺乏公共心、平等观，就是这三样旧道德助长成功的；中国人分裂的生活(男女最甚)，偏枯的现象(君对于臣的绝对权，政府官吏对于人民的绝对权，父母对于子女的绝对权，夫对于妻、男对于女的绝对权，主人对于奴婢的绝对权)，一方无理压制一方盲目服从的社会，也都是这三样道德教训出来的；中国历史上、现社会上种种悲惨不安的状态，也都是这三样道德在那里作怪。”[①]吴虞在《家族制度为专制主义之根据论》、《吃人与礼教》等文中，分析了“忠”与“孝”的关系，批判了封建的“忠”、“孝”观念。鲁迅的《我们现在怎样做父亲》、《我之节烈观》等文章，尖锐地批判了夫权、父权，指出：节烈“极难，极苦，不愿身受，然而不利自他，无益社会国家，于人生将来又毫无意义的行为，现在已经失了存在的生命和价值。”[②]吴虞和鲁迅的批判，在当时产生了很大的影响。为了探索建立新道德、新风尚，一些进步知识分子和青年学生还组织团体以为推进。如1918年毛泽东等组织“新民学会”，即以“革新学术，砥砺品行，改良人心风俗”为宗旨。[③]

总之，中国近代社会风俗的演变，是近代社会政治、经济、文化变革的必然结果，这一演变过程是在旧俗与新俗、中俗与西俗的冲突、融合中实现的。社会的存在与变革决定着习俗的兴衰演变，而习俗的演变又给社会政治、经济的发展以反作用。近代的仁人志士之所以不遗余力

① 陈独秀：《调和论与旧道德》，见《陈独秀文章选编》上册，444～445页。

② 鲁迅：《我之节烈观》，见《鲁迅全集》第1卷，124～125页。

③ 《新民学会会章》，载《新民学会会务报告》第1号。

地为移风易俗而奔走呼号，其用意也就在这里。

二、生活习俗的变化

生活习俗，诸如衣、食、住、行等，是人们生活方式的一种表现，带有鲜明的民族性、地区性特征。中国传统的生活习俗，在清代以前虽然几经变迁，代有不同，但从总体上说则保持着自己的民族风貌。鸦片战争以后，由于社会变革及西俗东渐的影响，传统的生活习俗受到剧烈的冲击，开始发生深刻的变化，并不断把西方民族的生活习俗因素融会进来，形成了新旧并存、中西共融的习俗。

所谓西俗，不仅指西方人的衣、食、住、行等生活习惯，还包括他们的礼俗及风俗观念。马克思当年把这些东西连同西方资本主义的政治、经济、军事等一起，都称为中国传统社会的“破坏性因素”，他指出：“所有这些同时影响着中国的财政、社会风尚、工业和政治结构的破坏性因素，到 1840 年在英国大炮的轰击之下得到了充分的发展。”[①]鸦片战争以后，西方列强把一个个不平等条约强加于中国，取得在中国倾销商品、投资建厂等一系列特权。外国商品日益在中国市场上行销。郑观应在《盛世危言》“商战”中谈到输入中国的洋货名目繁多，五花八门：“洋药水、药丸、药粉、洋烟丝、吕宋烟、夏湾拿烟、美国纸卷烟、鼻烟、洋酒、火腿、洋肉脯、洋饼饵、洋糖、洋盐、洋果干、洋水果、咖啡，其零星莫可指名者尤夥。此食物之凡为我害者也。洋布之外，又有洋绸、洋缎、洋呢、洋羽毛、洋漳绒、洋羽纱、洋被、洋毯、洋毡、洋手巾、洋花边、洋纽扣、洋针、洋线、洋伞、洋灯、洋纸、洋钉、洋画、洋笔、洋墨水、洋颜料、洋皮箱箧、洋磁、洋牙刷、洋牙粉、洋胰、洋火、洋油，其零星莫可指名者亦夥，此用物之凡为我害者也。外此更有电气灯、自来水、照相玻璃、大小镜片、铅、铜、铁、锡、煤、

① 《马克思恩格斯选集》第 1 卷，692 页。

马口铁、洋木器、洋钟表、日晷、寒暑表，一切玩好奇淫之具，种类殊繁，指不胜屈，此又杂物之凡为我害者也。以上各种类皆畅行各口，销入内地。人置家备，弃旧翻新，耗我赀财，何可悉数!”①中国人在使用洋货的同时，也就自觉不自觉地接受一些外来的生活方式，改变着原来的生活习惯。更为重要的是，随着西方列强在中国侵略势力的扩大，外国人在中国的许多地方建立起教堂、洋房、居民点以至租界、租借地，更加全面地向中国人展示了他们的生活方式及民族习惯。像西服、西餐、西式建筑陆续在中国出现。

西服最初只有洋人和买办等少数人穿着，20 世纪初逐渐流行起来。1903 年，广西梧州中学堂总教习胡汉民在“岁时令节，容许学生披洋衣揖孔孟”。② 1905 年，清廷仿照西式军服式样实行军装改革，推行洋式军装，只是身穿新装的军人脑后还拖着一根辫子，有些不伦不类。辛亥革命推翻清朝后，民国政府否定了满族服式，提倡“剪辫易服”，西式服装一时成为社会上较为流行的服饰之一。

近代中国的食俗也受到西俗的影响。清末时期，啤酒(当时译为“比而酒”、“皮酒”)、白兰地酒(译为“卜蓝地酒”)、香槟酒(译为“商班酒”、“香水酒”)已经传入中国，其他洋式饮料，如汽水、冰棒、冰激凌、奶茶、咖啡等，也受到国人的喜爱。西式糕点、西餐菜肴、各种洋罐头等，逐渐为中国人所接受。在广州、上海、北京等大城市，洋人开设的餐馆饭店，楼阁连云，豪富人士争相就之。像北京的番菜馆，又名大菜馆，分为外国人设者和中国人设者两种。1914 年北京较有名的番菜馆有 4 家，到 1920 年就发展到 12 家。在上海，有名气的番菜馆有海天春、一家春、江南春、吉祥春等。

西式建筑多集中在通商口岸及外国人所占据的地区。外国人建造的洋房，有的是多层楼房，有的则是花园洋房。作为旅馆、饭店之用的建筑，一般是多层高楼，如上海华懋饭店，共 11 层。北京的六国饭店亦

---

① 《郑观应集》上册，586～587 页。

② 《胡汉民自传》，载《近代史资料》1981 年第 2 期。

为多层建筑，“建筑壮丽，陈设华美，较之沪上汇中，殆过无不及”。[1]花园洋房最早出现在上海等城市的租界内，是那些有地位或富有的外国人的住宅。其庭院宽阔，设备齐全，装饰豪华。

在“行”的方面，最先传入中国的是轮船和火车等大型近代交通工具。此外，西式马车、人力车、脚踏车、汽车、电车等新式交通工具相继输入。大致来说，西式马车、人力车、脚踏车是在19世纪末输入中国的，汽车、电车在中国出现则迟至20世纪初。1901年匈牙利人李恩时首次把两辆汽车输入上海。1906年比利时商人在天津铺设有轨电车，两年后上海始有有轨电车。

总之，鸦片战争以后，西俗对中国传统生活方式产生了深刻的影响，改变着中国人的衣、食、住、行，以至成为中国近代习俗的重要内容。

近代中国的生活习俗虽然发生重大变化，但由于中国地域广阔，各地政治、经济发展不平衡，也使社会习俗的变化带上不平衡性。一般说来，城市习俗的变化大于农村，东南沿海地区的变化大于内地边疆，通商口岸及开放城市的变化大于内地城市，使得近代社会的生活习俗出现新旧、中西并存的状况。19世纪40年代末，作为通商口岸的上海已经受到西俗的强烈影响。王韬记述他在1848年看到上海外滩的情景时写道：“浦滨一带，率皆西人舍宇，楼阁峥嵘，缥缈云外，飞甍画栋，碧槛珠帘。此中有人，呼之欲出。然几如海外三神山，可望而不可即也。”[2]俨然一派异国情调。而晚于此时的北京地区，风俗仍然相当古朴。据《光绪顺天府志》记载：“顺天户口繁富，民风笃实，辇毂之下，皇化所先，加以地多硗薄，人近朴陋，距京师数十里，即栖茅啜菽，一如穷乡僻壤。”[3]近代上海的习俗变化与内地古朴闭塞的民风同时并存，形成巨大的反差。这种情况也同样表现在衣、食、住、行等方面。

---

① 胡朴安：《中华全国风俗志》下篇，卷一，4页。

② 王韬：《漫游随录》，50页。

③ 周家楣等编纂：《光绪顺天府志》第4册，1021页，北京，北京古籍出版社，1987。

以近代服饰为例。辛亥革命推翻清朝后，民国政府否定了满族服式，并着手进行服饰习俗的改革，制定《服制》。社会上着装一时五花八门，出现了西装、汉装、满装同时存在的多样局面。经过一段时间后，西装和中山装逐渐流行，而穿着汉装、长袍的，为数仍不少。中山装是孙中山首创，他据日本学生装(一说铁路工人装)为基样，吸收中国服饰的一些特点，加以创制。后来又几经改造，成为现代中国男子的主要服饰。当然，这里所说的服饰潮流主要还是指城市而言，在广大农村，人们着装仍没有什么变化。再如饮食文化，中国人虽然接纳了西餐，一些西餐馆也陆续开业，但就全国而言，西餐馆及就餐人员的数量有限，绝大多数中国人还是喜欢吃中餐。民国初年，北京新闻界曾经举行过一次民意测验，其中有“你爱吃中餐还是西餐”的问题，结果回答爱吃中餐的占77％(1907人)，回答“爱吃西餐”，或“中西餐合而食之”、“中餐西式”、“西式的中餐”、“改良的中餐”的，只占23％(570人)。[①] 这说明了爱吃中餐的人占多数，但也有一部分人爱吃西餐。居住方面，庭院是最能体现中国传统建筑特点的模式，也是中国人最为普遍采用的居住形式。这种建筑，一般呈左右对称、中庭开阔的矩形四合院，以北房为上房，由长辈居住；晚辈则居住在位于北房两侧的厢房。这种居室布局尊卑有序，等级分明，体现出中国传统社会家族和宗法制度的特色。同时，因受气候地理条件及居住人生活习惯的影响，庭院建筑有着丰富多彩的具体布置方式。如北方地区需要尽量多地采纳阳光，所建四合院两厢距离较大，而岭南城镇采纳日照需求逊于北方，主要通过建筑手段产生庭院内空气流通的小气候，所以庭院压缩成了天井。鸦片战争以后，西式建筑开始出现在通商口岸城市，与众多的中式建筑同时并立。在清末民初居室建筑潮流中，仿西建筑曾流行一时，但更受人们青睐的是中西合璧的混合式建筑风格，再加上传统的居室建筑，从而形成近代中国居室建筑新旧、中西并存的复合格局。

在近代生活习俗的变化中，追求洋化、奢靡的风气值得注意。尤其

① 《晨报副刊》，1923-07-15。

在辛亥革命前后，“崇洋”风气兴起。在社会新思潮的冲击下，有些人认为接受不接受西方的生活方式，是鉴别维新与守旧的标志。于是“官绅宦室，器必洋式食必西餐无论矣，其少有优裕者亦必备洋服数袭，以示维新。下此衣食艰难之辈，亦多舍自制之草帽，而购外来之草帽，今夏购草帽之狂热，竟较之买公债券认国民捐，踊跃实逾万倍”。[①] 当然，“崇洋”风气的表现不仅反映在社会生活习俗上，还反映在思想观念方面。

三、礼俗的变革

中国是一个讲求礼制的国家，礼俗传统悠久而深厚。生活在传统礼俗氛围中的人们，平民与官吏之间，各级官员之间，官员与贵族、皇帝之间有着严格的封建等级的礼仪区别。就是在平民中，不同身份、不同年龄、不同关系的人，也受各种相关礼仪的约束。随着社会不断近代化的演变，传统礼仪礼俗显得越来越不适应时代发展的需要。

对中国传统礼仪冲击很大的是西方礼节。这种冲击，早在鸦片战争以前就开始了。1793 年英使马戛尔尼来华觐见乾隆皇帝，双方曾在觐见礼上发生分歧。清朝官员要他觐见时向皇帝行三跪九叩大礼，马戛尔尼执意不从，坚持要行西礼。经过谈判，双方商定出一个折中的办法：英使觐见时仍依英国礼节，屈一膝，但免去吻手。1816 年英使阿美士德出使中国时，又在觐见礼仪问题上发生争执。英国官员坚决拒绝行中国跪拜大礼，而嘉庆帝则训示他的臣属，如果英使来京不行中国礼节，不仅要把使臣逐回，还要治他们办理不善之罪。双方各执己见，互不相让。嘉庆帝对阿美士德一行的无礼非常愤怒，将其赶出北京。清朝统治者所以如此看重觐见礼仪，因为它不仅是人们行为的规范，而且还是国家体制与尊严的象征。向皇帝行三跪九叩大礼，包含着对其臣服的意

① 《论维持国货》，载《大公报》，1912-06-01。

义，如果接受英使施行西礼，岂不等于允许“蛮夷”与自己平起平坐。鸦片战争以后，清朝统治者被迫签订了一个又一个不平等条约，牺牲了中国大量主权，但在礼仪问题上却仍寸步不让。1860 年允许外国公使驻京，但直到 1873 年亲政未久的同治皇帝才在紫光阁接见了日、俄、美、英、法、荷等国的使臣。此次觐见，在礼仪上也发生一些纠葛。《清史稿》记载：“穆宗亲政，泰西使臣环请瞻觐，呈国书，先自言用西礼，折腰者三，廷臣力言其不便。”恭亲王奕䜣以外国使臣行跪拜大礼反复申辩，而各国使臣坚持不接受。最后形成一个妥协方案：“西例臣见君鞠躬三，今改五鞠躬”。[①] 直到 1901 年《辛丑条约》签订后，清政府才被迫放弃了原来固守的礼仪立场，同意以西礼在乾清宫接见各国使臣。

除了上述提到的礼仪之争外，西礼传入中国还有多种途径。来华的新教传教士曾写过《西礼须知》、《戎礼须知》等书，对西礼作了介绍。出洋的中国官员、留学生把他们在外国的观感，包括西方社会流行的礼俗，写成日记、游记，在国内传播。资产阶级民主思想兴起以后，先进的中国人开始用新的观念来反思传统礼俗，并重新认识西礼。严复在《原强修订稿》中指出：“中国礼俗，其贻害民力而坐令其种日偷者，由法制学问之大，以至于饮食居处之微，几于指不胜指。”[②]他对于中国传统礼俗的落后性、危害性的不满，是显而易见的。谭嗣同一针见血地指出：拜跪之礼仪是封建帝王统治民众的一种手段，抨击封建统治者“繁拜跪之仪以挫其气节”。[③] 梁启超提出易拜跪之礼为西人鞠躬礼，并把此举视为维新变法的一项急务。他呼吁：“今日欲求变法，必自天子降尊始。不先变去跪拜之礼，上下仍习虚文，所以动为外国讪笑也。”这段话被封建顽固派视为大逆不道，叶德辉攻击说：“此言竟欲易中国拜跪之礼为西人鞠躬，居然请天子降尊，悖妄已极。”[④]梁、叶的交锋，表现了新旧势力在礼俗问题上的严重分歧。20 世纪初，革命派抨击旧礼俗

---

① 见《清史稿·礼十》第 10 册，2679～2680 页，北京，中华书局，1976。

② 见《严复集》第 1 册，28 页。

③ 《仁学》，见《谭嗣同全集》(增订本)下册，341 页。

④ 见《翼教丛编》卷五，7 页。

的言论在当时的报刊上俯拾皆是。《国民日日报》登载《箴奴隶》一文，直斥中国封建旧礼俗为“一酿造奴隶之风俗也”，指出：“叩头也，请安也，长跪也，匍匐也，唱诺也，恳恩也，极人世可怜之状，不可告人之事，而吾各级社会中，居然行之大廷，视同典礼。”[①]《大陆》杂志刊登的《广解老篇》也揭露封建旧礼俗的虚伪性，指出：“且君亦人耳，乃其出也则禁人观瞻，窥者无赦；官亦人耳，乃其出也卤簿如云，如奉偶像。何摘僻为礼，若此其伪也！……痛夫文胜之国莫不有虚伪之习俗，而我支那者尤文胜中之文胜者也；专制之国莫不以虚伪为元气，而我支那者尤专制中之专制者也。”[②]在新思潮的冲击和影响下，在清朝垮台前夕，旧礼俗已经发生了动摇，尤其在以留学生为主体的新型知识分子中，不少人已经摒弃旧礼，采用了西洋的鞠躬礼和握手礼。然而中国近代礼俗的重大变化，还是发生在民国成立之后。南京临时政府成立后，在礼俗方面，“扫除了中国旧官场讲排场、摆架子的恶习，也减除了一些官僚式的繁文缛节。”[③]1912 年 8 月 17 日，民国政府公布了《礼制》，共 2 章 7 条，把辛亥革命礼制改革的内容用法律的形式固定下来。归纳起来，清末民初的礼俗变化大致有以下几个方面：

1. 废除拜跪礼，提倡脱帽、鞠躬礼

民国政府公布的《礼制》规定：“男子礼为脱帽鞠躬”；“庆典、祀典、婚礼、丧礼、聘问，用脱帽三鞠躬礼”；“公宴、公礼式及寻常庆吊、交际宴会，用脱帽一鞠躬礼”；“寻常相见，用脱帽礼”。女子在各种典礼和交际场合只三鞠躬，但不脱帽，“寻常相见，用一鞠躬礼”。[④] 当时人们把一鞠躬称为“小礼”，三鞠躬称为“大礼”。此制颁行，得到全国人民的踊跃响应。在北京，“民国共和，礼仪渐减，一切官场仪仗，如衔牌等件，亦皆废置，不尚繁文。……凡于婚丧喜事仪制，前清拜跪礼节，

---

① 见《国民日日报汇编》第 1 集，东大陆图书译印局，1904。

② 载《大陆》第 9 期，1903 年 8 月。

③ 李书城：《辛亥前后黄克强先生的革命活动》，见《辛亥革命回忆录》(一)，199 页，北京，文史资料出版社，1961。

④ 载《东方杂志》第 9 卷第 4 号，1912 年 9 月。

今概改用鞠躬。不独总统庆贺，即如祀孔庙关岳之春秋祀典，亦皆摒除繁文，只用三鞠躬礼。”但不少人家在办丧事时，“于治丧礼节，灵前仍设拜垫，亲友往吊者，概用拜跪，不用鞠躬。”[①]可见，旧礼在民间仍有相当影响。但在一些地区如福建，“有用新丧礼者，吊丧之人行脱帽三鞠躬礼”。[②] 与鞠躬礼并行的，还有握手、举手、鼓掌等新礼节，统称为“文明仪式”。以鞠躬礼为代表的新礼仪，体现出平等、文明的精神，它的确立是中国近代社会移风易俗的一个重要成就。

2. 革除“大人”、“老爷”等称呼，以“先生”代替

“大人”、“老爷”是清代官场使用最普遍的称谓，是一种不成文的礼仪习惯。“大人”本是晚辈对长辈的一种尊称，但用于官场，则“始于雍正初”。最初只对钦差大臣、督抚等高级官员使用此称，以后随着清朝官场风气的败坏，使用范围日益扩大。“嘉道以降，京官四品以上，外官司道以上，无不称大人。翰林开坊，六品亦大人。编、检得差，七品亦大人。至光绪末，则未得差之编、检及庶吉士，并郎中、员外郎、主事、内阁中书，皆称大人矣。外官加三品衔或道衔者，无不大人。久之，而知府、直隶州同知亦大人矣。”[③]此外，还有“老爷”、“大老爷”等称谓，广泛流行在民之于官、下级官员之于上级官员的交往中。“奴才”一称，是旗籍大臣(包括满旗、蒙旗、汉军)上奏清帝时专用的称谓，汉族大臣不得使用，上奏时一律称“臣”，言外之意，连当“奴才”的资格都没有。这些称呼完全是封建等级社会的产物，是当时被扭曲的人际关系的反映。

辛亥革命后，南京临时政府除旧布新，废除了旧时官场流行的陈腐称谓。1912 年 3 月 2 日，孙中山以临时大总统的名义公布《令内务部通知革除前清官厅称呼文》，宣布：“官厅为治事之机关，职员乃人民之公仆，本非特殊之阶级，何取非分之名称。查前清官厅，视官等之高下，

---

① 胡朴安：《中华全国风俗志》下篇，卷一，“京兆”，28 页。

② 詹宣猷等修纂：《建瓯县志》卷十九，4 页，民国十八年(1929)铅印本。

③ 徐珂：《清稗类钞》第 5 册，2173 页，北京，中华书局，1984。

有大人、老爷等名称，受之者增惭，施之者失体，义无取焉。光复以后，闻中央地方各官厅，漫不加察，仍沿旧称，殊为共和政治之玷。嗣后各官厅人员相称，咸以官职，民间普通称呼则曰先生、曰君，不得再沿前清官厅恶称。为此令仰该部遵照，速即通知各官署，并转饬所属，咸喻此意。”[①]官场称谓的变化深刻地影响了社会，“先生”一称被大众广为采用。如“上海黄包车挽揽生意，除西人外，每向衣冠楚楚者，低声问曰：‘先生法兰西去吗？四马路去吗？’一种温和气象，出自至诚。”[②]公众舆论甚至对“家中所雇之佣妇仍以少爷、老爷、老太爷相称”表示“可厌”。[③] 流行的新称谓除了“先生”外，还有“君”、“阁下”，以及使用于革命党人内部的“同志”、“兄弟”等。新称谓的推广尽管遇到曲折，但社会礼俗变化已是大势所趋。

3. 历法与节日的革新

清代实行的时宪历法，沿用中国古代流传下来的干支纪年，又与帝王的年号一并使用。辛亥革命后，南京临时政府于 1912 年 1 月 2 日发布改历改元通电，宣布：“中华民国改用阳历，以黄帝纪元四千六百九年十一月十三日(按即宣统三年十一月十三日，1912 年 1 月 1 日)，为中华民国元年元旦。”[④]用国号纪元取代帝工年号纪元，体现了民主共和精神，无疑是历史上的进步。但由于阴历有二十四节气，与农事紧密相关，仍不能完全废除，1912 年 1 月南京临时参议院议决编历办法，规定阴阳历并存。这种做法后来一直沿用。

由于改历和礼俗变革，一系列富有新意义的节日、纪念日成为人们社会生活的重要内容。据 1916 年 12 月 21 日公布的《民国纪念日修正案》，以阳历计算的民国纪念节日有：10 月 10 日国庆节、1 月 1 日南京政府成立日、2 月 12 日北京宣布共和南北统一日、4 月 8 日国会开幕日、12 月 25 日云南倡议拥护共和日。以后又把 7 月 3 日马厂首义再造

---

① 见《孙中山全集》第 2 卷，155 页。

② 胡朴安：《中华全国风俗志》下篇，卷三，“江苏”，138 页。

③ 载《申报》，1912-05-06。

④ 孙中山：《临时大总统改历改元通电》，见《孙中山全集》第 2 卷，5 页。

共和日、4 月 5 日植树节列为民国纪念日。随着社会政治的变化，这些节日有增有减，变动不居，但其中的阳历新年元旦和 10 月 10 日国庆节是固定不变的。这些节日都是民国建立后出现的，具有很浓的政治意义，其活动内容也采用了新的方式。北京在作为国家首都时，每逢国庆日和元旦，除官方举行例行的庆祝活动外，民间也有各种游园娱乐活动。几条主要大街当中建有五色电光花彩牌楼，所有店铺一律挂旗结彩，东城的隆福寺、西城的护国寺庙会增期。"厂甸四通八达，交通便利，竟变为中心点。每届新年，倾城仕女，香女宝马，群向此中心点而来，大有共和国家人民一律平等之现象。盖无老无幼，无贵无贱，只须不出自由范围，违背警章，大家均可同乐。"①上海、武汉等地的国庆日，除了照例挂旗、放假，还有致祭烈士祠、学生开运动会、唱国庆纪念歌、上演新剧、组织游行、举办提灯会等活动。这些活动所采用的仪式、方法，逐步演化成新式城市民俗，成为社会现代生活方式的重要内容。

4. 婚丧礼仪的变化

婚丧礼仪是重要的人生礼俗，历来备受人们的重视。近代时期，中国的婚丧礼仪也发生了深刻的变化。关于婚礼的变化，将在下一节作专门介绍，本节只论及近代社会流行的丧礼及其演变。

丧葬是人生最后一次生活仪礼，标志着人生的最后终结。在中国封建社会、半殖民地半封建社会里，丧礼是最重要的礼仪之一，它兼有宣扬儒家孝道、维护封建礼教和封建秩序的作用，因而形成了隆重而烦琐的仪式和程序。服饰、随葬品、灵柩、仪仗队伍、出殡礼仪等，都依死者身份的高下有着极严格的区别。至于坟茔的修筑，也有定制，不得僭越。厚葬成了死者的身份体现和家族的一种荣誉。总之，旧丧葬礼俗是旧伦理、旧信仰的外在表现，是传统的礼孝观念与迷信结合的产物。

鸦片战争以后，丧葬礼俗受到西俗的冲击，开始发生变化，形成新

① 胡朴安：《中华全国风俗志》下篇，卷一，"京兆"，16 页。

旧丧葬礼俗同时并存的局面。

新式的丧礼主要借鉴了西俗中的基本形式，遵循简化的原则，无等级分别，不讲繁文缛节，摒弃了佛道超度等迷信的内容。以书信或登报的方式发讣告，灵堂供亡人遗像，陈列亲友所赠的挽联、挽幛、鲜花及花圈等。亲友吊唁向遗像三鞠躬。例如，1918 年胡适采用了新式丧礼安葬其母，他在通告中声明，要对旧日陋俗进行改良，谢绝来宾送锡箔、素纸、冥器等物。他既未请和尚道士做道场，也不在宾客吊唁时陪哭，一切从简办理。行祭礼时，他按新礼只进行向灵位鞠躬、读祭文、辞灵等几项简单的仪式，使原本七八天的祭奠在 15 分钟内就完成了。胡适的这一举措，在当时具有移风易俗的意义。这与他反对旧礼教礼俗的立场是分不开的。他曾著文批评过儒家崇拜祖先的观念，指出："中国儒家的宗教提出一个父母的观念，和一个祖先的观念，来做人生一切行为的裁制力。所以说，'一出言而不敢忘父母，一举足而不敢忘父母'。父母死后，又用丧礼祭礼等见神见鬼的方法，时刻提醒这种人生行为的裁制力。……这都是'神道设教'见神见鬼的手段。这种宗教的手段在今日是不中用了。"[①]这便是胡适"改革丧礼"的思想基础，由此可见新式丧葬礼俗在近代中国的流行。

然而，新式丧葬礼仪的推行，要比新式婚礼推行困难得多。即使在民国成立以后，厚葬之风仍在蔓延。如北京的一些人家为了追求丧礼的排场，不惜把已经被废置的前清官场仪仗搬出来炫耀："近见缙绅士庶人家，每至丧葬出殡，炫耀街衢。至今惯用前清某太夫人衔牌，及旗伞大锣，肃静回避，前清举人进士，某科翰林及钦加道衔府衔衔牌等样。此类气象一新，固已足骇人耳目。尤可诧者，人家出殡时，苦无官衔可用，则用福全德备及乐善好施等牌，亦当衔牌之用。甚至皂隶贱役，亦且假袭官衔，道途见之，每每令人酸鼻。"[②]厚葬之风使丧事费用成倍增多，导致"行市大涨"。像上海这样开化较早的城市，也时常出现不合时

① 胡适：《不朽——我的宗教》，载《新青年》第 6 卷第 2 号。

② 胡朴安：《中华全国风俗志》下篇，卷一，"京兆"，27～28 页。

代潮流的丧葬礼仪。1920 年 3 月，一位青年在给胡适的信中批评了这种现象，指出："上海的习俗，出殡的时候，和尚、道士，走在一大排，中国音乐、外国音乐、笛子、喇叭、锣鼓、洋号，闹上几大队，叫上几十辆马车。女人走不动坐马车，男人走得动也坐马车。亲朋送葬，不是亲朋，也要多约些来送葬。这哪里是出殡，这是约人逛马路。"①

四、妇女和婚姻

鸦片战争以前，中国的婚姻和家庭关系，尤其是对于妇女，有许多落后的封建性的糟粕，严重地扭曲了人们的情爱关系，压迫与摧残着广大妇女。如包办婚姻、买卖婚姻、纳妾制，及缠足、溺女婴等，成为严重阻碍社会文明进步的障碍。因此，近代婚姻礼俗及家庭关系的变革，是从提倡妇女解放开始的。

具有近代性质的妇女解放运动始自戊戌维新运动，康有为、谭嗣同、梁启超等维新派痛斥纲常名教对妇女的迫害，主张男女"平等相均"。② 辛亥革命时期，革命派进一步把妇女解放运动推向前进，在猛烈抨击旧礼教、旧礼俗的同时，提出了新的婚姻家庭观。他们要求破除"礼法婚姻"、"专制婚姻"、"买卖婚姻"，提倡"法制婚姻"、"自由婚姻"，发出了"女界革命"、"家庭革命"的呼声，在当时产生了很大的影响。反对缠足和提倡文明婚姻，是近代妇女解放潮流中的两件大事。

缠足是摧残妇女最严重的陋俗之一，抨击这种陋俗的仁人志士代不乏人。中日甲午战争后，维新派大力提倡移风易俗，掀起了不缠足运动。民间倡议不缠足，自康有为开始。还在 1883 年，康有为就首先坚持不为长女康同薇裹脚，后来次女康同璧及诸侄女也都不裹脚。他还首创成立不缠足会，有许多人参加。1895 年，康有为、康广仁在广东创

---

① 《丧礼的改革》，载《新青年》第 7 卷第 5 号。

② 《仁学》，见《谭嗣同全集》(增订本)下册，304 页。

办了粤中不缠足会，随后在上海、天津、北京、湖南等地也都出现了这类组织。1897年6月，上海成立不缠足总会，会址设在《时务报》报馆内，会员发展到数万人。湖南在1898年4月成立不缠足总会，会址设在长沙小东街《湘报》馆内。黄遵宪、徐仁铸、熊希龄、谭嗣同、梁启超、唐才常等为董事，并制定《湖南不缠足总会简明章程》。总会既立，省属各地纷纷成立分会，制定章程，开展宣传活动。署按察使黄遵宪亲拟告示，明令禁止缠足，痛斥缠足陋俗种种危害："废天理"、"伤人伦"、"削人权"、"损生命"、"败风俗"、"戕种族"，使"四万万人半成无用之物"。① 言辞恳切，打动人心。黄遵宪等开明官员的积极介入，是湖南地区不缠足运动蓬勃发展的重要原因。妇女放足，就不能再穿弓鞋，需要有合足的鞋，于是鞋铺应时增加了新的业务项目。长沙一家叫李复泰的鞋铺大登广告，专门定做不缠足云头方式鞋。上海、湖南的不缠足会是由男子发起的，杭州的放足会则是由妇女自己组成。这个会的发起人是高白叔的夫人和孙淑仪、顾啸梅、胡畹畦等，1903年在西湖开会提倡放足，演说达3小时，会后合影留念。到会的80余人，其中已放足的10余人，当场表示愿放足的30余人，将来不愿女儿缠足的有二三十人。

以孙中山为代表的资产阶级革命派，一直把禁止缠足当作妇女解放的目标之一。武昌起义后不久，湖北军政府发布了关于妇女放足的告示。1912年3月，孙中山以临时大总统名义发布《令内务部通饬各省劝禁缠足文》，指出：缠足之害"历千百岁，害家凶国，莫此为甚。……曩者仁人志士尝有天足会之设，开通者已见解除，固陋者犹执成见。当此除旧布新之际，此等恶俗，尤宜先事革除，以培国本。为此令仰该部速行通饬各省一体劝禁。其有故违禁令者，予其家属以相当之罚"。② 辛亥革命有力地打击了延绵数百年之久的缠足陋俗，饱受封建专制压迫的广大妇女纷纷扔掉了脚上的裹脚布，向通向解放的道路迈出了第一步。

① 黄遵宪：《臬宪告示》，载《湘报》第55号。

② 见《孙中山全集》第2卷，232页。

人们对民国后出现的不缠足风气非常振奋，有人在《申报》上发表文章把今昔女子作了比较：昔日女子缠足多，今日女子多天足；昔日女子能文者少，今日女子入学堂者多；昔日女子多柔顺之气，今日女子多英爽之气；昔日女子谨守闺中羞不见客，今日女子靴声橐橐马路中疾行如飞；昔日女子主中馈唯酒食是议，今日女子结队成军，颇铁血主义①。民国前后的妇女变化有诸多方面，但首要的变化表现为对缠足陋俗的革除。

中国传统婚嫁带有封建性和迷信色彩，且繁文缛节，弊端不少。戊戌维新运动时期，一些不良的婚俗也在改变。湖南不缠足总会订了一个嫁娶章程，规定婚事以简省为宜，“女家不得丝毫需索聘礼”，“男家尤不得以嫁奁不厚，遽存菲薄之意”。辛亥革命时期，革命派刊物《觉民》于1904年发表的《论婚礼之弊》和《留日女学会杂志》于1911年发表的《婚姻改良论》等文章，揭露了旧婚姻的弊端，归纳起来有：(1)婚姻专制之弊，包括“男女不相见之弊”、“父母专婚之弊”、“媒妁之弊”等；(2)卖婚之弊，即“聘仪奁赠之弊”；(3)“早聘早婚之弊”；(4)“繁文缛节之弊”等。要使中国进入文明社会，必须要“发大愿，出大力，振大铎，奋大笔，以独立分居为根据地，以自由结婚为归着点，扫荡社会上种种风云，打破家庭间重重魔障，使全国婚界放一层异彩，为同胞男女辟一片新土。”②“父母之命，媒妁之言”的封建包办婚姻制度，也被冲破了缺口，出现了自由结婚，被称为“文明结婚”。有人还用西洋音乐简谱谱写了一首《自由结婚纪念歌》，反对封建婚姻，鼓吹“世界新，男女平等，文明国自由结婚乐”。1907年《上海女子世界》就刊登过新式婚礼的新闻：爱国学社的王雅(男)与吴震(女)“在锡金学务处举行婚礼，摒除一切旧俗，参用文明规则，新郎新娘，皆服西装，首行结婚礼，次见家族，次受贺。竟志女学生及单塾女士合唱自由结婚歌，歌毕而散。”③

文明结婚逐渐流行是在民国成立以后。随着清王朝的垮台，封建婚

① 匹志：《今昔女子观》，载《申报》，1912-02-01。

② 陈王：《论婚礼之弊》，载《觉民》第1—5期合本。

③ 《婚礼一新》，载《上海女子世界》2年6期，1907。

姻被打破，新式婚礼日益被人们所接受。北洋政府也表示要“采取世界现行之通式，参照中国历来之风俗习惯，厘订民国婚丧通行礼节，颁行全国，以资适用”。[①] 这一举措有利于树立文明结婚的新风尚。民国以来，新式婚礼已经从大城市影响到中小城市和乡镇。如江苏武进，“旧式未改，参用新礼。往往有借旅馆及青年社行结婚礼者。此亦嫁娶从俭之好现象也。”[②]在浙江镇海、定海，山西临汾等地县志中，也可以看到同样的记载。文明结婚的婚礼与旧式婚礼不同，具体仪式一般是：奏乐，司仪员、男宾、女宾、主婚人、介绍人及新郎新娘入席，证婚人宣读证书，各方用印，交换饰物，相对行鞠躬礼，谢证婚人及介绍人，行族礼，行受贺礼，来宾演说，唱文明结婚歌等。文明结婚的主要特点是：(1)尊重父母有为自己子女主婚的权利，也要听取子女的意见。(2)简化旧俗“六礼”(纳采、问名、纳言、纳征、请期、亲迎)，废除烦琐的仪式。(3)排除了传统婚姻礼俗中落后、迷信的内容。(4)新式婚姻礼仪是以西方文化为参照系，其中隐含的心理趋向是自主、平等的婚姻价值观和对人的尊重。总之，新式婚礼剔除了旧式婚礼中的封建迷信的成分，采用了简便、文明的形式，有利于社会的进步和风气的转变。

禁缠足和婚姻变革只是清末民初妇女解放运动的一个侧面。除此以外，大量妇女入学堂、进工厂、参军，甚至参政，都表明了妇女的社会地位有了明显的提高。在清末民初的20余年，中国妇女从“无才是德”、“贤妻良母”，到要求放足、婚姻自由，继之又走向社会，参加政治，变化很大。然而，由于中国社会发展的不平衡，以及辛亥革命的不彻底性，民国前后的妇女解放浪潮主要荡涤的是城市，而未波及广大农村。旧式婚姻甚至缠足、溺女婴等陋习仍广为存在。

---

① 载《申报》，1914-01-13。

② 胡朴安：《中华全国风俗志》下篇，卷三，“江苏”，78～79页。

第十四章　文化事业和文化团体

在近代中国，先后建立了各项文化事业，如学校、报刊、出版机构、图书馆、文化团体等。这是鸦片战争后西学东渐的表现，也是中国人民反抗封建主义和帝国主义双重压迫、谋求民族文化独立发展的结果。其发展呈现出明显的阶段性特点：在鸦片战争至甲午战争期间，文化事业大体借传教士发端并受其支配；从总体上看，戊戌维新运动时期，中国自身独立的各项文化事业才真正建立；到民国初年，文化事业稍具规模，并有了初步发展。

近代学校的建立，在本书“教育”一章已有论述，这里不再重复。本章仅将报刊、出版机构、图书馆和文化团体的发展情况，作分别论述。

一、近代的报刊

中国近代的报刊，最早是由东来的西方传教士创办的。1815 年，英国传教士马礼逊和米怜在马六甲出版《察世俗每月统记传》，是西人创办的以中国人为对象的第一份中文报刊。1842 年鸦片战争结束，西人在南洋和华南沿海一带共创办了 6 家中文报刊和 11 家外文报刊。其中，《蜜蜂华报》(1822 年，澳门，葡萄牙文)是在我国境内创办的第一份外文报纸；《广州纪录报》(1827 年)是在我国境内出版的第一份英文报纸；《东西洋考每月统纪传》(1833 年，广州)是在我国境内出版的第一份中文报刊。

据统计，19世纪40年代至90年代，西人在华先后共创办中外文报刊约170种，约占同期我国报刊总数的95%，其中绝大部分是以西方教会或传教士个人的名义创办的。著名者有：《遐迩贯珍》(1853年至1856年，月刊，香港)、《六合丛谈》(1857年至1858年，月刊，上海)、《中外新报》(1858年至1874年，半月刊改月刊，宁波)、《教会新报》(1868年至1874年，周刊，上海)、《中西闻见录》(1872年至1890年，月刊，北京，后迁上海)、《益闻录》(1879年至1936年，半月刊改周刊，上海)等。其中《教会新报》从1874年9月起改名为《万国公报》，1883年停刊。1889年2月，《万国公报》复刊，并改周刊为月刊，成为当时英、美教会势力在上海刚刚成立不久的社团“广学会”的机关刊物。该刊于1907年停刊，先后出版30余年，累计近1000期。销量逐年增加，1876年每月约1000份，1897年每月增至5000份，此后每月三四千份，为外国传教士所办中文报刊中历时最久、发行量最大、影响最广的一家。

鸦片战争前后的教会报刊突出宗教性宣传，19世纪50年代后，为赢得更多的中国读者，开始注意通过传播某些科学知识来扩大布道事业。西方在华教会及传教士除在报刊上辟有介绍格致学专栏外，还创办了专门介绍科学的刊物，如《格致汇编》、《西医新报》等。教会办的报刊虽然增多了介绍西学、评论时事的内容，但其主旨仍然是为传教服务。如《万国公报》，所刊载文章单纯宣传宗教教义的并不多，但它并不是放弃了宗教宣传，而是改变了宣传方式，寓教于学，以政论教，在介绍西学、评论时政时鼓吹西教为西学之源、西教为西政之本，并扬言中国要想学习西学、要想进行政治变革，非先信奉基督教不可。

除了教会报刊外，在中国各大通商口岸城市，又出现了外国人主办的以其自身为对象的外文报纸。这些包括英、法、德、俄、日、葡等文种的各类报刊总数约在120种以上。[①] 如《孖剌报》(1845年，香港)、《字林西报》(1850年，上海)、《德臣报》(1857年，香港)、《京津泰晤士

---

① 方汉奇：《中国近代报刊史》上册，32页。

报》(1894 年，天津)等。其中英国人办的《字林西报》从 1850 年创刊到 1951 年停刊，先后出版 101 年，最高发行量达 7817 份一日，是在中国出版时间最长、发行最广、影响最显著的一家外文报纸。同时，外国人还出版了一批以中国人为对象的中文日报。如英国人在上海创办有《上海新报》(1861 年)、《申报》(1872 年)、《新闻报》(1893 年)等；日本人创办有《汉报》(1893 年，汉口)、《闽报》(1897 年，福州)、《顺天时报》(1901 年，北京)、《北京日报》(1904 年，北京)、《盛京日报》(1906 年，奉天)等；俄国人创办有《燕都报》(1901 年，北京)等。

近代外国人(含传教士)在华创办的报刊，在客观上起到某种传播西学的积极作用，对我国近代报刊的产生和发展也具有一定的示范意义。但从总体上看，这些报刊直接或间接地为其本国的侵略利益服务。所以，它们都越来越深地介入了中国的政治，不仅对中国人民的反帝反封建斗争极尽攻击污蔑之能事，而且不惜赤裸裸地为本国政府侵华出谋划策，或为之作辩护。戈公振在他的著作中指出："虽然，从文化上之全体以观，外报在我国，关于科学上之贡献，当然为吾人所承认；惜以传教为主要目的，是去一偶像而又主一偶像也。且流弊所及，一部分乃养成许多'Boy'式之人才，舍本逐末，为彼辈之走狗，得不偿失，无过于此。若就近日之外报言之，几一致为其国家出力，鼓吹资本主义与帝国主义。关于外交问题，往往推波助澜，为害于我国实大。"[①]这个评论是符合实际的。

中国自办的第一份近代报纸，是 1858 年在香港出版的《中外新报》。到中日甲午战争以前，先后在香港、广州、上海、汉口出版的此类报刊，总共不过十余家，影响甚微。中国人自办报刊的盛行，开始于戊戌维新运动时期。1895 年 8 月，康有为、梁启超等人在北京组织强学会，并刊行以宣传维新变法为宗旨的报纸《中外纪闻》(初名《万国公报》)，隔日出版，每期 3000 份左右，免费赠送达官贵人。是年底，他们又在上海成立强学会，刊行《强学报》。虽然不久维新派在京、沪两地的团体及

① 戈公振：《中国报学史》，112 页。

报刊即遭清政府取缔，但1896年8月梁启超等人在上海再创《时务报》，获得更大成功。“时务报起，一时风靡海内，数月之间，销行至万余份，为中国有报以来所未有，举国趋之，如饮狂泉。”[①]加之戊戌新政废八股考试策论，并允准创立报馆，向不看重报刊的社会风气为之一变：“当戊戌四五月间，朝旨废八股改试经义策论，士子多自濯磨，虽在穷乡僻壤，亦订结数人合阅沪报一份。而所谓时务策论，主试者以报纸为蓝本，而命题不外乎是。应试者以报纸为兔园册子，而服习不外乎是。书贾坊刻，亦间就各报分类摘抄刊售以牟利。盖巨剪之业，在今日用之办报以与名山分席者，而在昔日则名山事业且无过于剪报学问也。”[②]所以，维新运动期间，各地竞相效仿，一时兴起了办报热，短短三年间，新增报刊数十家，全国报刊总数较1895年增加了3倍。[③] 除上海的《时务报》外，著名的还有湖南的《湘报》、天津的《国闻报》等。

戊戌政变后，因清廷压迫，维新派的刊物锐减。但随着革命风潮继起，海内外鼓吹革命的报刊激增。第一份鼓吹革命的报纸是兴中会机关刊物、1900年1月在香港出版的《中国日报》。其后，孙中山等革命派在中国的上海、香港、澳门以及南洋、美洲和日本等地，相继创办了120多种报刊，如《民报》、《复报》、《浙江潮》、《江苏》、《警钟日报》等。辛亥革命后，全国报刊增至500种，总销量达4200万份，盛极一时。“二次革命”失败后，袁世凯独裁统治，全国报刊一度降至139种。[④] 到1921年，据统计，又恢复到1134种。[⑤] 这说明了近代报刊在中国的发展趋势。

中国近代报刊在戊戌维新运动时期勃兴，是适应了新生的资产阶级的利益与要求的结果。无论是维新派，还是后来的革命派，都非常重视报刊的作用。梁启超说：“度欲开会，非有报馆不可，报馆之议论，既

① 梁启超：《中国报馆之沿革及其价值》，见《饮冰室合集》文集之六，52页。

② 姚公鹤：《上海报业小史》，载《东方杂志》第14卷第6号。

③ 方汉奇：《中国近代报刊史》上册，87页。

④ 方汉奇：《中国近代报刊史》上册，153页；下册，676、711页。

⑤ 戈公振：《中国报学史》，358页。

浸渍于人心，则风气之成不远矣。”[①]孙中山也强调，要通过报刊宣传使三民主义家喻户晓。因此，这时报刊的一个特色便是突出政论。《中外纪闻》发表的康有为的《强学会序》，《时务报》登载的梁启超的《变法通议》，《直报》刊出的严复的《论世变之亟》、《救亡决论》等，固是维新派轰动一时的政论文章；而《苏报》发表的章太炎的《驳康有为论革命书》、介绍邹容《革命军》的文章，《民报》上孙中山的《发刊词》，《浙江潮》发表的《国魂篇》等，更是革命派风靡于世的重要论说。报刊成了资产阶级维新派和革命派进行反封建斗争的得力工具。

报刊还是近代传播西学和开通民智的重要媒介。例如，对中国近代思想界影响很大的达尔文进化论，正是由于严复翻译的《天演论》在《国闻报》连载，而得到广泛传播。这时期还出现许多专门性刊物，包括政法、工商、教育、科技、文艺、外交、学术、妇女、儿童等方面。它们从各自不同的角度出发介绍西学，也对落后的传统观念、风习进行了批判，起到了移风易俗、解放思想的重要作用。此外，还出现了一批白话报，如《无锡白话报》、《杭州白话报》、《中国白话报》等。它们刊登通俗的文稿，打破了桐城古文的一统天下。五四时期，白话文为报刊普遍使用。

近代化报刊也成为仁人志士团结民心、一致抗击帝国主义侵略的利器。例如，在1903年的拒俄运动中，便有许多报刊加入。革命党人甚至为此专门创办了《俄事警闻》(后改为《警钟日报》)，以求唤起国人，共挽国难。改良派的《新民丛报》也发表过《俄约密款》、《俄人叵测》等消息和评论，揭露沙俄侵华野心。报刊的鼓动宣传，大大推进了拒俄爱国运动的发展。其后，在著名的反美华工禁约运动以及历次反抗列强侵略的斗争中，报刊对于加强中华民族的凝聚力和促进爱国主义精神的高扬，都起了十分重要的作用。

当然，从自身业务看，近代报纸也走出了幼稚的阶段，而日趋成熟。这表现为：(1)早期的报纸形式呆滞，记事繁简失宜，编辑杂乱无

---

① 丁文江等编：《梁启超年谱长编》，40页，上海，上海人民出版社，1983。

序。到19世纪末20世纪初，有很大变化，不仅在外观上淘汰了早先的书册式而改成了用白报纸双面印刷的现代报纸样式，而且打破了一论说、二上谕、三记事的传统框架，注意版面、标题的设计，突出宣传重点。(2)重视新闻报道。中日甲午战争以后，报纸越来越重视社会新闻的写作与报道，尤其是随着摄影技术、电报的引入以及近代通讯社的建立，[①] 新闻报道不仅图文并茂，愈加生动吸引人，而且电传日增，更形迅捷。(3)增设副刊。20世纪初，大多数报纸都在自己的版面上设置了副刊，如《中国日报》的“鼓吹录”，《申报》的“自由谈”，《国民日日报》的“黑暗世界”等。副刊的文章多短小精悍，或诗歌或小说或杂文或戏曲，与正文相映成趣，既增加了报纸的容量，又使之生动活泼。(4)新的印刷设备的不断引入，加快了报刊的出版速度，其外观也愈加精美。

二、近代的出版机构

与近代报刊一样，中国最先出现的近代出版机构也是由西方传教士创办的。1814年，传教士马礼逊、米怜等人在马六甲创设的英华书院，是近代第一所采用中文欧式活字印刷的出版机构。1819年，它印成第一部书《新旧约中文圣经》。到鸦片战争前，此类出版机构有3所：澳门东印度公司印刷所(1815年)，广州美国海外传教委员会出版社(1831年)，广州中国益知会(1834年)。1842年至1895年，教会又先后建立了18家出版机构：墨海书馆(1843年，上海)，美华书馆(1844年，上海)，英华书院印书局(1843年，香港)，罗扎里奥·马卡尔出版公司(1862年，福州)，土山湾印书馆(1865年，上海)，传教士协会出版社(1869年，宁波)，三圣教会印书馆(宁波)，中国卫理公会出版社(上

① 通讯社此种组织形式，始于19世纪30年代，20世纪初才传入中国。1904年在广州成立的“中兴通讯社”，是中国人最早自办的通讯社。据统计，迄1918年，已有20余家。参见方汉奇：《中国近代报刊史》下册，678～680页。

海)，格致书院(1874 年，上海)，益智书会(1877 年，上海)，英国长老会出版社(1880 年，汕头)，广学会(1884 年，上海)，台南英国长老会出版社(1884 年，台南)，苏格兰全国圣经会出版社(1885 年，汉口)，文华书院出版社(1888 年，武昌)，华中书馆(九江)，红衣主教团出版社(1889 年，福州)，金陵大学出版社(1891 年，南京)。其中影响较大的有墨海书馆和广学会。

墨海书馆系英国传教士麦都思创办。1843 年，他将设在巴达维亚(今印度尼西亚的雅加达)的印刷所迁至上海，取名“墨海书馆”。它是上海第一家有铅印设备的印刷所。印刷机是铁制印书车床，长丈余，宽 3 尺，由牛驱动。时人以为奇异，作诗记述：“车翻墨海转轮圆，百种奇篇宇内传。忙煞老牛浑未解，不耕禾陇耕书田。”[①]墨海书馆的闻名，不仅在于设备先进，还在于它“所交多海内知名士”，[②] 成为当时中外人士合作译书、切磋学术的重要场所。馆内几位西士，如麦都思、伟烈亚力、艾约瑟等，均通自然科学，而受聘合作译书的 3 位中国学人，李善兰是当时中国最负盛名的数学家，管嗣复是著名古文家，王韬则才华横溢，后为中国著名的早期维新思想家。不仅如此，通过后者，书馆还与罗士琳、戴煦、项名达、徐有壬、张文虎、徐寿、华蘅芳等中国名士保持联系。因此，书馆在翻译西方科技书籍方面成绩斐然。这时期社会上流传的重要西学著作，如《几何原本》(后九卷)、《谈天》、《重学》、《代微积拾级》等，多是由这里翻译出版的。在道咸年间，墨海书馆是最重要的译书机构。王韬说，在上海，“西人设有印书局数处，墨海，其最著者。”[③]19 世纪 60 年代后，墨海书馆渐废，后来居上的美华书馆取代了它的地位。

广学会是由在上海的传教士、外国领事和商人于 1887 年组成的出版机构。它是由 1884 年设立的同文书会改组而成，1894 年改称“广学

① 胡祥翰：《上海小志》，引自唐振常主编：《上海史》，302 页，上海，上海人民出版社，1991。

② 《沪游杂记·淞南梦影录·沪游梦影》，130 页，上海，上海古籍出版社，1989。

③ 王韬：《瀛壖杂志》，118 页，上海，上海古籍出版社，1989。

会”。海关总税务司赫德为第一任董事长，传教士韦廉臣、李提摩太先后任总干事。主要成员有慕维廉、艾约瑟、林乐知、丁韪良、李佳白等。教会出版物原为一般士人所排斥，中日甲午战争以后，广学会刊行林乐知的《中东战纪本末》，记载事件翔实，在社会上流传甚广，由是其出版物渐受人注意。同时，它为顺应维新运动所引发的人们渴求西学新知的心理趋向，标榜“以西国之学广中国之学，以西国之新学广中国之旧学”，除了发行《万国公报》等多种刊物之外，还编译出版了大量有关宗教、政治、科技、史地、法律、教育等方面的书籍。它自称：到1914年已出版2000万字的读物(刊物不计)；到1927年所刊印书报总计达1000种。[①]

广学会的出版物对康有为等维新派影响较大。广学会在1898年年度报告中颇为得意地说：中国人“特别是在甲午战争之后，要买我们的书；以前即使白送给他们这些书，他们也不愿看一看。在最近三年里维新派人士大量利用我们的出版物，努力促使人们觉醒到要去寻找更好的办法，而这些办法是中国一千年来从未看到过的。”同时，光绪帝不仅购置了全套《万国公报》，而且在他1898年年初所购的129种书中，有89种是广学会的出版物[②]，可见广学会出版物影响之深。不仅如此，广学会的李提摩太等人实际上也直接介入了维新运动，其目的是要将它引入符合英美利益的轨道。

自19世纪60年代起，洋务派创办的一些洋务企业和新学堂也多附设有译书馆。它们成为中国第一批自办的近代出版机构，主要有江南制造局翻译馆、同文馆译书处。

江南制造局1865年创办于上海。1867年，它由虹口迁至高昌庙后，规模扩大，遂增设翻译馆，专门“翻译格致、化学、制造各书”。[③]馆内从事译书的中外人士先后有徐寿、华蘅芳、徐建寅、赵元益、李善

---

① 江文汉：《广学会是怎样一个机构》，见《文史资料选辑》第43辑。

② 方言荫译：《广学会年报(第11次)》(1898年12月22日)，载《出版史料》，1992年第1期。

③ 魏允恭：《江南制造局记》卷二，14页，光绪三十一年石印本。

兰、贾步纬、钟天纬及傅兰雅、伟烈亚力、林乐知、玛高温、金楷理等人。为刊行译书，局内另设印书处，负责誊写、制版、印刷、装订、售书诸事。据统计，到 1880 年，已翻译出版算学、测量、汽机、化学、天文、行船、地理、地学、博物学、水陆兵法、造船、医学、工艺国史、交涉公法、零件等书，共 98 部，235 本。尚未刊行者 45 部，计 142 本。未全译者 13 部，计 34 本。[①] 另据 1909 年出版的《江南制造局译书提要》记载，共译西书 178 种。江南制造局翻译馆既是洋务派译书机构中存在时间最长、出书最多的一家，而且就传播西方近代科学而言，也是与墨海书馆齐名，为中日甲午战争前近代中国最重要的两家译书机构之一。

京师同文馆成立于 1862 年。它“自开馆以来，译书为要务”。[②] 但最初并无自己的印刷所，而求助武英殿的皇家印刷所。从 1876 年开始在馆内附设印书处，有印刷机 7 部、活字 4 套。同文馆先后翻译出版的西书，计有国际公法、经济学、化学、自然地理、历史、法文英文的法典、解剖学、生理学、药物学、外交指南等方面的著作 30 多种。其中，丁韪良译的《国际公法》是我国第一本有关国际法的译著。毕利干译的《化学指南》、《化学阐原》，德贞译的《全体通论》等，都是当时传入我国的重要的西方科学著作。

此外，福州船政局、开平矿务局、天津机器局以及上海广方言馆、广州同文馆、福州船政学堂等附设的印书处，也有不少译书出版。这些洋务派创办的译书出版机构，实为晚清第一批近代的官书局。

中国近代民营出版业的出现，要晚到戊戌维新运动时期。它的崛起标志着中国近代出版事业的发展开始了根本性的转折：它不仅打破了教会和官书局的垄断局面，而且随着自身迅速发展壮大，很快取代后者占据主导地位，从而使中国近代出版事业的面貌为之一新。

---

① 傅兰雅：《江南制造总局翻译西书事略》，见《中国近代出版史料初编》，25 页，北京，中华书局，1957。

② 《同文馆题名录》，见朱有瓛主编：《中国近代学制史料》第 1 辑，上册，153 页。

中国近代民营出版业“创始之者，实为商务印书馆”。[①] 商务印书馆1897年创设于上海。之后，民营出版机构纷纷建立。到1906年，据同年上海书业商会出版的《图书月报》第1期统计，仅入会的民营出版社已增至22家：商务印书馆、启文社、彪蒙书室、开明书局、新智社、时中书局、点石斋书局、会文学社、有正书局、文明书局、通社、小说林、广智书局、新民支店、乐群书局、昌明公司、群学会、普及书局、中国教育器械馆、东亚公司新书店、鸿文书局、新世界小说社。需要指出的是，1902年清政府颁布《学堂章程》后，教育用书受到重视。次年，张百熙等在《学务纲要》中特别提出，教科书“应颁发目录，令京外官局私家合力编辑”。[②] 到1906年，学部第一次审定初等小学教科书暂用书目，计审定教材102册，而由民营出版社发行的85册，占80%以上。由此可见，至少在1903年前后，中国出版业的重心已由教会和官书局转移到了民营出版社。民国成立后，新添了中华书局(1912年)、大东书局(1916年)等，出版社数目迅速增加。中国出版业的发展已非清末时期可比。

近代中国在出版界最享盛誉的，是商务印书馆和中华书局。

商务印书馆创始人是夏瑞芳、鲍咸恩、鲍咸昌、高凤池等人。1897年初创时，仅经营印刷一项。1902年扩建，设编译所，并聘南洋公学译书院院长张元济任经理和编译所所长，主持编辑大政。由是，商务印书馆从单纯印刷企业发展为以出版为主的企业，其资本迅速扩大，初创时不过4000元，到1905年增至100万元，1920年更达300万元。同时，分馆、支馆、分店、分厂遍布全国各大城市，多达33处，[③] 成为全国最大的资本主义出版企业。

商务印书馆出版的图书可分四类：一是编印新式教科书。为适应新学堂的需要，商务印书馆首创《最新教科书》。民国成立后，又编印《共

① 蔡元培：《夏瑞芳传》，见《蔡元培全集》第3卷，228页。

② 舒新城：《中国近代教育史资料》上册，213页，北京，人民教育出版社，1962。

③ 庄俞：《三十五年来之商务印书馆》，见《最近三十五年之中国教育》，上海，商务印书馆，1933。

和国教科书》。1902年至1918年，出版中小学物理、化学、生物、代数、几何、植物、动物、矿物、国文、历史、地理、修身等各种教科书，共290多种。二是自然科学书籍。1902年至1930年，共出版自然科学与应用技术书籍1031种，1158册。[①] 历时12年于1918年2月才编成出版的《植物学大辞典》，被公认是我国植物科学第一部鸿篇巨制。三是翻译西方学术著作和小说。前者如严复翻译的《天演论》、《社会通诠》等8种名著，从1903年起先后出版；后者如林纾翻译的《巴黎茶花女遗事》、《黑奴吁天录》等170余种风行一时的外国小说。四是编译英文读物和编辑英汉辞典等工具书，如《华英初阶》、《华英音韵字典集成》等。此外，还编辑出版《东方杂志》、《教育杂志》、《小说月刊》、《少年杂志》、《学生杂志》、《妇女杂志》等多种刊物。

中华书局与商务印书馆齐名，民国元年元旦创立于上海，是辛亥革命的直接产物。创办人陆费逵(伯鸿)原为商务印书馆出版部长兼《教育杂志》主编。书局初创时资本2.5万元，1914年增至60万元，1916年又达200万元。设分支局于全国各大城市，规模仅次于商务印书馆。

编印新式教科书同样是中华书局的重要特色。1912年至1913年，即编辑出版了各类教科书152种。它翻译出版的卢梭的《民约论》全译本(1918年)、达尔文的《物种原始》(1920年)等西方名著，都具有重要的学术价值。在中国古籍和工具书的编辑出版方面，中华书局也具优势。它编印的工具书如《中华大字典》(1915年)、《实用大字典》(1919年)，以及1915年着手编辑、20年后始出版的《辞海》等，无不享誉海内外。同时，从1921年开始刊印《四部备要》大型古籍丛书，分五集，共收经、史、子、集各类古籍351种，11305卷，汇成线装2500册，为古籍出版的一大工程。中华书局也先后刊行多种有影响的刊物，如《中华教育界》、《中华学生界》、《大中华》、《中华童子界》、《中华少年》等。

以商务印书馆和中华书局为代表，我国近代出版业在清末民初获得了初步的发展。这不仅表现为如上所述出版机构数目的增加，而且还表

① 张召奎：《中国出版史概要》，201页，太原，山西人民出版社，1985。

现为以下两方面：(1)书业的营业额，在清末每年不过400多万元，民国初年却达到1000多万元，增长在2倍以上；[①] (2)洋纸输入总数，1912年为482667担，价值3446547两，1919年则达862037担，价值9359908两，两项指数分别增长了179%和172%。[②] 中国近代出版业的发展，对于传播西学新知、整理和保存古代文化典籍，从而推进民族新文化的创造，都起到了巨大的作用。

中国近代出版业的发展具有两个鲜明的特点：一是相对集中。经济文化发达的上海成为我国出版业的中心，这里集中了全国绝大多数的印书局。二是注重印刷技术的更新。由于书局纷起，竞争激烈，各出版社争相引进新的印刷设备与技术。例如单滚筒印刷机、平台双轮转机、双滚筒印刷机等新式大型印刷机的采用，楷体、仿宋、仿古等各种美观字体铅字的相继创制成功，珂罗版、胶版、影写版等新的印刷方法的广泛使用等，这便有力地推动了我国出版业的近代化。

三、近代的图书馆事业

中国图书馆有着悠久的历史。早在公元前2000多年，周朝便有所谓"盟府"，就是收藏图书资料的地方。老子为柱下史，便是负责管理图书的。其后在漫长的封建社会里，官私藏书也一直很发达。但是，以开放为目的、体现着社会教育功能的图书馆的出现，却是近代的事情。

19世纪中期西方传教士来华后，除了从事译书和创办出版机构发行报刊图书外，还在上海建立了一批教会图书馆。例如，1847年传教士在徐家汇成立"天主堂藏书楼"，到20世纪30年代，藏书达20万册，其中西文图书8万册、中文图书12万册。同时，遍布于徐家汇一带的

---

① 陆费逵：《六十年来中国之出版与印刷业》，见《中国近代出版史料补编》，279页，北京，中华书局，1957。

② 贺圣鼐：《三十五年来中国之印刷术》，见《中国近代出版史料初编》，278页。

各种天主教组织，如耶稣会、修士院，以及天文台、博物院、徐汇公学、徐汇师范等，都设有各自专门的图书馆，共藏书 30 万册。1849 年，上海英租界的外国人组织“书会”。1851 年，这个“书会”改为上海图书馆，专为西方侨民及少数中国纳费会员服务。因其所藏全为外文书籍，故有“洋文书院”之称。其后，教会在各地建立的教会大学也都设立了图书馆，如圣约翰大学图书馆(1894 年)、浸会大学图书馆(1894 年)、金陵大学图书馆(1907 年)、沪江大学图书馆(1908 年)、金陵女子大学图书馆(1915 年)、燕京大学图书馆(1918 年)等。

近代中国人很早便注意到西方的图书馆。魏源的《海国图志》、徐继畬的《瀛环志略》等书，都曾提到欧美诸国各大都市设有规模宏大的图书馆、藏书楼。稍后，具有早期改良思想的志士仁人进而开始要求仿效西方，改革中国封闭式的传统官私藏书的格局。郑观应指出，海内藏书之家虽多，“然子孙未必能读，戚友无由借观，或鼠啮蠹蚀，厄于水火，则私而不公也”。官家所藏，“宫墙美富，深秘藏庋，寒士末由窥见”。他主张应于各厅、州、县分设藏书院，“购中外有用之书藏贮其中，派员专管。无论寒儒博士，领凭入院，即可遍读群书。”①

但此种主张真正被付诸实践，则是在戊戌维新运动时期。康有为等维新派强调变法当从振兴教育、启迪民智入手，因此在创学会、兴学堂、译西书、开报馆的同时，也把创办近代图书馆作为传播新思想、新知识和改变旧风气的重要措施。1896 年《时务报》第 1 册登载的总理衙门的奏折中提出：“泰西教育人才之道，计有三事：曰学校，曰新闻报馆，曰书籍馆。”同年，汪康年在该报上也撰文说：“今日振兴之策，首在育人才，育人才则必新学术，新学术则必改科举，设学堂，立学会，建藏书楼。……泰西之藏书楼，藏书至数十百万卷，备各国文字之书。是三者，皆兴国之盛举也。”②事实上，康有为等人推进变法的机构固是强学会，而其入手之处则是在办报纸与设图书馆两事。前者就是刊行

① 《盛世危言·藏书》，见《郑观应集》上册，304、306 页。
② 《论中国求富强宜筹易行之法》，载《时务报》第 13 册。

《中外纪闻》，后者则是在会中设“书藏”，陈列图书，供人阅读。梁启超后来回忆说：“彼时，同人固不知各国有所谓政党，但知欲改良国政，不可无此种团体耳。而最初着手之事业，则欲办图书馆与报馆。”①这实际上也成了各地维新派推进变法的共同模式。

据统计，戊戌维新运动时期，维新派在北京、上海、长沙等全国各地共建立学会 87 个，学堂 131 所，报馆 91 家。② 而各处学会、学堂多注重广购图书仪器和设立藏书楼。如苏学会章程规定：“会中讲堂及藏书庋器之所，必不可无。”扬州医时学会章程也规定：“会中以广购书籍为第一要义”。③ 京师大学堂章程则谓：“京师大学堂为各省表率，体制尤当崇闳，今设一大藏书楼，广集中西要籍，以供士林浏览而广天下风气。”④这些藏书楼目的在“广考镜而备研求”，“新耳目而开智慧”。藏书以新学为主，有的向公众开放，有的仅供会员阅读。同时，为便于借阅，也多制定了较完备的管理办法。如苏学会简明章程列有“看书七条”，对图书的购置、分类、编目、流通、借阅及赔偿各个环节都作了具体规定。⑤ 当然，学会与学堂创办的藏书楼还很简陋，但它与封建时代的藏书楼有很大的不同：读者对象已是一般知识分子和部分市民；藏书不限于经、史、子、集等传统学术的内容，而增加了新学书籍；在制度上也明显地吸收了近代西方图书馆的先进管理方法。总之，它具备了近代图书馆突出社会教育的功能和服务于读者的开放性特点。所以，它们实为我国近代图书馆的先声。

中国近代正规图书馆的建立及其作为国家文化公益事业的最终确立，要晚到 20 世纪的最初年代。

戊戌政变后，各处学会连同藏书楼遭到封禁，刚刚萌芽的近代图书

---

① 《在北京报界欢迎会之演说词》，载《庸言》第 1 卷第 1 号，1912。

② 谢灼华：《维新派与近代中国图书馆》，载《图书杂志》1982 年第 3 期。

③ 李希泌、张椒华编：《中国古代藏书与近代图书馆史料》，101、103 页，北京，中华书局，1982。

④ 同上书，106 页。

⑤ 同上书，101～103 页。

馆事业的发展曾一度中断。但经八国联军侵略战争，革命风潮一日千里，清廷无法照旧统治下去了，为拉拢资产阶级改良派，消弭革命，不得不表示要改弦更张，推行新政，并进而于1906年被迫宣布“仿行宪政”。因此，兴办图书馆作为新政、宪政的一部分又被重新重视起来。1902年7月，清廷颁布的学堂章程规定：“大学堂当附属图书馆一所，广罗中外各种图书，以资考证”；大学堂设立的各项人员中，应包括图书馆经管官一名。1909年，学部依据本部宪政“分年筹备事宜单”，奏请拟定我国第一部图书馆法规《京师图书馆及各省图书馆通行章程》，并于第二年颁布。章程第一条规定设立图书馆的宗旨，称：“图书馆之设，所以保存国粹，造就人才，以备硕学专家研究学艺，学生士人检阅考证之用。以广征博采，供人浏览为宗旨。”第二条规定：“京师及各省省治，应先设图书馆一所。各府、厅、州、县应依筹备年限依次设立”。第三条规定：“京师所设图书馆定名为京师图书馆。各省治所设者，名曰某省图书馆。各府、厅、州、县治所设者，名曰某府、厅、州、县图书馆。”①这就明确肯定了从中央到地方发展全国图书馆事业的法律地位。

1905年，我国第一所大型官办公共图书馆在湖南正式建成，颁有木质关防，命名为“湖南图书馆”。费银1.6万余两，“除造就藏书楼一所，计三层，纵横面积四十丈；阅览四所，纵横二十四丈外，更有买卷缴卷处、领书处等屋。”②大量新书则派员经由日本购置。到1908年，先后建成的图书馆已有：黑龙江图书馆、邮传部议员图书馆、上海博物图书馆、贵州学务公所图书馆、天津直隶学务公所图书馆、江苏江南图书馆、奉天省城图书馆、湖北图书馆、福建图书馆等。因学部奏定各省图书馆“须依限于宣统二年(1910)一律设立”，③ 1909年至1910年各地成立的图书馆尤多，这包括山东、河南、广东、东三省、甘肃、上海等处共15所。据不完全统计，1905年至1911年成立的公私立新型图书

① 李希泌、张椒华编：《中国古代藏书与近代图书馆史料》，129页。

② 同上书，152页。

③ 同上书，128页。

馆约有 26 所。[①] 此外，清末成立的许多高等学校，如山东大学、河南大学、京师大学堂等，也都设有自己的图书馆。

如果说近代创办公共图书馆是肇端于清末，那么其初具规模则是在民国初年。南京临时政府的建立，清政府的被推翻，促进了民主思想的发扬，也促进了各地创办图书馆公益事业热情的高涨。如上所述，清末有不少省份已先后创立省立公共图书馆，但正式开馆则多在辛亥革命之后。作为国家图书馆的京师图书馆，开馆于 1912 年 8 月 27 日。已成立的省立公共图书馆，实行改组和首次开馆的，则有江南图书馆(1912 年 2 月)、广东图书馆(1912 年 4 月)、安徽图书馆(1912 年)等。到 1914 年前后，除少数边远地区外，全国大部分行省都已建成了省级公共图书馆。据教育部统计，到 1918 年全国共有公私图书馆 176 所。[②] 另据沈绍期《中国全国图书馆调查表》统计，截至 1918 年 3 月，全国 33 所图书馆共藏书约 1183358 册，其中中文图书约 1101043 册，外文图书约 82315 册。[③]

此外，随着民国初年“平民教育”热潮的兴起，各地又竞相设立通俗图书馆。最早设立的通俗图书馆，是 1913 年 10 月成立的京师通俗图书馆。其后各省相继开办，到 1916 年全国约有通俗图书馆 237 所，公共阅报处 1817 处，巡回文库 30 处。[④]

在全国创办公共图书馆的热潮中，当时的教育部拟定了《通俗图书馆规程》、《图书馆规程》，分别于 1915 年 10 月、11 月公布。这两个规程规定各省应分别设立图书馆和通俗图书馆，其宗旨在储集各种图书或通俗图书，“供公众阅览”。规程强调图书馆是社会的公益事业，鼓励地方人士、公私学校、团体企业普遍建立图书馆，同时又对各类图书馆统一了名称：“各省及各特别区域及各县所设之图书馆，称公立图书馆。公众团体及公私学校所设者，称某团体、某学校附设图书馆。私人所设

---

① 张锦郎：《中国近六十年来图书馆事业大事记》，台北，商务印书馆，1974。

② 同上。

③ 李希泌、张椒华编：《中国古代藏书与近代图书馆史料》，187～198 页。

④ 同上书，256～261 页。

者，称私立图书馆"。[1] 这样便结束了清末图书馆、藏书楼混称的局面，并划分了全国图书馆系统。此外，规程还对图书的采购、流通、损赔奖励办法以及图书馆的经费、建制等都作了具体规定，使图书馆条例更加完备。这两个规程的颁布，反映了近代中国图书馆事业的发展已进入了一个新的阶段。

四、近代的文化团体

戊戌维新运动时期，中国出现了第一批近代文化团体。当时各地纷纷成立的近百个学会，倡言采新学、行变法和移风易俗，它们既是维新团体，同时也是近代的文化团体。如上海强学会章程规定，译印图书、刊布报纸、开大书藏、开博物院四项，是学会最重要的事务，强调的全是文化事业。在这些文化团体中，"农学会"(上海)、"算艺学会"(湖南)、"测量会"(南京)、"地图公会"(上海)、"舆地学会"(武昌)、"亚泉学馆"(上海)等，是我国近代最早的科学团体。

进入 20 世纪后，尤其是民国初年，包括文学、艺术、教育、科学、学术等方面的各类文化团体增多。如：中国教育会(1902 年，上海)，国学保存会(1905 年，上海)，春柳社(1905 年，北京)，体育会(1905 年，绍兴)，中国留日女学生会(1906 年，东京)，上海书业商会(1906 年，上海)，女学研究会(1906 年，北京)，开明演剧会(1907 年，上海)，中国化学会欧洲支部(1907 年，巴黎)，中国妇女会(1908 年，北京)，广东农业讲习所(1909 年，广州)，中国地学会(1909 年，北京)，南社(1909 年，苏州)，上海演剧联合会(1910 年)，家庭医学研究会(1911 年)，全国教育联合会(1911 年，上海)，国学会(1912 年)，女子教育总会(1912 年，湖北)，中华民国学生会(1913 年，北京)，读音统一会(1913 年)，湖北科学研究会(1913 年)，中华工程师学会(1913 年，

① 李希泌、张椒华编：《中国古代藏书与近代图书馆史料》，184～185 页。

上海)，中西医学会课社(1914年，上海)，全国教育联合会(1915年，直隶)，中华医学会(1915年)，中国科学社(1915年，美国)，医学名词审查会(1916年，江苏)，国语研究会(1916年)，中华职业教育社(1917年，上海)，华侨学生会(1917年，上海)，美术研究会(1918年，江苏)，等等。限于篇幅，这里仅介绍影响较大的中华职业教育社、中国科学社和丙辰学社三个文化团体。南社虽也影响较大，但已在本书的“文学艺术”一章中作了介绍，不再赘述。

（一）中华职业教育社

1917年7月由蔡元培、张謇等教育界、实业界人士40多人发起成立于上海，推黄炎培为办事部主任，蒋梦麟为总书记。《宣言书》说，中国社会最大的问题是生计维艰，“求根本上解决生计问题，厥唯教育”。但现时中国教育的弊端又在于“教育不与职业沟通”，[①] 造成学非所用，用非所学，阻碍了生计的开拓与社会事业的发达。因此，“根本解决，唯有沟通教育与职业。同人认此为救国家救社会唯一方法。”[②]蔡元培等人相信“教育救国”论，同时又将职业教育的改良看成是发展中国教育的根本。《中华职业教育社组织大纲》规定任务是：(1)推广职业教育；(2)改良职业教育；(3)改良普通教育。1918年，中华职业教育社召开了第一次年会，并在上海举办全国职业学校成绩展览。1919年成立上海中华职业学校，分设铁工、木工、纽扣、珐琅四科。同年，由蒋梦麟主编的社刊《教育与职业》也正式出版。此后，该社在职业教育方面做了大量实际工作，对中国近代职业教育的发展作出了贡献。

（二）中国科学社

筹建于1914年夏。当一战即将爆发时，美国康奈尔大学的几位中国留学生在聚谈中认为，欲报效祖国莫过于办杂志传播科学，遂议定组织科学社。数月后，社员增至35人。1915年1月创办杂志，定名为《科学》。最初，他们重在编行杂志，科学社并无正式组织，由是便又仿

---

① 高平叔编：《蔡元培全集》第3卷，13页。

② 《中华职业教育社组织大纲》，见《蔡元培全集》第3卷，16页。

效英国皇家学会实行改组的动议。同年10月25日，通过社章，规定宗旨为“联络同志，研究学术，以共图中国科学之发达”；[①] 并推举任鸿隽、赵元任、胡明复、秉志、周仁为董事，杨诠为编辑部部长。这样，中国科学社遂在美国绮色佳城宣告正式成立。1918年，办事机关迁回国内。社址先设在南京，后迁到上海。中国科学社刚成立时，中国还没有真正的现代科学。同时，虽然自戊戌维新运动时期起，我国便有了一些科学团体，但它们都未能维持下来。20世纪初新成立的中国地学会、中华工程师学会等团体，影响也很有限。所以，中国多学科、有组织与卓有成效的现代科学研究的起点，当从科学社的成立算起。中国科学社的社员大都是有杰出成就的著名科学家，他们有组织的研究不仅鼓舞了更多新的科学团体先后继起，而且也为中国现代科学许多专门学科的最初创立开辟了先路。

（三）丙辰学社

1916年由部分中国留日学生成立于东京，其宗旨为“研究真理，昌明学艺，交换知识，促进文化”。[②] 这是一个跨文理学科，以倡导科学新知和促进中外文化交流为标志的综合性文化团体。翌年出版的社刊《学艺杂志》，是一份发表自然科学和社会科学文章的综合性刊物。它对20世纪现代科学最新成就的介绍很重视，如刊登了最早介绍爱因斯坦的相对论和最初以清晰的文字介绍量子力学的文章等。1920年，社内同人多归国，丙辰学社也随之迁至上海。后改名“中华学艺社”，并编“学艺丛书”，成立学艺大学。中华学艺社对于传播西学新知和促进中外文化交流，起了积极的作用。

上述各项近代文化事业的兴起和初步发展，是中国近代文化进步的重要表现。但是，也应当看到，在半殖民地半封建社会的中国，各项文化事业的发展仍不免举步维艰，走着曲折的道路。例如，民国初建，全国报刊盛极一时，但随着袁世凯独裁政权的建立，又迅速转入低谷，其

---

① 任鸿隽：《中国科学社社史简述》，见《文史资料选辑》第15辑，5页，1961。

② 问渔：《中国几个特殊的文化团体》，载《人文月刊》第4卷第2期，1933。